はじめに

メジャーリーグで一番よい歩きをしているのは、誰だかわかりますか。大谷翔平です。ではどこが、何が、他の選手と違うのでしょう。

まず「軸（センター）」が圧倒的に強く質もよい。そして全身が隅々まで圧倒的にゆるんでいる。とくに身体の内部のゆるみ方は、メジャーリーグ史上最高といっていいほど、圧倒的、断トツです。背骨が一個一個ゆるんでズルズルしている。だからそれと反応し合って「軸（センター）」がすさまじく通ってスパーッと立ち上がっているのです。身体の内部からのズルズルのゆるみが、外側のアウターマッスルを（外側からでなく）内側から次々にズルズルにゆるませています。肩甲骨も腸骨も股関節も、ゆるゆるに自由自在に動いて、だから肩甲骨と腸骨・股関節が素晴らしい連動を起こし、それが背骨のズルズルを通して反応し合い、さらにすさまじい「全身連動」を引き起こしているのです。

背骨が、強い「軸（センター）」をさらに柔らかく強く通し、柔らかく強く通った「軸（センター）」がさらに背骨の自由度を上げ、肩甲骨と腸骨・股関節の連動をさらに強烈なものに変えていっているのです。

メディアが騒いでいるように肩周りや上腕、腰や尻の筋肉がデカくなったからすごいのではなく、デカくなったのに身体の内側がズルズルにゆるんで、そのゆるみが内側からデカくなったアウターマッスルをズルズルにゆるめられているところが、すごいのです。普通の選手だったら、あれだけアウターマッスルがデカくなったら、内側はさらにカチカチに固くなって、終わり。ジ・エンドでした。

そしてこれらのことが何の話かというと、歩きの話です。歩きだけを見ていて、これだけのことが「潜在脳」の働きで起こっていることがわかるのです。そしてさらに、この大谷の歩きを生み出している「潜在脳」が、あのバッティング、ピッチング、ランニング、メンタル、認知・判断力……さらには神対応から、そもそものスポーツマンとしての独創的人生力までもの、すべての原因となっていることも、わかるのです。それが高度運動科学の役割です。

＊

歩きが本当によくなれば、スポーツのすべてのパフォーマンスがよくなる。これは、実はスポーツパフォーマンスの絶対の法則なのです。それはなぜだと思いますか？

それは、実はすべてのスポーツ（武術・ダンスなども含め）の運動の本質が赤ちゃんの寝運動（寝た状態での運動）やハイハイとその発展形である二足歩行運動から生まれたからです。

だからゴルフの松山英樹の歩きの「軸（センター）」と肩甲骨と股関節がよくなってきたら、全米オープンで優勝してしまう、ということが起きるのです。全英女子オープンで優勝した渋野日向子の全英のときの歩きも、断トツによかった。背骨がズルズルしてよい「軸（センター）」が通り、仙腸関節が割れ、肩甲骨と腸骨が連動し、素晴らしい歩きをしていると見ていたら、優勝してしまった。しかもメンタルの圧倒的なよさを示す顔まで、ニコニコにゆるみっぱなしで。

リオネル・メッシ、クリスティアーノ・ロナウド、ジネディーヌ・ジダンの歩きもサッカー史上で最も優れています。体操の内村航平の歩きも、女子レスリングの伊調馨、吉田沙保里の歩きも、断トツに優れています。イチローの歩きもそうです。最高のアスリートの歩きは、どんな種目でも皆そうです。

では彼らと他の選手たちとは何が違うのでしょうか？　実はそれが猛獣たちと同じ「潜在脳」の違いなのです。私たち人類が動物時代から遺伝的に引き継いできた究極的に優れた運動能力を生み出す「潜在脳」、その脳が活動状態なのが天才選手、休止状態なのが普通の選手なのです。つまり天才と普通の選手の違いとは、この「潜在脳」にスイッチが入っているかいないかの違いなのです。

＊

本書は、科学的にこの「潜在脳」の中身がすべて歩きという運動の中に含まれていることを論理的に（メカニズムとして）明らかにし、その中身を、歩きを変えることですべて体現し、自分のものにできる体系的な方法を、順序立ててわかりやすくお伝えします。

この「潜在脳」を歩きで活動状態に変える方法は、普通の選手の休眠中の脳を、想像をはるかに超える素晴らしい活動状態に変えるばかりでなく、すでに世界トップにある天才選手の脳をさらに圧倒的に優れた活動状態に変える方法でもあるのです。

なぜなら、成功している天才選手も、この「潜在脳」のすべてを開発する本格的、専門的なトレーニングを、一度も経験したことがないからです。つまりは彼らの優れた歩きも、高度運動科学の視点からは、たくさんの未開発の伸びしろ満載の歩きであることが、明らかだということです。

＊

さて本論に入るにあたり、「歩道」を始めて「潜在脳」にスイッチが入り出すと、どんな変化が起こるのかの話をします。まず歩きが柔らかくダイナミックになり、努力感なくスピードが上がり、快適になり、好きになってきます。全身を上下にスーッと通る一線が生まれ、体幹の柔らかい吸収力のある存在感が増し、４本の腕脚の中心が感じられてきます。「軸（センター）」を中心にした腕脚の動的なバランスと肩・肩甲骨と股関節・腸骨の連動感が生まれてきます。足の接地感、ソフトランディングとスパッとした鋭い体重支持がともに生じてきます。さらに視野が明るく広がり、3次元立体視と俯瞰視が進んできます。心と身体の一致した自由な躍動感、さらには猛獣っぽい（猛獣はきっとこうなんだろうな、という）深くしなやかで洗練された滑らかな荒々しさが感じられてきます。そして何より楽しい。気分がよく、明るく前向きで行動的な気持ちになり、知的な脳も感覚的な脳もよく働くようになります。

「歩道」で「潜在脳」にスイッチが入ると、必ずこうした状態が始まってきます。もちろんいっぺんにすべてが起こるわけではありませんが、徐々に、あるいは次々にこうしたことが起きてきます。もし、こういうことが起こらなければ取り組みが質・量ともに上手くいっていない、ということです。本をよくていねいに読み直し、取り組み方を改善してください。

では、素晴らしい成果を上げられることを祈っています。

２０２１年７月　高岡英夫

＊本書の大半では敬称を略させていただきました。
＊本書の図では筋肉の付着部等について正確な描写を省略しています。

スーパーウォーク「歩道」

目次

Lesson 1 軸と背骨から劇的に変わる……61

Lesson 2

肩と股関節を使える関節に変える……99

Lesson 3

姿勢軸アタック１、２で猛獣の腕脚使いに挑む……139

Lesson 4
モーター軸でパワーダイナミズムの中心をつくる……161

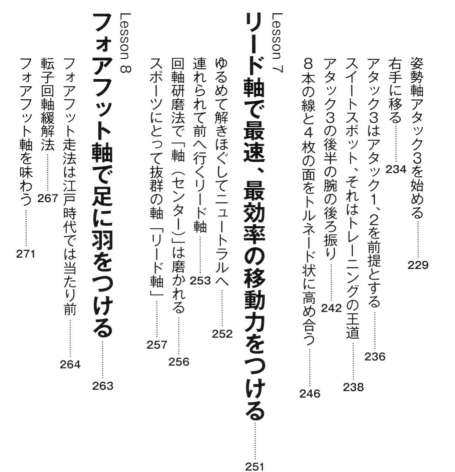

カバー・本文デザイン／大久保敏幸デザイン事務所
本文イラスト／田中祐子
ライティング協力／松井浩
企画・編集・イラスト協力／谷田部尊将
モデル／大久保貴弘

序章

運動進化の法則がもたらす "人類理想の歩き"

スポーツパフォーマンスの高低差を生み出す要因

スポーツ選手のパフォーマンス力には、高いレベルと低いレベルがあります。「パフォーマンス力の高低差」とは、たとえば、日本や世界のトップレベルと、それを目指しているけど、そこにはなかなか到達できない選手との差のことです。各年代にわたってその差は存在します。

専門の種目があった場合の例ですが、野球なら大卒でプロへ行く選手と実業団等で続ける選手、あるいは専門種目としてのスポーツを辞める人もいます。選手によってパフォーマンス力に差があるから、卒業後の進路も違ってきます。

高校野球でいえば、甲子園の優勝チームの中心選手と、甲子園に行けない選手たちとの差です。やる気があって日々の練習を熱心に行っても、選手によってパフォーマンス力には差が出てきます。

サッカーなら、小学生でも中学生のトップレベルと堂々と渡り合える選手と、一生懸命練習しているけれども、そのレベルには達しない選手との差などです。

では、こうしたスポーツパフォーマンスの高低差は、何に由来するのでしょうか。決定的な3つの要因を考えてみましょう。

古典的なパフォーマンス理論では、筋力や持久力などの体力、スキル、やる気やモチベーションなどのメンタルの要素をそれぞれ完全に独立した3要素とし、パフォーマンスはそれら3要素を掛け合わせたものと考えていました。１９８０年代から２０００年頃までの話です。

でも２０００年以後、運動科学が大きく進化を遂げ、3要素でスポーツパフォーマンスを説明できると考えていた時代を遠く置き去りにして、今や新たな構造でスポーツパフォーマンスを解明する時代に入っています。

たとえば筋力という要素で考えてみます。筋力が強ければいいかというと、野球選手なら、ドラフト1位で指名された選手よりも筋力が強い選手はたくさんいます。

また、どうしてもプロ野球選手になりたい社会人や大学生が、筋力トレーニングに励んでムキムキの身体になったけれど、かえって選手としては成績と評価を下げてしまったケースも少なくありません。

サッカーもそうです。日本代表に選ばれる選手より、筋力が強い選手はたくさんいます。他のスポーツ種目、卓球でもバレーボールでもテニスでも柔道でも、まったく同じことがいえます。

いくら頑張って筋力トレーニングをしても、必ず成功するとは限りません。

部員が１００人以上いる大きなチームなら、筋力トレーニングでパフォーマンスを下げる選手が何人かいても、一部のパフォーマンス力が上がった選手だけでレギュラーはそろいます。また、筋力トレーニングを専門的にやり込んで活躍し、高校全国大会で圧倒的な強さで優勝したチームの中心選手が、同じ筋トレをさらに続けて頑張ったとしても、プロや社会人で通用するかといえば、そうではありません。

古典的な考え方を見直す

筋肉は全身に約500あって、それが生み出す筋力も約500。選手がプレーするときは、時間軸に沿って適切に選ばれた筋肉が適切な強さの筋力を発揮しなければなりません。その流れの中で各筋力の積算（積み重なり合うこと）が、いいか悪いかによって、個々の筋肉の強さ、いわゆる筋力がプラスになる場合もあればマイナスになる場合もあるのです。逆に個々の筋力が弱くても、時間的な出力の積算がよければパフォーマンス力に優れることもあります。そのためには使われるべきでない筋肉は、やはり時間軸に沿って適切に選ばれ、適切な深さで〝脱力〟しなければなりません。こうした筋肉の適切な入力・脱力には、メンタリティが深く関わっています。

このように筋肉は、適切に選ばれた筋肉の順序とタイミングがよく、適切な強さと深さで使われることによってのみパフォーマンスに有効になるのです。これが今日いわれる「連動」です。「連動」には、初めから筋力とスキルとメンタルの3つの要素とその関係性まで含まれているのです。

そう考えると、これまでにスポーツ界で普及してきた古典的な考え方では、各種目を通じて本当に役立つ要素を導くのは難しいのです。

これらのことを科学的に整理してみると、次のようになります。

筋力・持久力等の体力要素をエネルギー因子と呼び、頭文字Eで表します。エネルギー因子をより有効に利用するための制御系因子を、スキルのSで表します。E・S因子を活かすも殺すも〝心〟次第ですから、この精神系因子をメンタリティのMで表します。

すると、それら3要素で表されるスポーツパフォーマンスPは、図1の構造モデルで表されることになります。古典的なパフォーマンス理

図1　古典的なパフォーマンス理論における
E・S・Mの3要素の構造モデル図

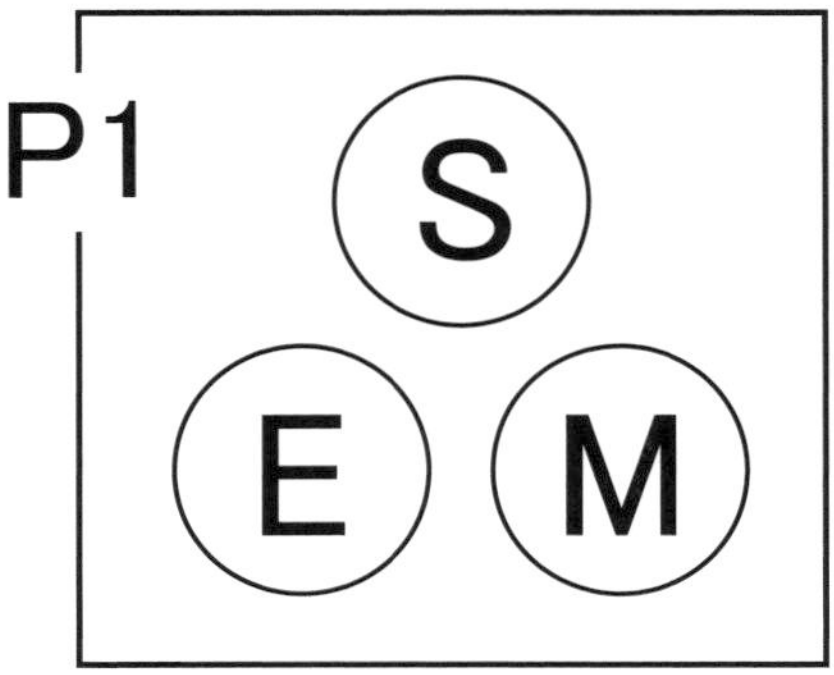

論では、E・S・Mの3要素はそれぞれ完全に独立した要素と考えるので、パフォーマンスPはエネルギーEとスキルSとメンタリティMを掛け合わせた全体として、「P＝E×S×M」で表されることになります。

なるほど、この理論によれば筋力トレーニングでEが大きく、技の練習を積んでSが大きく、やる気と試合に臨む心の持ちようが改善してMが大きくなることで、その掛け合わせPはバッチリ問題なく強大になるように見えます。ところが筋トレで大きなアウターマッスルが強くなった半面、背骨周りのインナーマッスルが相対的に弱くなり、インナーマッスル主導の動きができなくなります。そのために、ぎこちない動きしかできなくなり、スキルが根本から混乱を起こして低下し、それが原因でメンタルまでダメになってしまって、E↗、S↘、M↘となり、Pはすっかり低下してしまうというよくある実例は、この理論ではまったく説明できないことがわかります。

なぜそんなことが起こるのでしょうか。それはE、S、Mは、そもそも完全に独立した要素ではなく、相互に正比例、反比例などの密接な関係があるからです。EとSの関係を例に説明すると、大きな表層筋、大腿四頭筋や大胸筋・三角筋などが強くなる（E↗）ことでスキルがダメになる（S↘）場合は反比例の関係、背骨周りの大腰筋や多裂筋などが強くなる（E↗）ことでスキルがよくなる（S↗）場合は正比例の関係になります。EM、MSの間にも、ESと同じような関係が共存します（図2）。

図2 ES・EM・MS 間に見られる正比例、反比例の関係

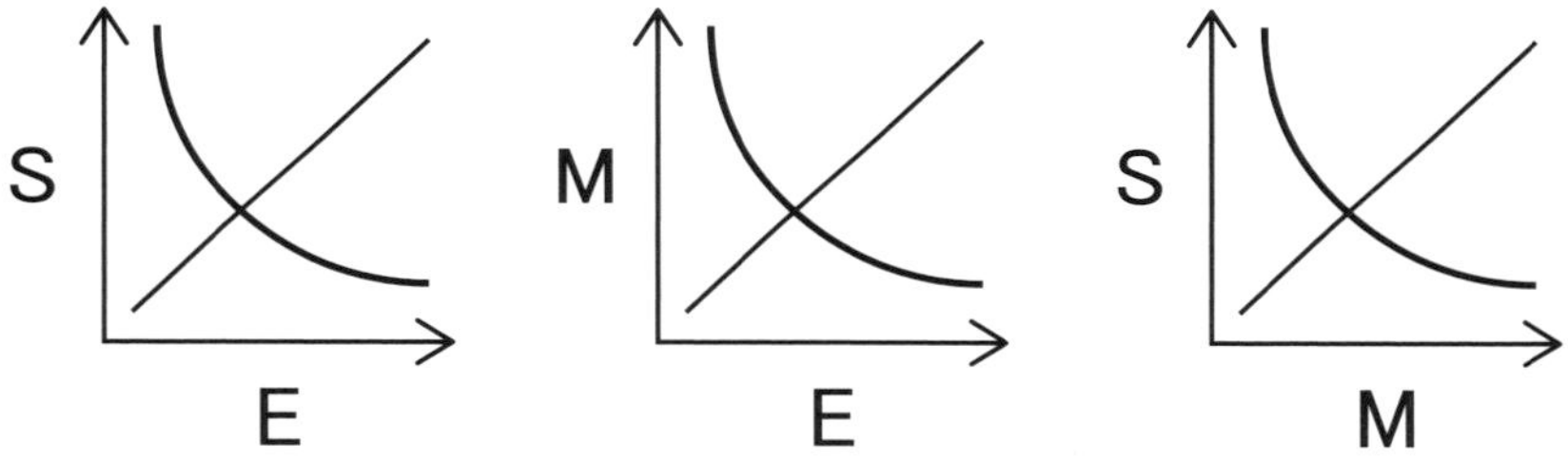

直線が正比例、曲線が反比例の関係を示している

図3 E・S・Mの3要素が非独立で正比例、反比例が共に存在する構造モデル図

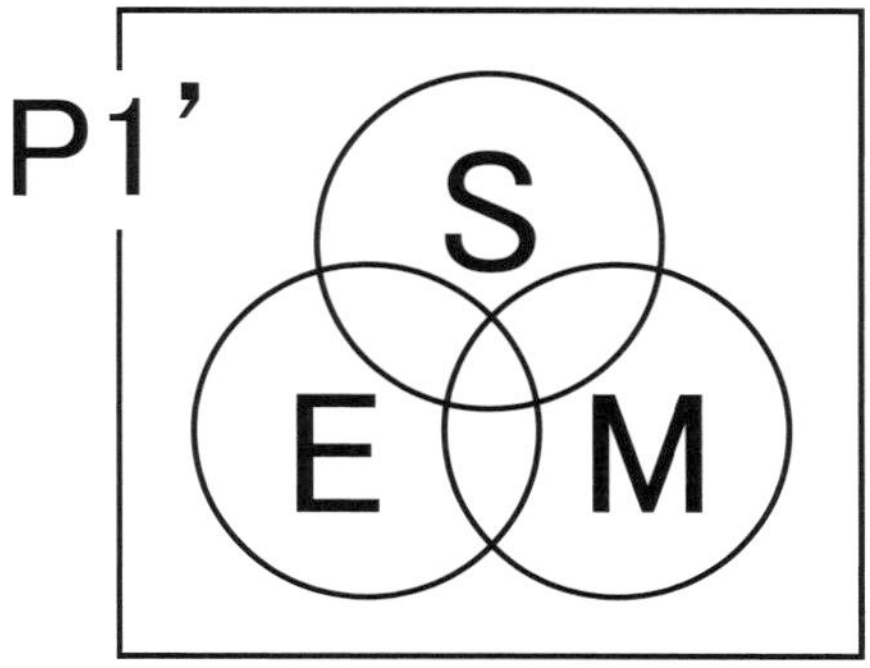

　Ｅ、Ｍ、Ｓそれぞれの間に、正比例と反比例が共に存在するのですから、古典的なパフォーマンス理論がいかに不完全で、時に選手生命を奪うものですらあることが理解できるでしょう。人間の脳と身体は、そんなに単純にできてはいないのです（図３）。

　このＰ＝Ｅ×Ｓ×Ｍの公式の存在意義は、まったくないのでしょうか。実はそうではないのです。この公式のＥとＳとＭの間を見てください。「×」となっている記号を「＊」に変えてしまえばいいのです。実は、私が「×」ではかなり事実と違いすぎると考え、「＊」という記号で表記することにしたのです。この「＊」記号は、ＥとＳとＭの相互の関係がおおよそ掛け算の関係を持ちつつ、同時に正比例から反比例までの関係も含み、さらに相互に独立した別の要素の部分もありながら、明確には区別し難い非独立の部分

図4　公式P＝E×S×MをP＝E＊S＊Mに変える

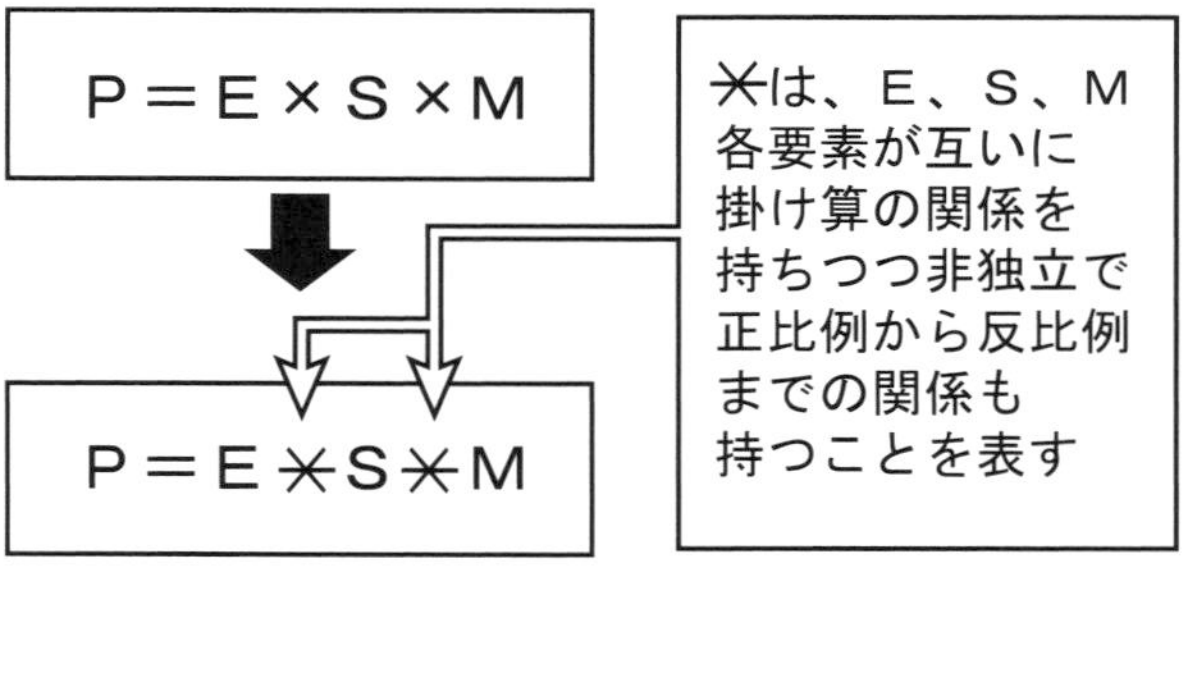
P＝E×S×M
P＝E＊S＊M
＊は、E、S、M
各要素が互いに
掛け算の関係を
持ちつつ非独立で
正比例から反比例
までの関係も
持つことを表す

や性質を持つ、という何とも形容し難い複雑な関係にあることを表しているのです（図4）。

では、EとSとMはそれぞれ要素とみなさないほうがいいのではないのかというと、そうでもないのです。というのは、やはりE、S、Mはある程度要素らしいところもありますし、相互の関係も複雑なだけで、無関係どころかけっこう重要な関係にあるからなのです。「ウワーッ、何かムチャクチャ複雑でわけがわからんちんで、たまったもんじゃないな?!」と思われることでしょう。そうなのです。私たち、つまりあなたもあなたの仲間たちも含めて、私たち人間の脳と身体が演ずる〝運動現象〟というのは、そもそもそれほど難解でわかりにくいものだということなのです。では一体どうしたらいいのでしょうか。E、S、Mは相互に強い関係性があり、互いの独立性もはっきりしないというのですから、図3の3要素の2つに、あるいは3つにまたがり、E、S、M相互の強い関係性と非独立性を引き受け、相互に担うほどの力のある新たな要因を見つければいいのです。

「軸（センター）」「全身連動」「ルースニング（緩解）」の3要素

そこで最新の運動科学の構造理論をもとに、私が提案したいのが「軸（センター）」と「全身連動」と「ルースニング（緩解）」の3要因です（図5）。

図3のE、S、Mのモデル図において、「軸（センター）」「全身連動」「ルースニング（緩解）」の3要因がどのようにまたがり、E、S、Mの強い関係性と非独立性を担当するのかを概括的に解説します。「軸（センター）」をAと表記すると、図6のようになります。「軸（センター）」がエネルギー、スキル、メンタリティそれぞれの部分を担い、あるいは強く関係していることを示しています。

「全身連動」をCと表記すると、図7のようになります。「全身連動」がエネルギー、スキル、メンタリティそれぞれの部分を担い、あるいは強く関係していることを示しています。

「ルースニング（緩解）」をLと表記すると、図8ようになります。「ルースニング（緩解）」もエネルギー、スキル、メンタリティそれぞれの部分を担い、あるいは強く関係していること

図5　軸（センター）・全身連動・ルースニング（緩解）の3つの新たな要因

A ＝ 軸（センター）

C ＝ 全身連動

L ＝ ルースニング（緩解）

図6　A（軸＝センター）がE・S・Mの部分を担い、
あるいは強く関係していることを示す構造モデル図

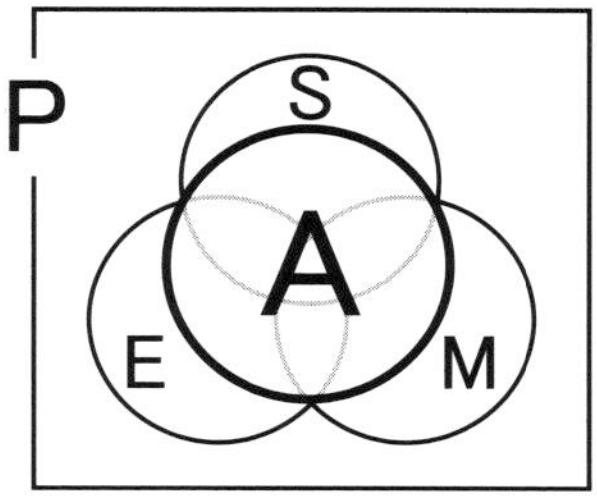

図7　C（全身連動）がE・S・Mの部分を担い、
あるいは強く関係していることを示す構造モデル図

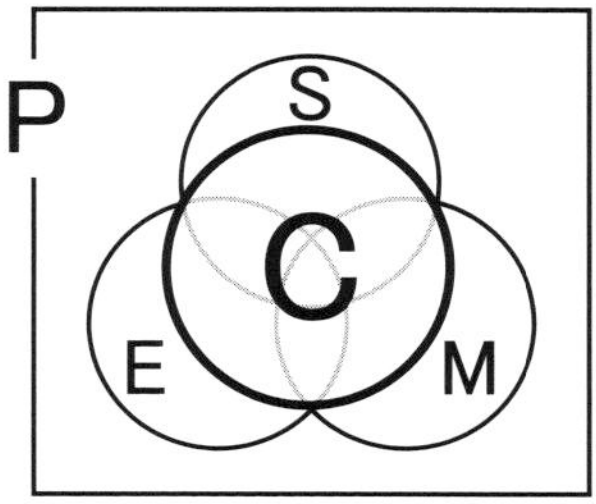

図8　L（ルースニング＝緩解）がE・S・Mの部分を担い、
あるいは強く関係していることを示す構造モデル図

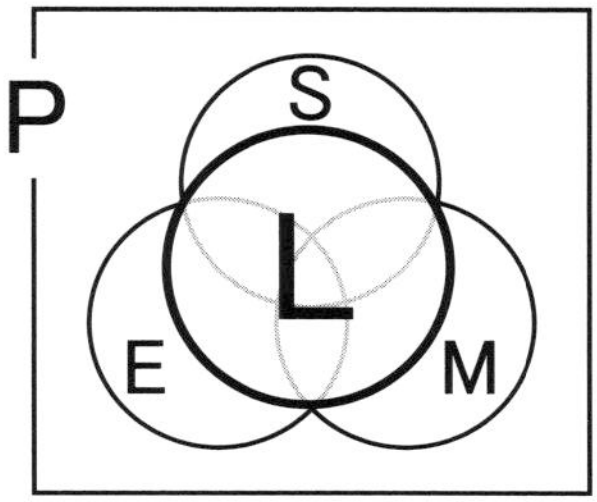

を示しています。

　次に、A、C、Lの3つの要因が相互にどのような関係にあるかは図9のようになります。「軸（センター）」「全身連動」「ルースニング（緩解）」の3要素が相互に強く深く融合し合うように重なり、結びついて存在していることを示しています。

「軸」は、「センター」や「体軸」ともいいます。伝統的な武術の世界では「正中線」とも呼ばれています。英語では「axis（アクシス）」です。

　もう一つの「全身連動」とは、全身に約500ある筋肉が、時間軸に沿って順番にいい流れで筋力を発揮し優れた出力を積算していくことです。その出力の積算がいいか悪いかによって、パフォーマンス力が大きく変わってきます。

　先に記したように、最近のスポーツ界でも、

図9　A・C・Lの3つの要因の関係を示した構造モデル図

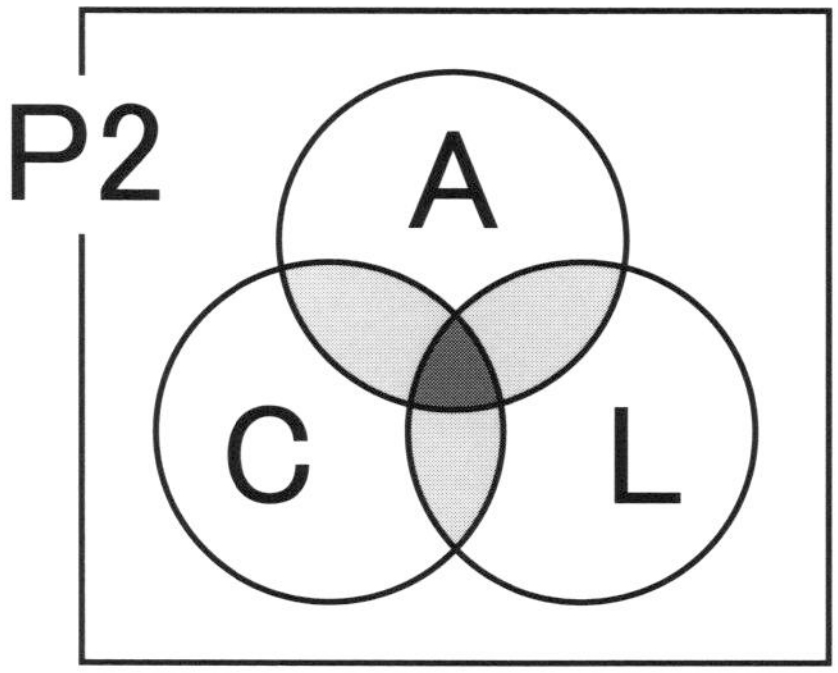

「筋肉の連動」という言葉をよく聞くようになりましたが、実際には筋肉だけに絞ることはできません。筋肉を支えながら力を伝えていく骨が、全身に約200あります。人間の優れた運動とは、まず筋肉と骨の組み合わせによる優れた連動が起きることです。さらには、内臓や脂肪、血管、血液、体液、神経系なども、その連動に加わっていきます。それらの質量に重力が加わり、さらにそれぞれが機能を発揮することで、連動全体をつくり出しているのです。そして、さらに深い連動は必ず「軸（センター）」とその働きに深く関わる「脊椎」に支えられつつ「軸連動」「脊椎連動」という形で最高度のパフォーマンスをつくり出します。そのため、私は筋肉に限定することなく、正確に「全身連動」と定義づけています。

そして、「軸（センター）」と「全身連動」以上に根本的なのが、「ルースニング（緩解）」です。英語では loosening です。ここでいう「ルースニング（緩解）」は、全身を構成するすべての組織、これを深くまでとらえると60兆の細胞までをも含むわけですが、全身の500の筋肉、200の骨をはじめとした内臓、血管・血液、体液、神経系などすべての組織が、その本来の最大最高の能力を発揮するための根本条件のことです。この根本条件は、人間の組成が〝動物細胞〟であることに由来します。動物細胞は、植物細胞のような硬い細胞壁で覆われ拘束されていることがなく、超ベロベロに柔らかい脂質でできた細胞膜で覆われています。隣同士の細胞膜は小さなタンパク質の接着粒でつなぎ止められているだけで、細胞膜の間をヌルヌルトロトロの細胞間液が流れていて、実にユルユルトロトロベロベロの緩み解きほぐれた状態（運動科学では「緩解＝ルースニング」という）にあります。人間の身体組織のすべては、この動物細胞の根本性質にのっとってでき上がっているため、〝緩解状態〟においてのみ最高最大の機能を発揮するようにできています。

高度な人間の身体運動能力の要素である「軸（センター）」「全身連動」が、「ルースニング（緩解）」を必須不可欠の大前提として成立している理由は、ここにあります。

「軸（センター）」はパフォーマンス力の高度化の第一要因

『歩道』がスポーツパフォーマンス力の高度化を決定する要因として、1番目に挙げるのは「軸（センター）」です。

スポーツ界でも「軸（センター）」が大事なことはだいぶ知られるようになってきました。野球のバッティング、ゴルフのスイング、アーティスティックスイミング（旧称シンクロナイズドスイミング）やフィギュアスケート、そしてスポーツではありませんがクラシックバレエなどでは、「軸（センター）」という言葉をよく聞きます。

また、武術、日本舞踊、能、邦楽などの世界では「正中線」と呼ばれます。「軸」「センター」

「体軸」や「正中線」などと呼び名は違っても、どれも「全身を上下に貫く直線状のライン」であることに変わりはありません。

プロ野球で3度の三冠王に輝いた落合博満は、現役時代からバッティングについて「コマのようにクルンと軸回転する」と発言していました。現在の中学や高校でも「『軸（センター）』で回る」とか、「『軸（センター）』がブレないように」といった指導がされています。

しかし、野球では、バッティングで「軸（センター）」には触れても、ピッチングや守りでは「軸（センター）」とはいわなくなります。フィギュアスケートでもジャンプでは「軸（センター）」が大事にされても、それ以外では驚くほどいわれなくなります。

さらに、サッカーや卓球になると「軸（センター）」がいわれることはほとんどありません。実際に、サッカーのシュートやパスやドリブルで大事なものが「軸（センター）」であるといわれることは、拙著『サッカー球軸トレーニング』（世界文化社）で勉強した場合しかありません。

つまり、「軸（センター）」は知識としてはずいぶん知られるようになりましたが、スポーツ全般にそれほど役立つわけではない、ある特定のスポーツのある局面だけで重要とされている、という程度なのです。

私は、スポーツ界のそういう古い間違った思い込みを改めたいと考えています。

実際にトレーニングをしていけば、「軸（センター）」がどんな競技の、どんな局面でも決定的に重要なものだということがわかります。「軸（センター）」をトレーニングすることで、すべてのスポーツパフォーマンスの高度化につながるということがわかれば、新たなフィールドになることが研究と多くの実地指導によって明らかになっているからです。

現在、多くの選手が筋力トレーニングやストレッチングに取り組んでいます。高校生以上で本格的に競技スポーツに取り組んでいる選手で、筋力トレーニングをやっていない人はほとんどいないといっても過言ではないくらい広まっています。ですが、よりよい筋力トレーニングに取り組むことで筋肉がつき、筋力がアップすることがよいパフォーマンスにつながるのは、その筋肉が正しい「ルースニング（緩解）」に支えられ、優れた「軸（センター）」によって深く「全身連動」する場合だけです。

また、ストレッチングも、疲労回復やケガの防止に役立ちます。疲労が回復していないと、次の進化を目指すトレーニングはできませんから、ストレッチングの普及も非常に大事なことです。最近はスキルに関わるようなストレッチングも開発されています。

歴史的にみても、筋力トレーニングやストレッチングはスポーツパフォーマンスの高度化に深く関わってきました。このような領域はあまりありません。大きく分けると、筋力トレーニング、ストレッチング、最大摂取量を上げる持久力系のトレーニングの3つくらいしかないのです。

私は、そこに加えて「軸（センター）」と「全身連動」と「ルースニング（緩解）」が、スポーツパフォーマンスの高低差を決定する最重要の要因だということを提案しています。そして、それらの具体的なトレーニングを紹介して、これまでの方法だけでは不可能だったスポーツパフォーマンスの強化を進めたいと考えているのです。

「軸（センター）」のルーツを考える

では、「軸（センター）」と「全身連動」と「ルースニング（緩解）」は、そもそも何に由来するのでしょうか。まず、あらゆる分野のスポーツの、あらゆる場面に役立つ、パフォーマンスの中身を決定する「軸（センター）」はどこに由来するのか、まずはそこから明らかにし、「軸（センター）」との関係から「全身連動」そして「ルースニング（緩解）」についても、明らかにしていきましょう（図10）。

その要因は、実は人間の歩きの中に存在するのです。それを明らかにしながら、歩きそのものが、専門的にいってスポーツパフォーマンスを変える決定的な要因である、つまり圧倒的に役立つ具体的なトレーニング方法になるということを、解説していこうと思います。

では、「軸（センター）」のルーツはどこにあるのでしょうか。それを科学的に探っていくことが、「軸（センター）」とはそもそも人にとって何なのか、どういう働きをしているのか、その疑問の答えにもなります。

生まれたばかりの赤ん坊の「軸（センター）」はどうでしょうか。寝ているから「軸（センター）」はないだろうと思われるかもしれません。

では、「軸（センター）」はいつできるのでしょうか。

1歳くらいで立ち上がる、その頃なのでしょうか。その通り、大正解です。

立ち上がった瞬間の赤ちゃんの「軸（センター）」は極めて高度な「軸（センター）」だということが、研究で明らかになっています。

なぜかというと、立ち上がったばかりの赤ちゃんには、立つというスキルがないからです。立ってバランスをとるというスキルがない。歩き回るスキルもない。立ち上がったばかりの赤

図10　軸（センター）はどこに何に由来するか？

人類が直立二足歩行を選んだ結果、人間にとって歩きが生涯最長で最多の全身運動になったことに由来する。つまり軸は歩きに由来する。

↓

歩きそのものが、専門的なスポーツパフォーマンスを変える決定的な要因＝具体的な方法になる！

ちゃんは、すぐに座り込むし、何かにつかまろうとします。もちろん立つための筋力もきわめて、ゼロに近いほど小さい。

筋力もほとんどなくて、スキルもまったくないのに、立ち上がったばかりの赤ちゃんは見事なほどまっすぐに立てます。なぜ立てるのかといえば、とてつもなく強く正確な素晴らしい「軸（センター）」があるからです。

この事実からも、「軸（センター）」はスキルではないし、筋力でもない。「軸（センター）」は「軸（センター）」として存在することがわかります。

ということは、スポーツ選手に置き換えると、素晴らしい「軸（センター）」を持っていると、筋力が劣っていても、スキルを大して持っていなくても、「軸（センター）」に支えられて、ものすごいパフォーマンスができてしまうということなのでしょうか？

その通り、できてしまうのです。

小学生ぐらいで天才といわれる子どもがいます。実際、私も何人もの実例を見ています。その子どもたちの小学生の頃と、20代になったときを比べると、20代のほうが当然筋力もスキルもある。でも、「パフォーマンス力は小学生の頃のほうずっとよかった。何であんなパフォーマンスができたんだ？」という例が多いのです。

大谷翔平も同じことを言っています。「小学生の頃のほうがずっとよかった」と。小学生時代の大谷選手の映像を観てみると、そのよさが「軸（センター）」のことだったことがわかります。赤ん坊の極端な話を知ってみると、大谷の話も「なるほど」と納得できるのではないでしょうか。

では皆さんは、赤ちゃんが立ち上がったときの「軸（センター）」は、どこからくると思いますか。生後1年ほど経つと、何かスイッチのようなものが入って、突然に「軸（センター）」がスパンと通るのでしょうか。

実は、「軸（センター）」の起源というのは人類の過去、四足動物や哺乳類、さらに魚類の時代までさかのぼるのです（図11）。魚類の時代にも「軸（センター）」は存在しています。魚類は立たないのですが、「軸（センター）」は存在しているのです。

人類の過去はさらにその前の原索動物の一部、さらにもっと前、今の環形動物のミミズに近似した存在まで辿ることができます。

たとえば、ミミズを例に挙げると、ミミズは立たないにもかかわらず「軸（センター）」があります。前後方向に蠕動運動しながら進むときに、身体の中にピタッとレーザー光線が通っているかのような「軸（センター）」ができています。「軸（センター）」といっても垂直ではなく、地面に対して平行な水平方向です。水平方向でも身体の中心を通るので体軸といわれる「軸（センター）」なのです。つまり、ミミズは人間とは違って体軸が水平方向に一致しているのです（図12）。

では、ミミズには地面に対して「垂直方向の軸（略して「垂軸」と呼びます）」はないのかといえば、実はそれもあるのです。ミミズを半回転させると、もがいて一瞬で戻ります。これは人間が転がって立つのと同様です。イヌを転がすとすぐに立つ。水の中に魚を逆さに入れると、すぐに元へ戻ります。垂直方向にも「軸（センター）」があるからです。

ミミズの時代から垂直方向に通る「軸（センター）」、すなわち「垂軸」があるのです。魚類は体軸が水平方向ですが、水面に向かって垂直に上昇しながら泳いでいるときは、体軸と垂軸が一致することになります。

哺乳類もそうです。「水平方向の軸（これを「水平軸」略して「平軸」と呼びます）」と体軸を一致させて行動、運動しています。運動科学では、体軸と平軸が一致しているのを「平体一致」、垂軸と体軸が直交しているのを「垂体直交」といいます（図13）。

図11　軸（センター）は四足動物や哺乳類、魚類、原索動物、環形動物にまで観ることができる

人間にも、「平体一致」で運動する場面があります。

水泳がいい例です。水泳のとき、いい選手ほど体の中をレーザー光線が通っているかのようにピタッとまっすぐ泳いでいます。体軸が水平方向に一致している状態で泳げているのです。

水泳に「蹴伸び」という練習があります。プールの壁を蹴って手先から足先までを一直線にして進む方法です。水泳のすべての基本動作となる動きですが、上手い子と下手な子がいます。「軸（センター）」が通っている子は、その体軸を水平方向にピタッと合わせて「平体一致軸」を使うことで、抜群のパフォーマンスを示します。

コーチは、「まっすぐ伸びようと思いなさい」とか、「自分がまっすぐの、もっと細い棒になったようにイメージしなさい」とか、「力まずに、もっと細い身体になって力を抜きなさい」などと、まずは指導することが必要です。上手なコーチはそうした指導により、棒のようにまっすぐなイメージと、深い脱力つまり緩むこと＝「ルースニング（緩解）」の感覚が共存した状態をつくり出してあげます。ミミズや魚類と同じ緩解した身体で「平体一致」状態をつくってあげるのです。

図12　ミミズにも軸（体軸＋垂軸）がある

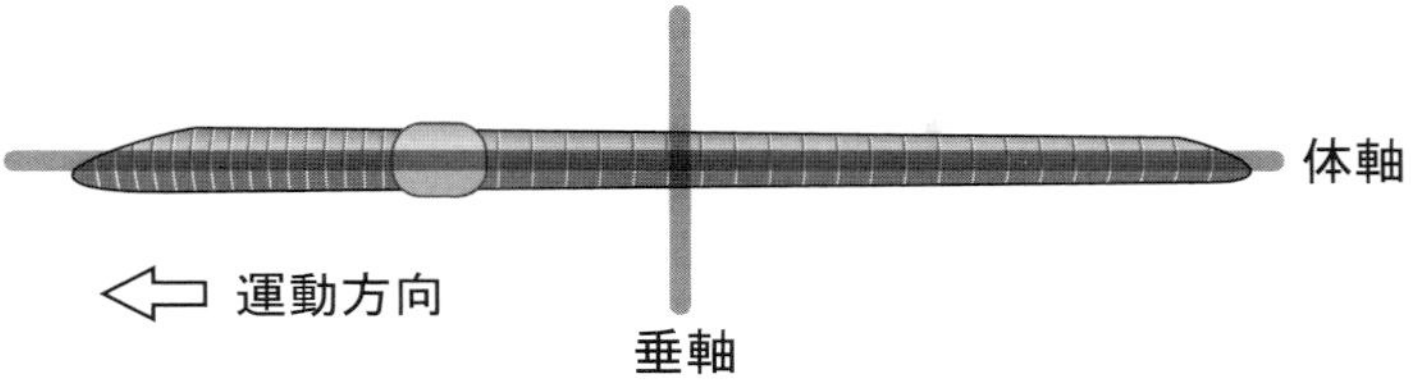

※横から見たところ

図13　平体一致と垂体直交

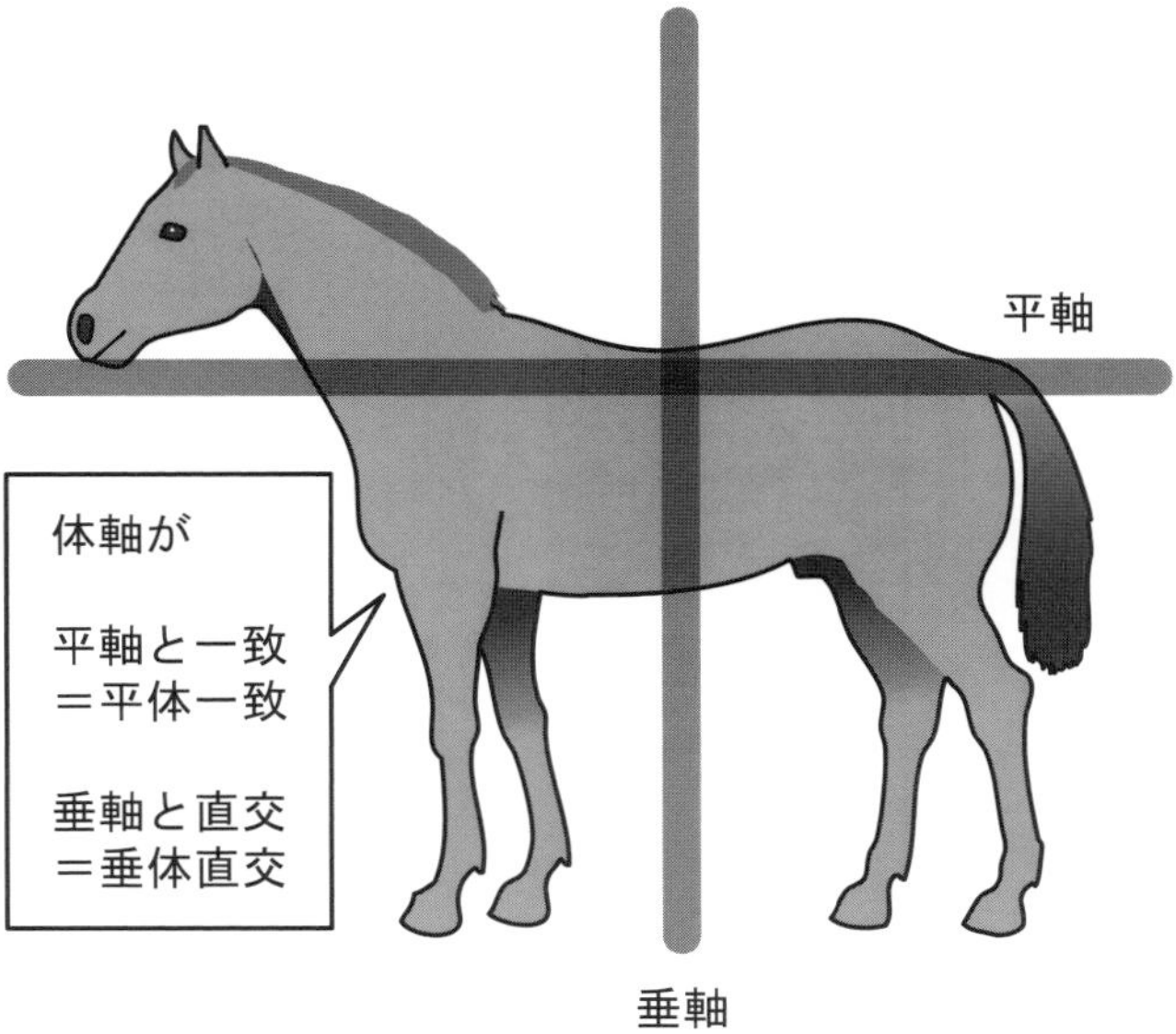

「垂体一致（＝垂軸体軸一致）」のプロセス

赤ちゃんは、誕生の時点で、すっかり人間の状態になっているかというと、そうではありません。身体の構造としては、胎内で系統発生を繰り返しながら人間らしくなってきます。その一方で、身体の機能や働きとしては、むしろ誕生後に系統発生を繰り返すのです（図14）。

私の精密な観察によって、生後1年以内の赤ちゃんは、寝た状態でミミズのような蠕動運動も繰り返しますし、魚類のような脊椎の横方向の波動運動、哺乳類のような縦方向の波動運動も繰り返すことがわかっています。もちろん四足動物のように腕脚と体幹を動かすことも繰り返しています。立ち上がるまでの赤ちゃんは環形動物のようであり、魚類的であり、哺乳類的な状態を演じながら成長するのです。

寝ている赤ちゃんが、身体の機能や働きとして系統発生を繰り返すということは、脳がそのような働きをしているからです。また、脳がその機能を使うことによって、身体の動きもそうなっていく。それを繰り返しながら脳は訓練され成長、進化していきます。

重要なのは、そのプロセスの中心に「軸（センター）」が位置づけられているということです。

生後1年以内の赤ちゃんは、体軸が水平方向と一致している「平体一致」の状態です。前述したように、ミミズや魚類、四足動物と同じなのです。そして、同時に垂軸と体軸が直交する「垂体直交」状態でさまざまな運動をして、寝ながら運動することで、脳が訓練されているのです。

ミミズのような蠕動運動、魚類の波動運動を繰り返すことで、大人にとっては不可能なほどの極めて自由で精細な背骨の運動を徹底的に行い、一致かつ直交状態で体軸も垂軸も平軸もどんどん強くしているのです。ここは非常に大事なところですから、よく覚えておいてください。

そして、ハイハイをするようになると、四足動物と同じ状態になっていきます。腕脚の運動が加わって、だんだん哺乳類的な動きをしていく。こうしたプロセス全体が「全身運動」のルー

図14　人間は誕生後にも身体の機能や働きとして系統発生を繰り返す

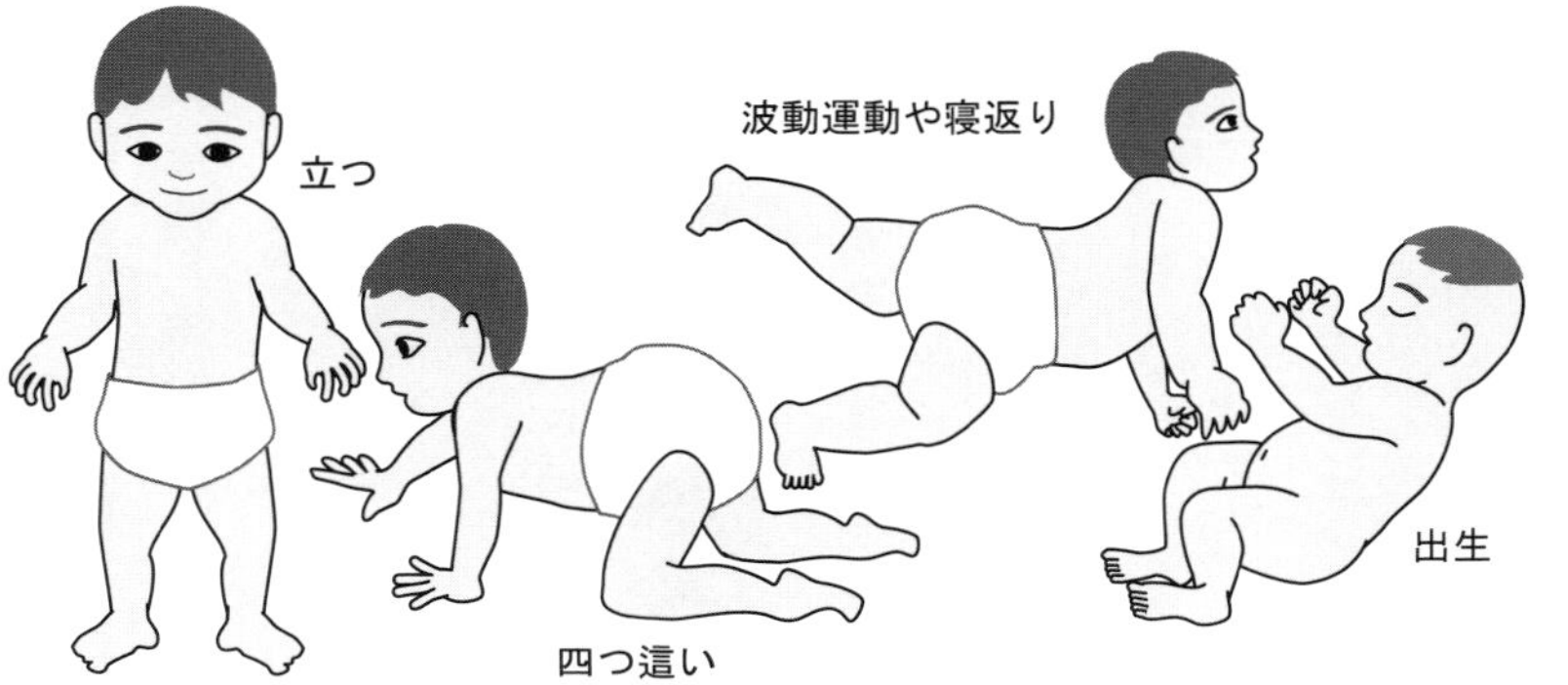

ツなのです。

平軸、垂軸、体軸が鍛えに鍛えられて1年経った頃には、垂軸も体軸も十分に強くなります。脳も鍛えられている。そうすると、それまで直交状態だった垂軸と体軸が今度は一致する、まさに最終の進化ともいうべき人間特有のメカニズムが働くのです。動物の歴史上、人間だけが到達した完全なる「垂体一致」に向かい、進化のスイッチが入る。垂軸が体軸を呼び、体軸が垂軸を呼ぶ。そして、赤ちゃんは立ち上がるのです。

「ルースニング」が世界のトップレベルへつながる

人間の運動のルーツは、個人のスパンでいえば、0歳誕生後1年間にあります。そして、それが「全身運動」のルーツにもなるのです。

水泳の蹴伸びの話をしましたが、「なるほど」と納得された方も多いと思います。世界の超一流スイマーになる子は、あの蹴伸びがとんでもなく上手かった子なんだ、その上にさまざまな要素の積み重なった子が、世界のトップ・オブ・トップになるのだなと。それがマイケル・フェルプスであり、かつてのマット・ビオンディであり、マーク・スピッツなのです。

もちろん蹴伸びが1回目からすごく上手かったのかどうかはわかりません。1回目から見事だった子は、「軸（センター）」の能力においては本当に天才です。一方で、コーチの指導で2回目、3回目、あるいは何か月も後で伸びる子もいる。指導の中で「ルースニング（緩解）」や「軸（センター）」にひらめいて身につけ、鍛えられていく子もいる。それが人間というものです。

その場合でも「軸（センター）」そのもの、その「軸（センター）」を支えるための「ルースニング（緩解）」、それが明確な課題として蹴伸びの段階から存在していることには、変わりありません。

マイケル・フェルプス ©Getty Images

マット・ビオンディ ©Getty Images

マーク・スピッツ ©Getty Images

子どもの頃から「軸（センター）」と、それを支える「ルースニング（緩解）」がとても上手くて、さらにさまざまな要素の積み重なった子が、世界のトップ選手になることは他のスポーツでも同じです。

すぐに思い浮かぶのは、野球でいえばイチロー、フィギュアスケートの羽生結弦、スピードスケートの清水宏保、女子レスリングの伊調馨、体操の内村航平、サッカーの中田英寿や小野伸二、水泳の北島康介、競馬の武豊です。これらの選手たちは、調べてみると子どものときにすでにすごい「軸（センター）」が通っていました。

あれだけすごい「軸（センター）」が通るには、やはり小さい頃から「ルースニング（緩解）」がとんでもなく上手かったということです。ガシッと動いたり、力を入れて動くことが当たり前というコーチには、「何だ、お前だらしないな」と思われたり言われたりしたかもしれません。

それほどの「ルースニング（緩解）」があって「軸（センター）」が通っていた。そういう選手たちです。イチローについては、日本でシーズン最多安打（当時）を達成した1994年から遡って研究すると、幼少期はほんとうに緩解して「軸（センター）」がスッと通っているのです。小学、中学のときまでその状態でしたが、高校のときに身体が固まりかけたのです。高校時代は身体を固めて、「軸（センター）」を失わせるような練習環境だったのでしょう。選手としてダメになりかけました。

しかし、プロ野球に入って再び、「ルースニング（緩解）」が進んで「軸（センター）」が通るような監督やコーチ、いい環境に巡り合うことになったのです。

私は、イチローがマスコミで注目され始めたときに、深く「ルースニング（緩解）」していて「軸（センター）」が立っている天才と即座に見抜きました。それで興味を持ち、研究したのです。その研究成果を以前からの知見と合わせ、翌年『意識のかたち』（講談社）として出版しました。

当時、野球評論家の間では、イチローの打撃フォーム（いわゆる振り子打法）はセオリーに反しているから長くは続かないといわれていました。そんな時期に、私は『意識のかたち』の中で、イチローは歴史上の人物にそっくりだと理由を挙げて指摘し、間違いなく本物だと断言したのです。世界的に著名な人物で、その著書も日本人の著者としては世界で最も人気のある超有名人の一人です。

その人物は宮本武蔵です。

「五輪書」にある身体論

私は幼少期、父親から室町時代以来伝わる古流の武術の教えを受けて育ちました。その父親から、武蔵の『五輪書』を読みなさいとすすめられたのです。江戸時代よりも高い水

宮本武蔵

準にあった室町時代の武術のことがかなり詳しく書かれていると。

武術は、戦国時代に鉄砲が入ってきたことで衰退し、江戸時代初期にはほとんどの武術が衰退して、剣術家のレベルも低くなっていました。そんな中、辛うじて残っていた数少ない室町時代レベルの剣術家の一人が武蔵だったのです。

武蔵はリアリズムを徹底的に追求した人物で、本当に自分が経験し、実践し、実感し、認識したことだけを、現代でいう〝科学的に〟分析解釈し、その通りに自分の言葉で『五輪書』に書き遺しているのです。他の剣術家も書物を遺していますが、多くは禅や神道、儒教やその他の宗教の教え、つまり他人の言葉を援用しながら書いています。そうしなければ書けなかったからでしょう。

武蔵は生涯60余度の実戦をやったといわれるほど、徹底的に肉体をさらしてきましたし、まさに現代のトップアスリートのように生きていた人物です。そのように肉体をさらして勝ち抜いたまさにトップアスリート中のトップアスリートたる人物が、宗教や哲学などの言葉を使って剣術のことを語っても、自分のリアリティとは離れてしまう。武蔵はそれをわかっていたのです。彼はその意味でも、天才を超えた天才だったのです。

私は父親のすすめもあって、中学生の頃から『五輪書』を愛読してきましたから、イチローと武蔵との関係についても研究し、『武蔵とイチロー』（小学館文庫）という本も出させてもらうことができたのです。

武蔵は『五輪書』の中で、大切なのは水のようにゆるむことだと、何カ所かで語っています。「水の巻」で武蔵自身の身体論を語っているのですが、そこに「軸（センター）」の話、ゆるみの話、脱力の話、つまり「ルースニング（緩解）」についてしっかり書いているのです。まさに「ルースニング（緩解）」が徹底的に繰り返し書かれているのです。

「漆膠《しっこう》の身」という項では、相手と剣を交えて戦うときにはゆるゆる、トロトロの漆《うるし》のようになって、膠《にかわ》のように相手にひっつけと教えています。そして、そういうことが可能であるためには、ゆるみの上にゆるみを徹底して、根本に「軸（センター）」が通っていなければならないと、明確に書いています。

『五輪書』にはこのように、とんでもなく優れた身体と意識のあり方や働きについての考えが書かれています。現在の最先端の、スポーツの超トップ・オブ・トップのレベルを、さらに超えたレベルの理論と方法が書かれているのです。

では「軸（センター）」とは何かといえば、「軸（センター）」そのものは意識です。意識には「顕在意識」、「潜在意識」、「無意識」の三層があることはご存じだと思います。あることを意識したら、また次の意識が起きて、浮かんでは消える。浮かんだときが顕在意識で、消えたら潜在意識となります。もちろん浮かぶ前も潜在意識です。

存在しているから次々と浮かぶ。しゃべることもできますが、そうした顕在意識の世界はほんの少しだけの一瞬の世界なのです。その下に膨大な潜在意識がある。さらに、もっと下にはそのように顕在意識にわずかすら対象として浮かび上ってくることもない、厖大な無意識の世界があります。

「軸（センター）」は、身体を手掛かりに身体の内や、さらに身体の外にもでき上がる潜在意識なのです。通常は顕在意識までは上らない。優れた選手で、「軸（センター）」について指導されている選手は、競技中にスパッと通った「軸（センター）」を顕在意識として感じるときもあります。

歌舞伎役者や演奏家、舞踊家、政治家、経営者などが絶好調でいいパフォーマンスをしているときも、スパーンとまっすぐ「軸（センター）」ができている。「全身を芯柱《しんばしら》が貫いている」「頭から天に一線が抜け通っていく感じがする」といった芸術家や政治家もいます。

そのように顕在意識に上ることがあっても、ほとんどの時間、99・99パーセントは潜在意識なのです。これらの意識は身体を手掛かりに、身体を舞台に、身体の内や外にできる潜在意識で、空間的な構造を持っています。これを私は研究者として世界で初めて発見して解明し、「身体意識」と名づけました。

「軸（センター）」は、この身体意識の一つです（図15）。しかも身体意識の中で一番重要なものです。まず「軸（センター）」について知り、

図15 軸（センター）は身体意識の一つである

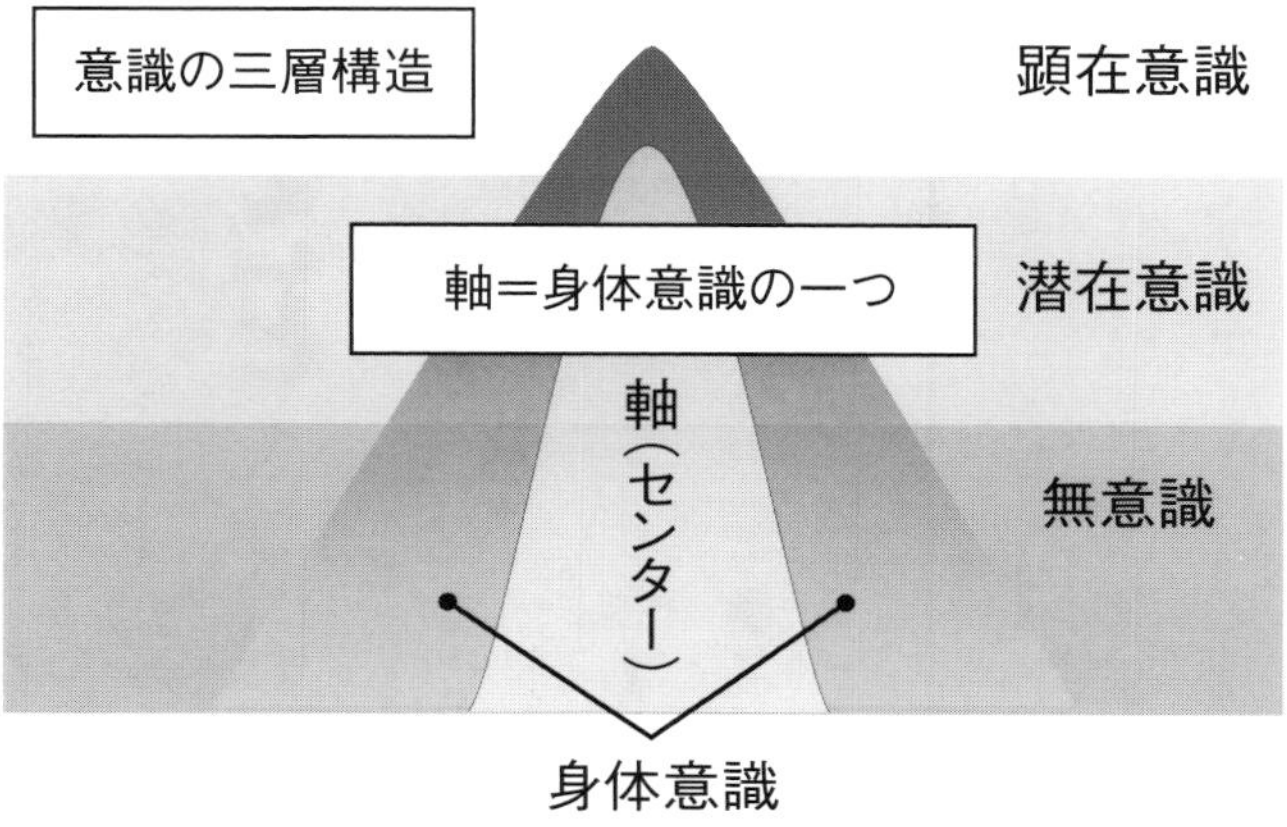

「軸（センター）」について理解し、いろいろ使えるようにトレーニングして何としても身につけていく。指導者なら、（自分はもちろんのこと）指導を受ける人たちに身につけさせることが大切なのです。

いい「軸（センター）」を通すということ

『「軸（センター）」は背骨そのものではないのですか」と聞かれることがあります。

背骨そのものは実体、骨だから「軸（センター）」ではありません。

「軸（センター）」と背骨の関係でいえば、背骨があることで、「軸（センター）」はより通りやすくなるのです。背骨がよりゆるんで働くと、「軸（センター）」はより強くはっきり通りやすくなります。と同時に「軸（センター）」がより強くはっきり通っていると、背骨がより優れて働くようになります。

「軸（センター）」は、背骨の前端をかすめるように通っています。

というと、「背骨ってS字を描いてませんか？」と疑問に思う人もいるでしょう。S字カーブで前方にせり出している部分では背骨の中を通っているのですが、たいていは前端を通っていますと答えることにしています。

背骨には胸椎が12個あります。この胸椎の部分は少し後ろに向かってたわむので、「軸

（センター）」もきれいに骨の前端を通っている。しかし、腰椎は前に向かってせり出すように反っている。そうすると「軸（センター）」が骨の中を通るのです（図16）。

指導では「背骨の前端を通る」と教えています。

そもそも、正確に「軸（センター）」が通るのはかなり難しいことです。どうしても身体の前面を通ったり、背骨の後ろの棘突起《きょくとっき》のところを通ったり、デタラメになりやすいのです。背骨の前端より、身体の前面は意識が強いし、背骨の棘突起は皮膚を通して手で触ることができるので意識しやすい。「軸（センター）」というのは意識しやすいところを通っ

図16　背骨の解剖面（側面）

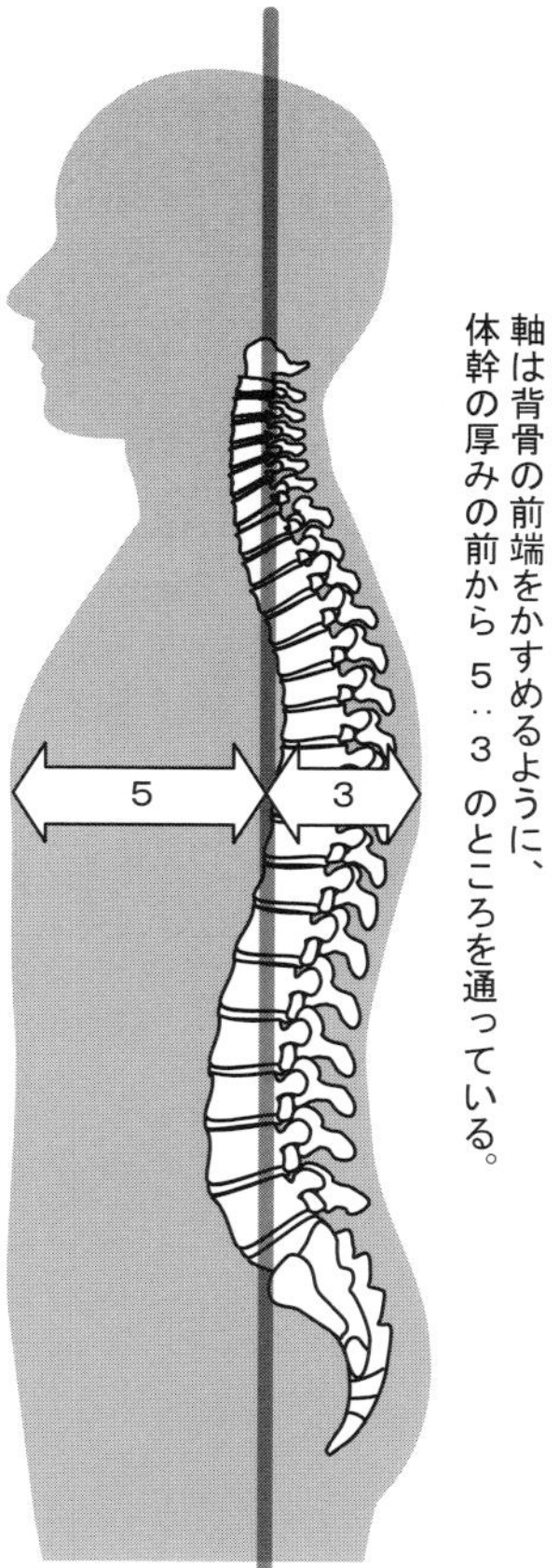
5
3
軸は背骨の前端をかすめるように、
体幹の厚みの前から ５：３ のところを通っている。

てしまうものなのです。

そのようなわけで、「背骨の前端だよ」と教えると、最も正確に通りやすくなります。これが上達論です。事実そのものをそのまま教えるより、学びのコストを低く、結果がいいように教えるのがいい。上達し、やがて十分にできてきたときに「ああ、ここなんだな」と事実通りにわかっていけばいいのです。

前で説明しましたが、赤ちゃんは生まれてから立ち上がるまでの約1年、背骨の運動をしながら手足、「全身運動」のトレーニングをしています。寝ながら、やりたい放題にトレーニングしています。

その頃の赤ちゃんの背骨は、こんにゃく以上にフニャフニャに柔らかいのです。背骨は椎骨が26個あって、その間には椎間板などがあって、骨格自体としてはチェーン構造をしています。超深層筋まで6層にわたる筋肉に覆われていますが、赤ちゃんの背骨のチェーンは本当にフニャフニャのこんにゃくをいくつもつなげたように柔らかいのです。

生後1年近く経つと、赤ちゃんは立ち上がります。ところが、フニャフニャのこんにゃくを立たせようとしても立ちません。立たせるには重力に打ち勝つために、ある程度硬くしなければならない。そのため、赤ちゃんも立ち上がると、全身で少しだけ踏ん張ろうとするのです。必要ギリギリに身体を固めて剛体化します。

たとえば、「こんにゃくバット」があったとして、それを支えて立たせることをイメージしてみてください。バットの下だけを持ってバランスをとりながら支えられますか。人によってその能力には差が出るでしょう。自分の身体をゆるゆるにしつつバットと腕をゆらゆらさせながら上手く支えられる人もいれば、自分の身体を固くしてバットのゆらぎと同調できずに支えられない人もいるでしょう。

赤ちゃんも立ち上がって踏ん張るときに、どの程度剛体化するかは、赤ちゃんの脳の能力次第なのです。脳が優秀でなければ、優秀でない分だけ身体を固めて剛体化します。

脳が優秀な赤ちゃんが、フニャフニャしながらギリギリのところでバランスをとっていられるのは、「軸（センター）」が潜在意識の中でスパーッと通っているからです。強力な「軸（センター）」をつくれる脳でないと、フニャフニャしたままでは決して立てません。スパーッと「軸（センター）」が通れば、背骨がグニャグニャのままでも、立って歩くことまでできるのです。

タラーンとゆるむ――いい「軸（センター）」につながる

イチローや羽生結弦は筋量も少ないし、力強さもありません。タラーンとして深くゆるんでいます。だからこそ、とてつもなくバランスがいい。これが極めつきに大事なのです。

これを軽くやっている選手は、深くリラックスして中心に「軸（センター）」の通った、まさに涼しい心と顔をしています。誰よりも平和そうないい顔をしながら、スカッと抜けた、ストーンと心身を統一したメンタリティをしています。そういう選手は自分の身体の中にいい「軸（センター）」を持っているということです。武蔵は『五輪書』の中で、そのことをすべて語っています。

いい「軸（センター）」を持っていると、競技でバットやラケットのような道具を使っても、道具の「軸（センター）」をとらえているため、他の選手にはできないようなバランスをとることができます。イチローの絶妙なバットコントロールは、その典型的な例です。

また、いい「軸（センター）」を持っていると、優れた「全身連動」も起きてきます。いい「軸（センター）」が通って背骨が細かいところまで柔らかいと、全身がもっとゆるみます。身体のより深いところまで剛体がほどけて柔体、つまり、ゆるんだ、緩解された身体になります。腕も足もゆるゆるで、ムチのように動きます。

たとえば、陸上のウサイン・ボルトは、背骨がゆるゆるで脚も腕もムチのようにしなっていました。その走りの秘密を、私がこれまた世界に先駆けて解明して、「トカゲ走り」と名前をつけさせてもらいました。いい「軸（センター）」があれば、腕も足も道具の一つとしていい流れで連動していくのです（図17）。

また、マイケル・ジョーダンの「エアー」と呼ばれる、滞空時間の長いジャンプを見たとき、私は「あっ、ミミズが伸縮運動をしている」と見抜きました。彼の中にミミズが一直線状に蠕動運動して進んでいくのと同じ運動構造を見出したのです。

ジョーダンも「軸（センター）」がスパーッと通っていて、背骨がとても柔らかかったのです。その背骨の一個一個の間が、ジャンプするときに伸びたり、縮んだりしていました。それによってジャンプ力は出るし、滞空時間も長くすることができる。空中での体捌《さば》きやポジション変化もできる。「ミミズの蠕動運動は、やっぱり人間の『全身運動』のルーツなのだ」と納得したものです。

反対に「軸（センター）」がない選手は、足も背中も腰も、そして手も硬くしてしまう。脳の働きを補うために筋肉と骨を固めてしまうのです。固めた筋肉が骨格とともに固まったまま

図17　トカゲ走りとは？

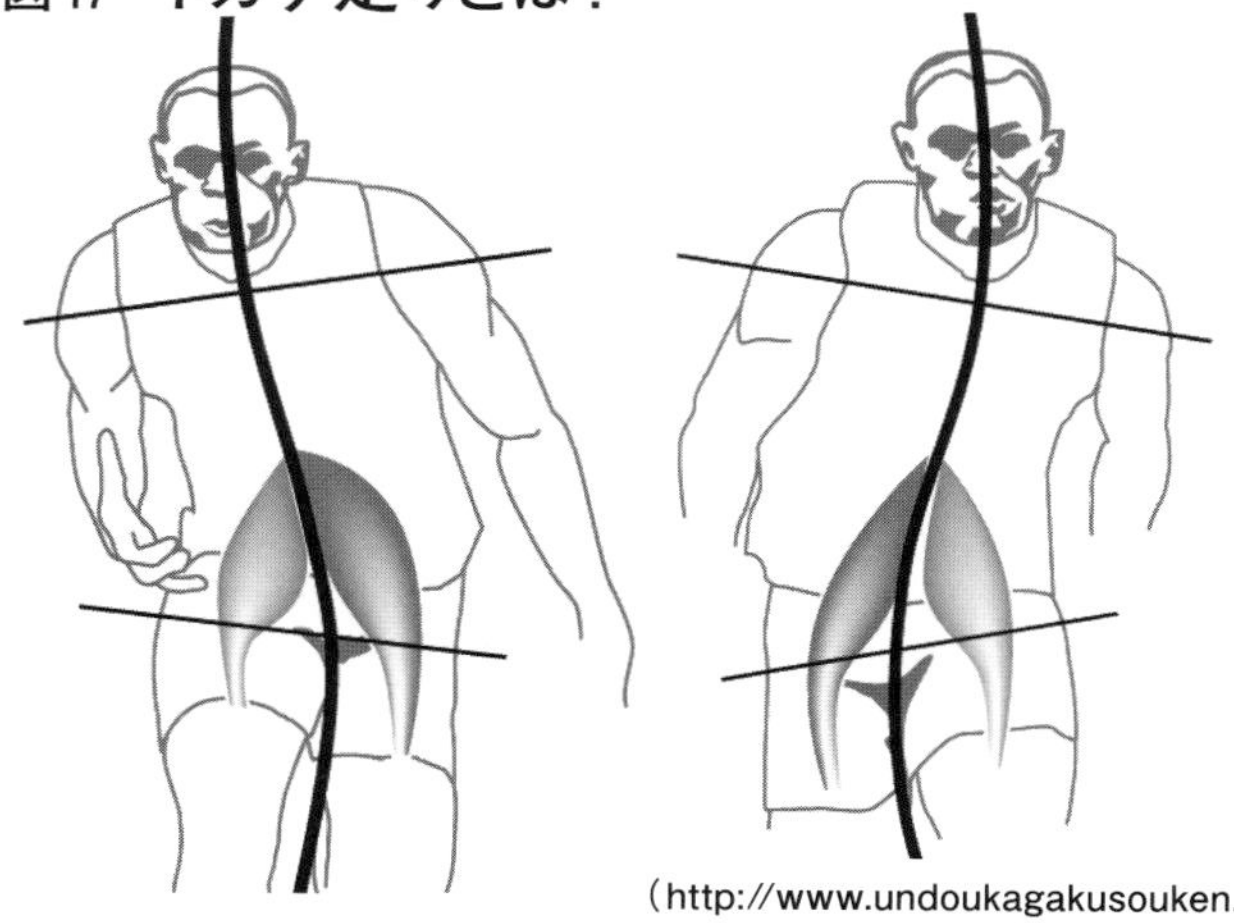

「トカゲ走り」とは、世界に先駆けて著者が発見した走法で、体軸を波のように左右にうねらせて、体幹から推進力を発生させる走りのこと

ウサイン・ボルト
（http://www.undoukagakusouken.co.jp/bolt-anime.html）
©2009 Hideo Takaoka 運動科学総合研究所

働こうとするので、時間軸に沿って順番に豊かに深く連動していかないのです。だから、優れた「全身連動」が起きなくなるのです。

スポーツパフォーマンスの高低差を決める大きな3つの要因が、「軸（センター）」と「全身連動」と「ルースニング（緩解）」にあるというのは、そういう意味なのです。

最強のトレーニングは「歩き」

この3つ「軸（センター）」、「全身連動」、「ルースニング（緩解）」の要因は、人間の歩きの中にあることを前述しました。よって、これら3要因をトレーニングによっていっぺんにしかも最効率でものにする方法は「歩き」ということになります。

マイケル・ジョーダンの滞空時間の長いジャンプ

©Getty Images

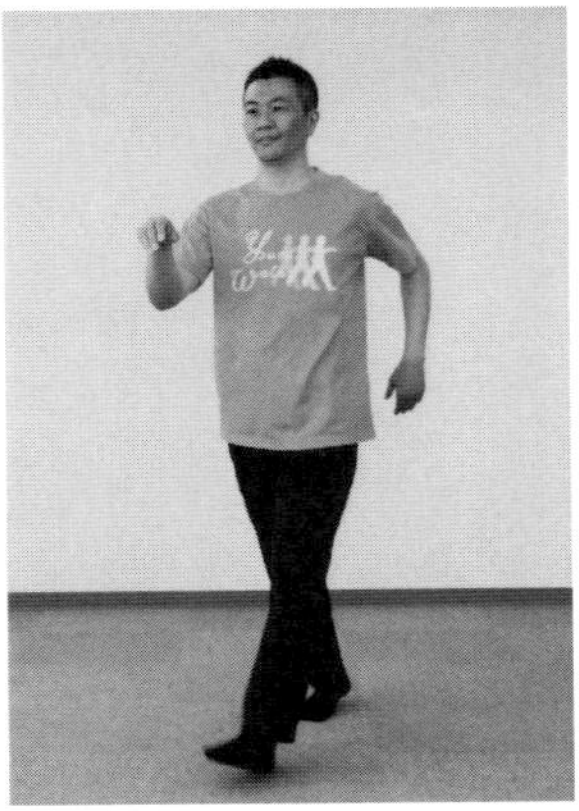

3要素をいっぺんに最効率でトレーニングする方法が「スーパーウォーク歩道」

歩行運動によって「軸（センター）」と「全身連動」と「ルースニング（緩解）」をいっぺんにまとめて改善し、スポーツのあらゆる分野のパフォーマンスを高度化するというアイデアです。歩きというものを徹底的に解明して、スポーツを高度化するためにはこういうふうに歩けばいいということを提示するのが、アスリートのための「スーパーウォーク歩道《ほどう》」なのです。

私は日本で生まれ、日本で育って、日本で学び、研究をしてきました。

世界を見ると、柔道は「柔道」、茶道は「茶道」、寿司は「寿司」、天ぷらは「天ぷら」と、日本語のまま世界に広まっています。この「歩き」にもやはり日本名をつけたいと考え、柔道、茶道、剣道にあやかって「歩道」にしました。「歩道」における「道」とは人生をかけて追求する「求道《ぐどう》」、その路程を意味する「道」なのです。

「歩道」は、今申し上げたような観点から開発されたトレーニングです。

別の言い方をすると、まずは魚類の身体運動能力です。背骨とその周りの体幹にあたる肉体しかないのに、それであの高度な身体運動を何億年も繰り返しながら、いまだに地球上で圧倒的に広い部分を占める海で闊歩している〝海の支配者〟です。さらにその能力がそもそも海にとどまらないほど大変優秀だから、陸にあがって私たち人類まで進化してきたわけです。

そして一方で、やはりすさまじいのが四足動物の身体運動能力です。その中でも身体能

最強の四足動物“トラ”
©Getty Images

最速の四足動物
“チーター”
©Getty Images

図18　歩道の目的

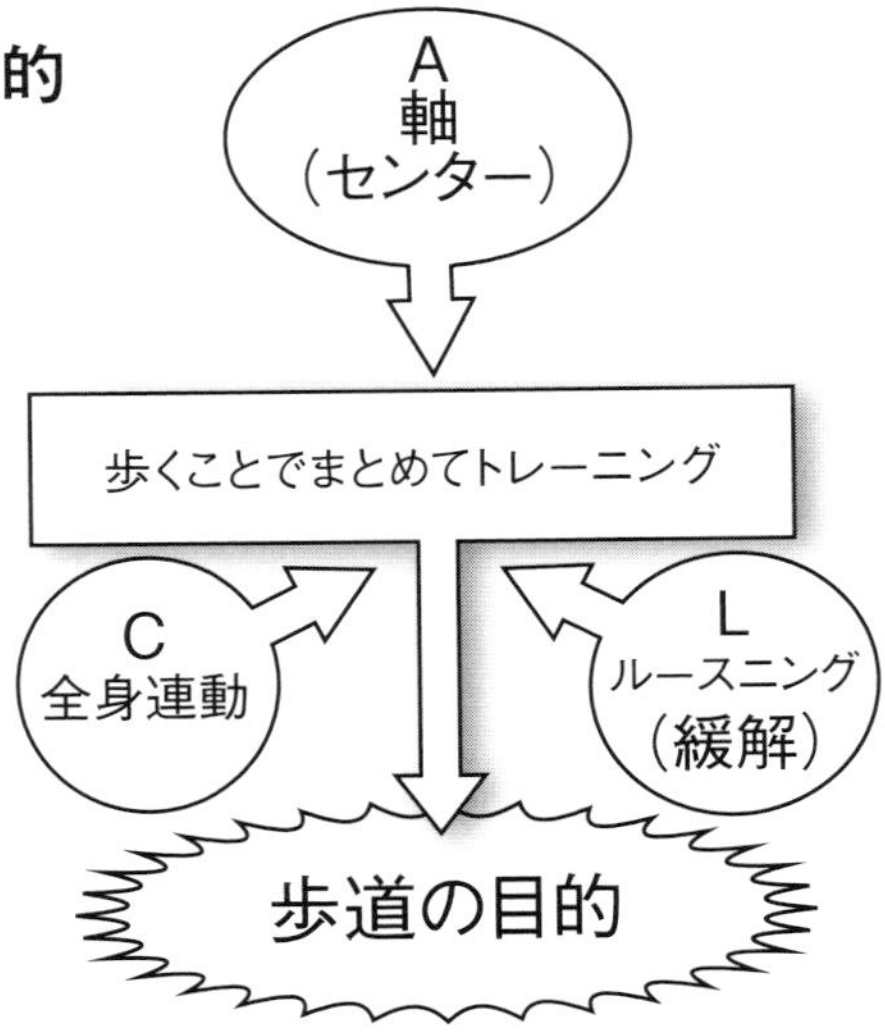

力において最強なのがトラで、最速なのがチーターです。

　この魚類と四足動物の身体運動のメカニズムを解析すると、高度なパフォーマンスの３つの要因は「軸（センター）」と「全身連動」と「ルースニング（緩解）」であることがわかるのです。そしてこの３つの要因を歩くことで最高に合理的にトレーニングしてしまおう、最高に強力に身につけてしまおうという、とてもぜいたくなアイディアが歩道なのです（図18）。

「歩き」をトレーニングに選んだ理由

トレーニングに「歩き」を選んだのには、２つの理由があります（図19）。
　１番目は「歩き」なら、これまでのトレーニ

図19　歩きを選んだ2つの理由

① これまでのトレーニングを押しのけて
たくさんの時間を取る必要がない。

② 歩きのレベルが低いと、よい練習ができても
最終的に最低レベルの「軸（センター）」と
「全身連動」と「ルースニング（緩解）」に
落ちてしまう。

ングを押しのけてわざわざ「歩道」の時間を多くとらなくていいということです。

誰でも一日に少なくとも3000歩は歩きます。その時間に大半のトレーニングをすればいいからです。高校生や大学生なら登下校の時間に歩道の鍛錬をすることができるということです。一日に3000回もやれるトレーニングは、他にはそうはありません。

もう一つは、運動、行動、パフォーマンスを見ている立場からいうと、多くのスポーツアスリートは実に低いレベルの「軸（センター）」、「全身連動」、「ルースニング（緩解）」で歩いていることです。

そうすると、実にもったいないのです。練習場に来て、そこでストレッチングをしたり、筋トレをしたりと練習の水準を上げていって、練習を8割くらいこなしたところでその選手なりの最高潮の「軸（センター）」と「全身連動」になって、それから疲れてだんだん落ちてきて、クールダウンして練習を終わります。そして、家や寮まで帰るのですが、そのときの歩きのレベルが低ければ、せっかくいい練習ができても、最終的には最低レベルの「軸（センター）」と「全身連動」と「ルースニング（緩解）」に落ちて戻ることになるからです。

歩きは、一日に膨大な回数、時間をかけてやっています。これは本格的な身体運動で、立派な全身運動です。しかも、あらゆる全身運動の原型なのです。どんな運動も、歩きを少し変えたものです。いろいろな部分のフォームや動きを変形したり、組み合わせたり、タイミングをずらしたり、応用していくことでスポーツのさまざまな全身運動ができ上がっているのです。

非常に重要な「歩き」で、最低の「軸（センター）」と最低の「全身連動」と最低の「ルースニング（緩解）」を毎日ずっと繰り返しているとしたら、パフォーマンス力の重要な要素である「軸（センター）」と「全身連動」と「ルースニング（緩解）」を底上げできるでしょうか。

何が一番悪いかといえばダラダラと固まった身体でただ歩くことで、「軸（センター）」と「全身連動」と「ルースニング（緩解）」のレベルを下げてしまうことです。下手をすると中学生から高校生、大学生と成長すればするほど歩きが悪くなってしまう。逆にいえば、小学生の頃の歩きのパフォーマンスが一番よかった、となるのです。

大谷翔平でいえば、小学生のときが一番いい歩きをしていました。体格・体力がつくことと反比例して高校、プロ、メジャーと進むにつれ歩きが固く崩れてきました。身体の内側が固まり「軸（センター）」が弱くなって「全身連動」も浅くなり故障しました。でも、21年には身体の中心から「ルースニング（緩解）」が始まり「軸（センター）」が通り始め「全身連動」が体幹深層から起きてきています。筋トレで分厚くついた筋肉を身体の中心からゆるゆるに「ルースニング（緩解）」していけるのは、まさに天才的な潜在脳がなせるわざです。話を一般に戻すと加齢現象というのも重大な要因です。早い人で10代前半、遅い人でも20歳を過ぎると身体が硬い「ルースニング（緩解）」になり、「軸（センター）」が悪くなって、「全身連動」も悪くなります。それなのに、さらに疲れた身体でダラダラ歩いていると、身体と「軸（センター）」と「全身連動」の悪化が加速されてしまうのです。

高齢者でスパーンと「軸（センター）」が通って、全身が柔らかくて、背骨がゆるゆるで「全身連動」ができているという人はいません。特別なトレーニングをしない限り、人間は例外なく20歳を過ぎると、生物学的にこの3大要因がかなりのスピードで衰えていきます。そのうえ固くダラダラした普通の当たり前の歩きをしていると、老化や悪化がさらに加速されていくのです。

若い選手でもレベルの低い歩きを毎日膨大な数やったら、いくら練習でいいところまで上げても焼け石に水です。どんなにいい練習をしても、期待したように伸びません。練習しても高度なパフォーマンスが上がっていかないのは、練習と練習の合間の歩きでダメにしているからです。

歩きで悪くなった身体を毎日の練習の中でだんだん上げていって、ようやく最高になった、そして最高になる頃には疲れてしまって、ダラダラやって昨日よりいいことは一つもないな、ということがよくありませんか？　日々どんどんいろいろなことが次々によくなっていますか？　実は本来、いろいろな能力が日々どんどんよくならないほうがおかしいのです。

スポーツ選手でいえば、サッカーのメッシやイチロー、伊調馨、内村航平たちは成功者です。このようにスポーツで成功する選手は、10歳から25歳までの15年間、ほぼ毎年、毎月、毎日どんどん伸びていくから、それが積み重なってすさまじいほどによくなっていくのです。

自分を変えたい、本格的に上手くなりたい、本気で本当に優れた選手になりたいという人がいたら、誰でもいいですからその人を連れてきてください。望んでいただければ「歩道」で変えてあげます。

理想は、小学生の頃から歩道をやっていくことです。どんどんよくなります。練習場まで歩いてきただけで、「軸（センター）」も「全身連動」も「ルースニング（緩解）」も最高潮に達しています。歩くだけでどんどんよくなるから、練習時間も短くてすみます。世界のトップ選手でも、まだそこまではいっていません。彼らでさえ、歩道を使って大きく改善できる余地がいくらでも残されているのです。いわんやそこまで到達していない選手は、どうでしょう。信じられないほど、想像を超えて改革、進化の余地があるのです。

きちんと科学的に身体運動のメカニズムの真の構造をわかって対処する。その方法が「歩道」です。あとは歩道の実践で「軸（センター）」と「全身連動」と「ルースニング（緩解）」能力を徹底的、継続的に磨いていくことです。

Lesson1

軸と背骨から劇的に変わる

「その場歩き」から始める

それではトレーニングを始めます。

トレーニングの内容や順番については詳細に検討し、多くの読者にとって最も効果的なメソッド、順番を考えています。いろいろとページをめくってさまざまなトレーニング法に振り回されずに、順番にやっていくのがいいと思って進めてください。

まず、「その場歩き」をやっていただきます。運動科学の専門用語では「定止歩行」といいますが、「その場歩き」という言い方で続けてかまいません。私もよく「その場歩き」という言葉を使います。

歩行運動はスポーツのさまざまな動き、運動の原型です。その原型を通して、自分自身のパフォーマンスの源である「軸（センター）」と「全身連動」と「ルースニング（緩解）」を上達させていく、進化させていくことが目的となります。

歩行運動をそのまま取り入れることがもちろん望ましいのですが、そもそも歩行運動は広い場所が必要です。そして実際に歩くと、当たり前ですが移動してしまう。そうすると歩きという運動の内側に隠されている能力、メカニズムを変えていく作業を行おうとしているのに、指導者から遠く離れていってしまう。指導者が声をかけるにしても、大声が必要になって指導がしにくい。できるだけ場所を変えないで、指導者の近くでやることが大切なのです。

また、この「歩道」は個人練習が非常に大事です。個人練習が家の周囲でできるとか、自分の部屋でできるとか、そういう環境も重要です。移動すると広いスペースが必要になります。その場歩きは、移動する歩行運動と構造的に非常に近いものがあるので、歩行運動をその場歩きで代用していくことが可能なのです。

では、さっそく「その場歩き」をしてください。「軸（センター）」は背骨の前端に沿って通る垂直線をイメージします。ざっくりでかまいません。

イメージしにくい場合は、右手か左手のどちらでもいいので、手を真っ平らにして顔の前に垂直に立てて、胸、腹、股の前と、上下に動かしてみます。その真っ平らの手で、背骨の前をさすりこすっているようなイメージを持って、5回、10回と上下運動してみてください。1往復で2～4秒くらいの速さで繰り返します。

場所によっては、「この辺なのかな」とわかりにくいところがあると思いますが、そこは細かく上下動を繰り返してもいいでしょう。数センチ単位の上下の動きがあって、それを含んで一番上から下まで1メートルくらい大きく上下動します。これを運動科学では「微細動移動」と呼んでいて、上達の科学的な工夫です。

このように「軸（センター）」を手でなぞってイメージする作業を「サモンする」とい

います。「サモン」とは、意識を呼び覚まして強くハッキリさせるという意味です。「サモンする」という言葉は、歩道でもしばしば出てきますから、ぜひ覚えておいてください。

「軸（センター）」の強さが脱力を生む

それでは、「軸（センター）」が何となくできたというのでいいですから、「軸（センター）」が通ったつもりで「その場歩き」をします。

太ももを上げる角度は、「軸（センター）」に対して30度くらいです。スポーツ選手はどうしても高く上がりやすく、40度、50度まで上げてしまう人もいると思いますが、この練習の場合は、それはよくありません。パフォーマンスを変えていくトレーニングでは、少し抑えめにした30度くらいのもも上げがちょうどいいのです。少し抑えめにすることで「ルースニング（緩解）」を引き出し脱力するためです。

ほとんどのスポーツ選手は力をガンガンに入れて動くことを優先しています。気づかないまま必要以上に無駄な力を入れてしまうのです。その結果、でき上がってしまうのが普通の選手のパフォー

「その場歩き」をする

マンスです。

スポーツパフォーマンスの優劣を決定するのに重要なことは、「軸（センター）」が正確に通っていること、そして「軸（センター）」の強さです。「軸（センター）」の強さというのは、全身の脱力が生むもので、脱力は「ルースニング（緩解）」の結果です。

赤ん坊の体を思い出してください。それから、魚や野生動物たち、トラやチーターなどの猛獣たちも思い出してください。「ルースニング（緩解）」の名人です。世界のトップ選手も、もちろん「ルースニング（緩解）」の名人なのです。

絶頂時のイチローの筋肉が、まるでつき立ての餅のように柔らかかったのは有名な話です。また、その柔らかさを維持するために、毎日、器具で足裏のマッサージをし、どこにいても四六時中ストレッチングをしていました。このマッサージもストレッチングも、「ルースニング（緩解）」の手段として役立っていたのです。

このように、世界のトップ選手は「ルースニング（緩解）」の結果としての脱力がうまく、うまいがゆえに「軸（センター）」が強く通っていて、「軸（センター）」が強く通るから脱力がさらに進んでいくのです。ですから、もも上げは30度くらいに抑えることが非常に大事で、40度、50度まで上げると、ほぼこのトレーニングは失敗します。もも上げは脚の重みを感じながら抑えめにすることで脱力していきます。30度というのが脱力の導入口なのです。

トラは、ライオンを圧倒する「ルースニング（緩解）」、「軸（センター）」、そして「全身連動力」を持っています。全身の脱力とバランス、柔らかい身のこなしと多様な攻防能力が高く、総合的な戦術力にも優れます。それらはあらゆるスポーツにも共通する能力です。

猛獣たちは、その場歩きでいう「軸（センター）」に対して30度に垂れ切る能力をさらに何倍も深めた、徹底的に垂れ切る能力が抜群に高いのです。ダラッと重みが利いて垂れる感じは、専門用語で「緩重垂」といい、潜在脳の高度な身体操作の結果として身体がそうなることを表した概念なのです。

ゆるんで重みが生まれて垂れる――。これを30度のもも上げでぜひともつかんで覚えてほしいのです。そして膝から下は、さらに思

ライオンは全身がわずかに固く、四本の脚もわずかに垂れ切れていない　© Getty Images

全身の重みを感じながら四本の脚を垂れ切る。猛獣の中で最も「緩重垂」が上手いのはトラ　© Getty Images

い切りダラッと脱力して垂らす。足首も脱力して垂らします。「軸（センター）」が感じられなくなったら、また手で背骨の前端を上下にさするつもりで動かして、「サモン」します。「これが『軸（センター）』だ」と確認しながら、その場歩きを続けてください

肩甲骨を中心に腕を振る

運動しているもう一つの部分は腕です。肩関節を中心に振っている感じを大事にしてください。「肩関節の中心だよな、肩関節を中心に振ってるんだよな」とつぶやきながら行ってください。

「肩関節の中心」というのは長いので、運動科学では省略して「肩支点《けんしてん》」、またはさらに省略して「肩支《けんし》」と呼んでいます。肩支点で振る。つまり肩支が腕振りの中心で、振っていると脱力が進んで、腕がダラッと垂れてきます。ここでも「緩重垂」が大事です。

上腕は、垂直な「軸（センター）」に対して前へ45度くらい振ります。そのときの前腕は水平に対して25度くらいです。後ろに振ったときは、上腕が垂直に対して30度くらいです。腕は後ろのほうにビヨーンと伸ばすのではないのです。肘関節が直角に曲がったまま、指が真下に向くことなく戻ってきてしまうのも違います。前腕は足のスネと同じように脱

力して垂らします。その結果、ほぼ垂直に近くなるようにします。ああこんな感じかなという調子でやってみてください。初めてやるときは、ざっくりでいいのです。

角度について目安をお伝えするのは、ある程度の基準がないと、人によってバラバラになりやすいからです。中には手の振り幅を前後10㎝くらいしか動かさない人も出てきます。そうなると、「軸（センター）」は育たないし「全身連動」も難しく、人によってはすべてが非効率になります。

大事なことは、その場歩きをしながら、それらの目安の角度を時々意識することです。ずっと意識し続けると脳の働きが悪くなり、かえってガチガチに固まってしまいます。ですから、時々意識しながらその場歩きを続けてください。一番大事なことは、背骨の前に「軸（センター）」が通っているつもりで行うことです。

その場歩きのもう一つの目的は、これから紹介するメソッドが、自分自身のスポーツパフォーマンスにどのような影響を及ぼすのか、試して確認できることです。メソッドをやる前と後で、スポーツパフォーマンスの代わりにその場歩きを行い比較してみると、さまざまな気づきがあります。その気づきによって自分がどうなっているかを知るのと同時に、メソッドが何を狙っているかを確認します。

当然、そうしたトレーニングを繰り返すことで、自分の歩きを変えるきっかけになり、実際に歩き方そのものが変わってきます。さらに慣れてくると、歩きの延長としての走りや、パフォーマンスとのつながりが少しずつ見えてきます。その場歩きをよくすることで、普段の歩きがよくなって、スポーツパフォーマンスも上がってくるという流れです。

壁《へき》柱《ちゅう》角《かく》縦《たて》割《かっ》脊《せき》法《ほう》（壁《へき》柱《ちゅう》角《かく》脊《せき》椎《つい》通《どお》しの一種）

「壁柱角縦割脊法」をします。

背骨の後端には棘突起という後方に向かって隆起し、突出した部分があります。その棘突起の両側1〜1・5センチのところを「脊側」と呼んでいます。背骨のサイドという意味です。そこを柱の角でこすって「ルースニング（緩解）」するのが「壁柱角脊椎通し」で、その中でも脊側を縦方向に切るように割っていくのが「壁柱角縦割脊法」です。

ただし、首のところをこするのは無理なのではずします。胸椎の1番から12番まで、そして腰椎の1番から5番まで、さらに仙骨までこすっていきます。

柱、または壁の直角の角を見つけてください。まっすぐ垂直線を描いて通っていますね。こういうのを「環境センター」と呼びます。

柱か壁の直角を見つける

それに近づいて、尖っている角を上下に触ってください。鋭くまっすぐ通っています。

まず、柱や壁の角から、両足のカカトを5~10センチくらい離して立ち、脊側を角の部分にくっつけます。そっと柔らかくゆっくり、首の付け根の骨のすぐ下の胸椎1番から背骨の右側をくっつけて、寄りかかってください。

脊側が角に当たったら、柱や壁から足を20~30センチくらい離します。そうするとさらに体重がかかり、その体重によって角が脊側にめり込んでくるという感覚になります。少し膝関節と股関節を屈伸させながら上下動すると、脊側に柱の角がめり込んでいきます。

そうすると、脊側のその部分がさらに緩解して、角をズブズブズブめり込ませて、その部分を柔らかくほぐしながら切っていく感じです。そうすると、切ったラインに沿っ

壁柱角縦割脊法

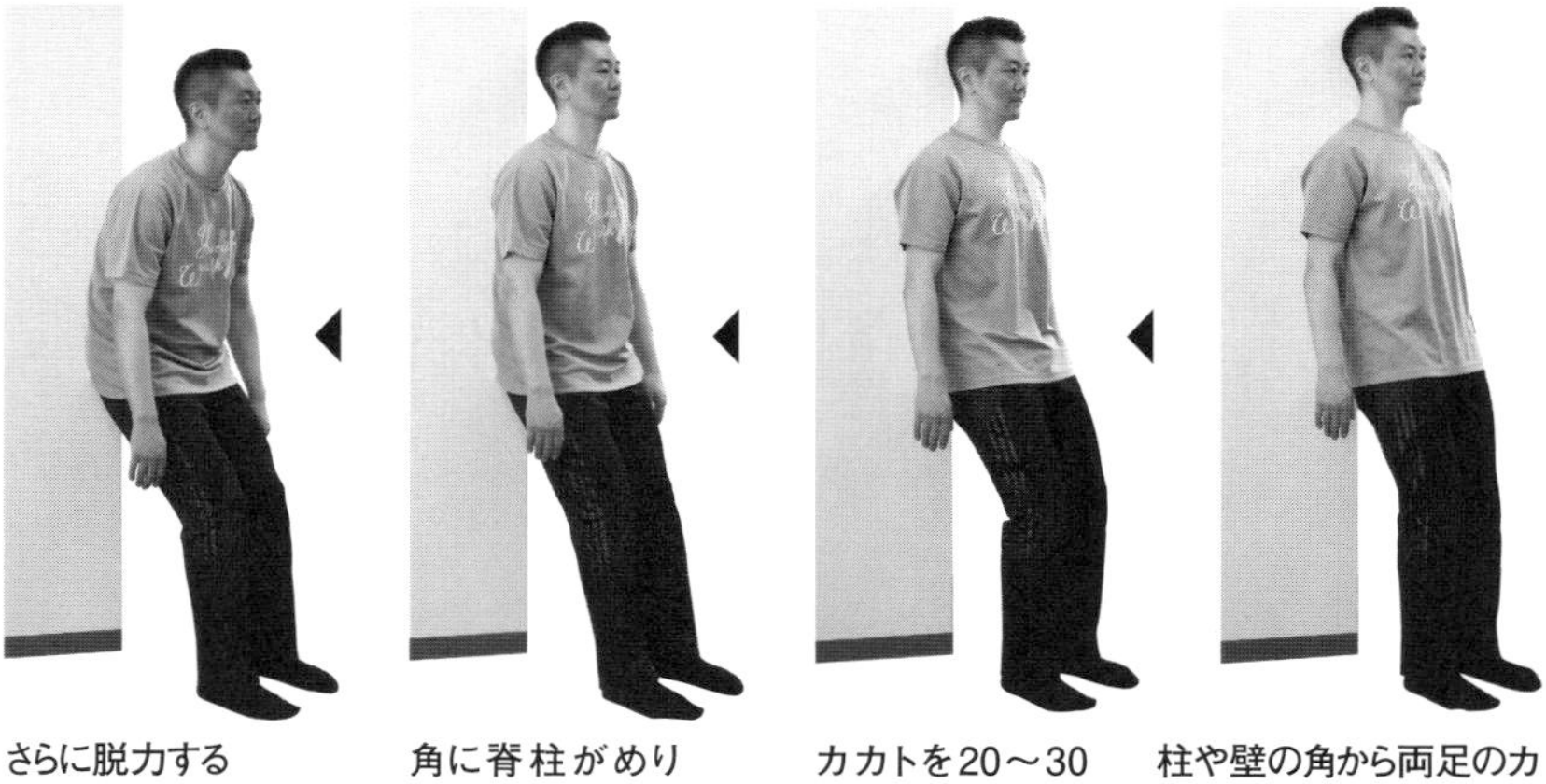

柱や壁の角から両足のカカトを5～ 10 センチ離して立ち、脊柱をくっつける

カカトを20～30センチくらい離す

角に脊柱がめり込んでいく感じ

さらに脱力する

て体幹が割れる感じがしてきます。これを「割脊」といいます。

4、5回、ストロークを上下に動かしてください。そのストロークの距離は3～4センチで、動かした下のほうの部分は、次のストロークと一部重なるつもりで動かします。棘突起3個分くらいをほぐし切るようにしたら、一番下の棘突起を含んでまた3個分ほど移動して、だんだん下にストロークをずらしていきます。このようにしながら、胸椎～腰椎全体の上から3分の1くらいまでストロークをずらし下げていくわけですが、このあたりまではやりやすいはずです。

次に、ストロークが背骨の中段部分に入っていきますが、この部分はやりにくい部分です。筋肉が厚くて、棘突起が筋肉にもぐっている感じがする人もいるでしょう。こする位置を適当にやると、棘突起をぶつけてケガをする可能性もありますから、こする位置がい加減にならないように慎重に行ってください。

慎重にこすりながら、さらにこする位置を下げます。腰椎の5番から仙骨へと下げていきますが、仙骨は骨そのものをこすることになるので、とくに優しく行ってください。

仙骨まで下げたら一度離れて、足を閉じてその場に立ってください。何かが違うはずです。やってみた人からよく出るのは、「今まで背骨の右側のラインを感じたことがなかったけど、なるほどあるんだな!!」という感想です。

また、「その場歩き」をしてください。身体の中に、上下にまっすぐ通る感じがあると思います。脊側の右側の部分、これを右脊側と呼びますが、この部分に影響されて、あるいは支えられて、通るものがあると感じられるのではないでしょうか。

腕振り、脚振りを意識してください。先程のその場歩きと比べてダラッと垂れる感じはどうですか。「垂れる感じがするなあ、前より緩重垂が感じられるなあ」となるように行います。

腕、脚が振れている感じもよくわかりますか。脊側の左側（左脊側）より、いま行った右側のほうがよく感じられると思います。

腕がちょっと重みをもって垂れながら振れているのが感じられますか。腕と脚が影響し合って動いている感じはどうですか。実は、それが連動なのです。腕と脚とが影響し合って動いている感じが、まさに「全身連動」の原型です。

と同時に、左脊側のほうが鈍くて硬い感じで、上下に通るものが何もない感じがしませんか。そして、左側は全体に窮屈で短い感じがするけれど、それに比べて右側は上下に長くてゆったりとしていて、空間が広い感じがすると思います。右側のほうが力が抜けた脱力感があって、動きやすいのではないでしょうか。

ハンマー投げの室伏広治が、現役時代、ウォーミングアップやストレッチングで、背骨の一つずつが動く感じを大事にしていると話していたそうです。拙著『サッカーゆるトレーニング55』（KADOKAWA）、『サッカー球軸トレーニング』の共著者である松井浩が、本人から直接聞いたと言っていました。

脊柱のトレーニング

優れた「全身連動」では、背骨1個1個が普通の選手からは信じられないほど広い空間を持って、ゆったりとゆるみながら動き合っています。まさにそれが背骨と周囲のインナーマッスルでつくられる脊椎の「ルースニング（緩解）」です。優れた「全身連動」にはこの「ルースニング（緩解）」が必要不可欠な要素なのです。

脊椎動物の歴史は魚類から始まりました。魚類は4本の腕脚（四肢）がないのですから、背骨でしか駆動できません。あの大海原を動き回って、まさに支配し切ってきた魚類の運動、それが連動の根本メカニズムで、「全身連動」の源は背骨にあるのです。

そのことがわかってくると、左側もやりたくなってくるのではないでしょうか。もう一度、環境センターである柱か壁の角を触ってください。

近くまで行って、左脊側の一番上（胸椎1番の左脊側）を角に当てて20～30センチまで離れてもたれ、グッと重みを感じるようになったら、さらに脱力して上下に動かします。ストロークは3～5センチくらいです。右側でやったのと同じようにていねいに、同じ時間をかけてやることが大切です。

もう慣れたからと急ぐのは絶対にダメです。急ぐと上達しません。ですから、同じ時間をかけて急がずに行うと、やり方がわかっているので、1回ごとのストロークの質がよくなります。脊側が切られて割れる、切られ方と割られ方が上手くなるのです。ていねいにゆっくり動かすと、どのように上手くなったのかが、自分でわかってくるはずです。

終わったら、足をそろえて離れて立って、身体の状態を感じてみてください。先程に比べて、明らかに体幹がリアルに垂直に立っていることがわかるでしょう。

手を開いて背骨の前を上下にさすること（サモン）もやってみたくないですか。そう感じる人は、より成功している人です。

よりよい「軸（センター）」の形成を進める

この「壁柱角縦割脊法」を左右1回ずつやっただけ、つまり背骨の一部をこすっただけでも、よりよい「軸（センター）」の形成が進みます。手で「軸（センター）」のサモンをしてみたくなるのは、効果があったことの証明です。このレベルに入った人は、このトレーニングの導入に成功している人です。

一方、そうならなかった人も、悲しむことはありません。まっすぐ立っている実感があるだけでも効果が出ています。また、脊側が割れて切れる感じが少しわかるようになったなどが体験できれば、間違いなく上達を始めています。ただ、「軸（センター）」の形成に「手が手伝ってよ」と、背骨から呼ばれなかったところだけが、少し惜しかっただけです。

では、どうしたらいいのでしょうか。呼ばれたつもりになってやればいいのです。手で背骨の前をこする。そうすると、先程は効いているのかなと不安になった人も、今度はつながり感があって、こすっている感じ、こすられている感じが出てくると思います。そうしたら「やったあ!!」大成功です。

そのつもりになって調子にのってやっていくと、最初から手が背骨から呼ばれた人に追いついてしまいます。そうやって上手くなっていけばいいのです。

この「背骨の前」というのは、体幹の深部のことです。生まれてから一度も触ったことはないでしょう。これからも実際には触れられません。でも、背骨が手とつながったような、お互いにこすったり、こすられたりする感じがわいてきたら、実際に触れたのと同じ種類の感覚が生まれてきたということです。実はこの感覚が非常に大事なのです。天才的なスポーツ選手は、生まれつきこの感覚が強く備わっているのです。

わかりやすくいえば、天才的に優れたバッターは、バットを握っている手が背骨の前、「軸（センター）」とつながり合っている感じがあるのです。さらに、バットの中心軸ともつながり合っている感じを持っています。

最盛期の頃のイチローには、これから打つぞというとき、バットの下端を持って、まず上空に向けて立て、その後ピッチャーのほうに向けるという、とんでもなく美しい姿がありました。あれこそ、あのバットの「軸（センター）」と、背骨の前にある「軸（センター）」がつながり合い連動している、こすり、こすられ合っている高度なパフォーマンスの準備状態だったのです。

イチローの場合は、今、皆さんが体験しているより、その関係がはるかに強靭にあるのです。それがあればあるほどバッティングの調子がいいし、ものすごくあるときには、どんなピッチャーのどんな攻めにも対応できて、素晴らしいパフォーマンスになるのです。

道具を使わないスポーツでも、手や足が「軸（センター）」と呼応し合い、関係し合いますが、サッカーやバスケットボール、バレーボールやラグビーの場合は、ボールの中心（これを「球芯」といいます）と「軸（センター）」が呼応し合います。それが身体意識の世界における「全身連動」なのです。私のいう「全身連動」は、筋肉だけの働きではなく、骨格や内臓も質量、重量として入っていて、実は、身体意識の世界こそ連動するのです。それが、スポーツパフォーマンスにおいて高度な連動が起きているということです。

地味なトレーニングでも深い世界がある

ここまでは背骨の右側、左側と両方の壁柱角縦割脊法をやっただけです。左側が終わった後は立っているだけで、その場歩きはまだしていません。背骨の前を手でこするか、こすらないかの話しかしていません。

でも、その段階だけで、スポーツパフォーマンスの凄い現場が見えてきたと思います。こんな地味な環境の中でも深い世界があって、スポーツの深い世界とも出合うことができます。それが非常に大事なことなのです。

壁の角で背骨の両側をこすっただけ、そしてただ立っているだけです。手を上下に動かして背骨の前端をこするサモンをしただけです。この地味なトレーニングだけで、スポーツパフォーマンスの高度なメカニズムを支える、「軸（センター）」と「全身連動」と「ルースニング（緩解）」が感じられるのです。それらをあたかも目に見えるようにつかまえながら、リアルに感じることが大事なのです。

しかし、「よし、集中力を発揮してつかまえてやるんだ」と意気込んでも、絶対につかまえられません。意地になって、背骨の前の「軸（センター）」らしきものをこすってみたくなっただけで、そんな無理な意気込みでは心も身体も硬くなり、「ルースニング（緩解）」がまったくダメになってしまいます。「ルースニング（緩解）」を上手く深めるには、さり・・・・・・げなく集中することが大切です。

もちろん棘突起をケガしないように、ていねいにやってください。やり方は集中力を発揮して、注意しながらしっかりやることです。そうすると、結果としてさりげなくいいことが起きてきて、本物の効果が生まれてきます。本物の効果以外は意味がありません。絶対にこう感じるんだ、こうイメージするんだというやり方は効果がありません。こうした結果を先走って意識するやり方は脳の間違った使い方で、時間の無駄使いで終わってしまいます。それでは自分を変えることも、指導する選手を変えることもできないのです。

では、その場歩きをやってみましょう。太もも30度をさりげなくコントロールして、膝から下は脱力し、脚全体が緩重垂して股関節の中心（これを「転子」といいます）から振れるようにします。前腕、上腕、さりげなく重みをもって垂れて振れる感じで行ってください。

脊側の状態から感じてみましょう。右側をやっただけのときに比べてどうですか。右、左、両サイドが割れて、縦に何となく通っている感じがしませんか。背骨が左右で割れて空間ができ、上下に長くなった感じがして、それぞれの背骨が先程までは縮んでカチカチだったのが、ゆるんで大きくなって、何か少しだけズルズル動いている感じがしませんか。

と同時に、背骨の真ん中に、弱いけれども何となく「軸（センター）」が通っている感じがありますか。人によっては、かなりハッキリ通っている感じがする人もいるかもしれ

CPS（閉足立ち）で立つ

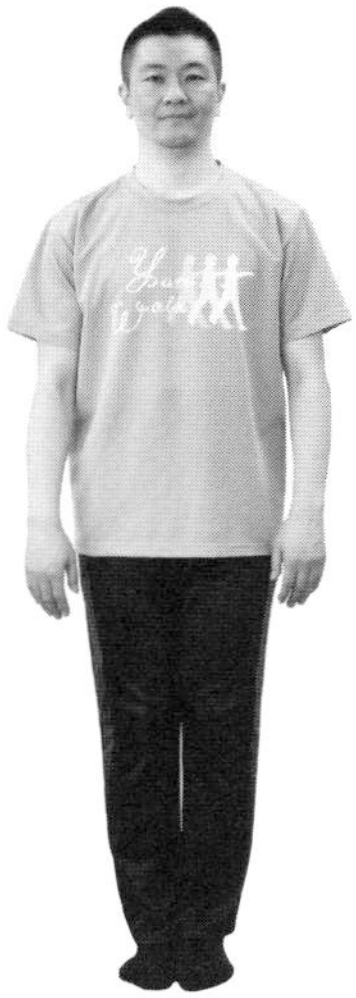

ません。

腕振り、脚振りをしているという感じもわかるはずです。しかも、腕と脚に重みがあって存在感もあり、脱力していて動きやすいはずです。なめらかさはどうですか。そして、腕と脚の関係はどんな感じですか。お互いに関係し合っている感じがありますか。

腕と脚の４本が同時に動いている感じがよくわかると思います。４本が体幹を通して関係し合っていて、その中心になっているのは、ものでいえば背骨、身意識でいえば「軸（センター）」です。

CPSで立つ

もう一度、ＣＰＳ（クローズド・パラレル・スタンス＝力を抜いた状態で両足の内側同士

一面手法擦法《いちめんしゅほうさっぽう》

CPSで立ち、背骨の前をこする

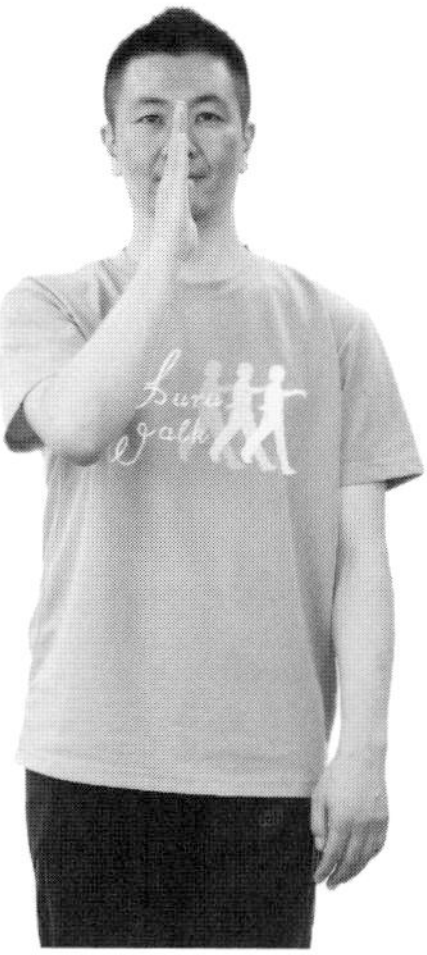

上下に動かしてサモンする。反対の手でも同様に行う

がぴったりと平行に接しながらつま先が正面を向く立ち方＝閉足立ち）で立ちます。
「壁柱角縦割脊法」の1回目の体験をしてみて、2回目もやりたいと感じたのであれば、同じように右、左とていねいにやってください。そうすると、もっと深く、もっと有効で正確な割脊ができるでしょう。

このような調子でやっていきます。

「壁柱角縦割脊法」は、スポーツ選手のパフォーマンスに即つながっていきます。「軸（センター）」と「全身連動」と「ルースニング（緩解）」に直接役立つものなのです。メソッドの肝です。そこをきちんと押さえて、積み重ねていかないと効果がなくなります。一つのメソッドを1回ずつ的確にやるたびにより正確に、必ずいい効果を上げる。回数を重ねるたびにより正確に、その効果はよりよく、より深いものにしなければなりません。

一面手法擦法

つぎに手足のメソッドです。「手足」からスポーツパフォーマンスを変えていくメソッドを行います。

これまでの話から、「手はかなり重要だ」、「スポーツパフォーマンスと連動する」というのがわかっていただけたことと思います。「背骨の前をこすってみたら、確かに「軸（センター）」と手のつながり感があったな」と体験をした人にとってみれば、なおのことでしょう。

その手をよりよくするメソッドが「一面手法擦法」（79ページ）です。

両足をそろえてＣＰＳ（閉足立ち）で立ちます。右手、または左手で背骨の前をこするように、上下に動かしてサモンしてください。「軸（センター）」を通すためです。「『軸（センター）』が通るように、通るように」とつぶやきながらやってみましょう。ていねいにやってください。

図20　地芯

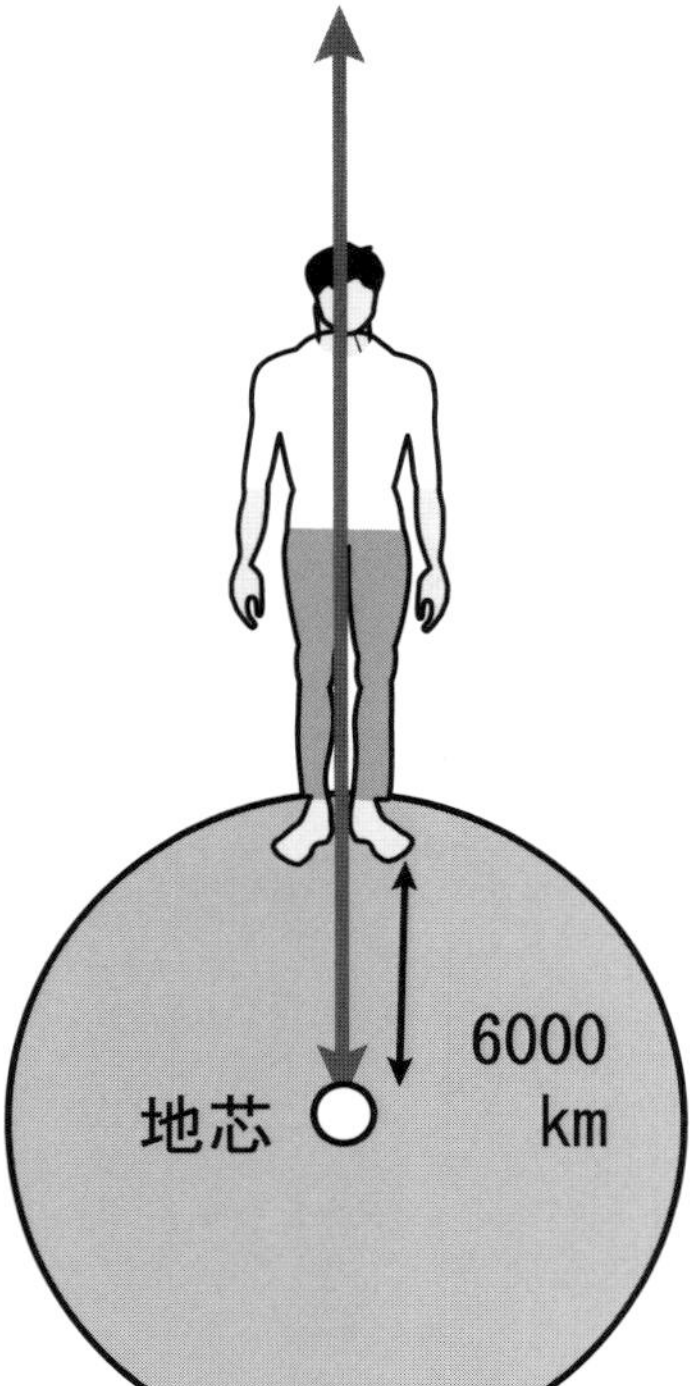

地芯＝地球の中心

手を替えてみましょう。こする手を替えるのは、手の開発法をしているからです。片方だけやっていると、片方しか開発されません。右手だけやっていると、左手の何パーセントかは開発されてきますが、両手を行うことでお互いに影響されてよくなるのです。

「地芯」の色は美しいシルバー色

「軸（センター）」の真下は、地球の中心です。物理学的には地球の質量の中心であり、重力の中心でもあります。背骨の前端を通る「軸（センター）」を下へ下へと伸ばしていきます。地球の中心は約6000キロ真下です。地球の中心を「地芯」と呼びます（81ページ・図20）。「地芯」を想像するのには、イメージしやすいほうがいいでしょう。それには色があったほうがいいのです。色がないと抽象的になって具体的にとらえにくくなります。「では、その色は？」といえば、いろいろ実験した結果「美しいシルバー色」が一番うまくいくことがわかっています。

「軸（センター）」の真下に、美しいシルバーの地芯があると想像します。そしてその美しいシルバーの地芯から、その真上6000キロにあなたが立っています。このようにさりげなく思いながら、さりげなく「美しいシルバーの地芯、上空6000キロに立っている」とつぶやきます。

両腕を水平になるように伸ばしてください。腕と体幹の角度は直角です（できるだけ脱力するために水平に伸ばす前に、ほぐれるように肩を回してもいいでしょう）。

腕を水平に上げた状態で緩重垂。腕と体幹の角度を直角にキープしたまま、体幹を下に向けて倒していって、股関節を屈曲し膝関節も屈曲しながら手や腕も下げていき、床につきます。何をやるかといえば、四つ足になって、手と膝で支えてください。腕は肘関節を脱力して伸展し、前腕から上腕が1本の棒になるイメージで垂直にします。脚は大腿部が垂直に、膝から下の下腿と足は床に脱力しておきます。そして4本の腕と腿が互いに垂直かつ平行になるようにしてください。

お互いに四つ足状態で見合って、直し合ってもいいですし、仲間同士が2交替で見て直

四足脱力体

腕を水平に上げた状態で緩重垂

腕と体幹の角度は直角にキープしたまま体幹を倒す

股関節、膝関節も曲げながら手や腕も下げていく

四つ足になり手と膝で支える。体幹をクネクネさせて全身を脱力させる

すチェック役をやってもいいでしょう。

さあ、さりげなく、地下6000キロの美しいシルバーの地芯の上に、四つ足で立ちます。「軸（センター）」がきちっと通っているというのは、地芯から「軸（センター）」が立ち上がって通っているということです。その「軸（センター）」の一番下の端は地芯で、それ以外にはないのです。

あの美しくも理想的な身体運動の持ち主である野生動物たちは、常に美しいシルバーの地芯から立ち上がってくる「軸（センター）」が、上空6000キロで自分の中心を貫いて通っている存在だということです。そうなるためには、さりげなく思うのがいいのです。

四つ足でさりげなく、美しいシルバーの地芯に乗っているという感じです。そして、魚やへび、トカゲがクネクネしているように、

吉田沙保里　　© Getty Images

伊調馨　　© Getty Images

体幹をクネクネさせてみてください。腕や脚に無駄な力を入れずに、クネクネすればするほど脱力するように行ってください。これは、「ルースニング（緩解）」の代表的メソッドの「体幹波揺法」です。４本の腕脚と体幹を、重みを持ってダラッと垂らします（83ページ・四足脱力体）。トラはこれが抜群に上手です。

人類最強女子は伊調馨⁉

猛獣の中でライオンが最も強いと思っている方がいるかもしれませんが、同じ体重だったらトラが強いのです。前でも触れたように、トラのほうが四つ足で脱力して立ち、強くしっかり「緩重垂」して地球の中心に乗っている。つまり、ダラッと全身を脱力させる「ルースニング（緩解）」能力が、トラのほうがはるかに高いのです。その結果、「軸（センター）」と「全身連動」に優れ、格闘能力にも差が出てくるのです。

四つ足状態に近い形でやるスポーツといったら何ですか。レスリングです。日本にはすごいレスラーがいます。吉田沙保里もすさまじいレスラーでしたが、伊調馨は、この３要素「軸（センター）」「ルースニング（緩解）」「全身連動」の体現度において、さらにすさまじいレスラーでした。

トラとライオンの３要素の違いが、ちょうど伊調馨と吉田沙保里の違いに相当するのです。ライオンももちろんすさまじく強くて、百獣の王といわれています。霊長類最強女子といわれる吉田沙保里と同じです。ところがトラのほうは世間的にストレートなそういう尊称や枕言葉に当たるものが、ほとんどない。伊調馨も同じなのです。

　だからといって、吉田沙保里のファンの皆さんがガッカリされる必要は少しもありません。ライオンのように強いのですから立派なものです。私もこれまで『勝利をよぶ身体』（講談社）などの書籍でとり上げ、最大級の評価をしてきました。しかるに、長年にわたって世界に君臨するほどの強さがあったけれども、事実としてもう1階級上に彼女以上に奥の深いレスラーがいたということです。

　私はファン心理を超えて、アスリートの真理を追究することが必要だと考えます。また

手擦緩法

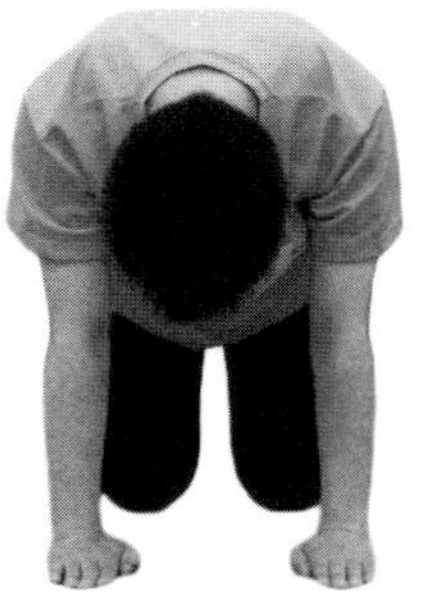

美しいシルバーの地芯に乗り、四つ足状態になる

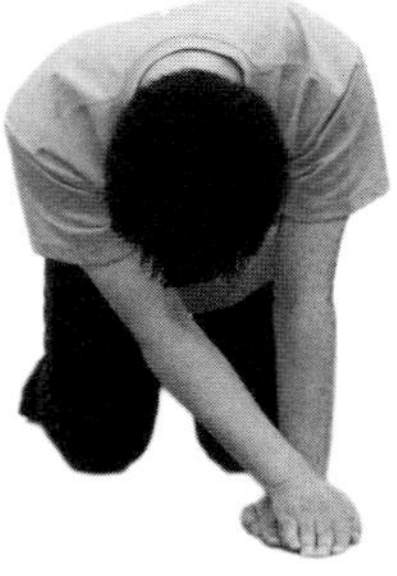

右手で左手の甲から指をほぐれるようにさする

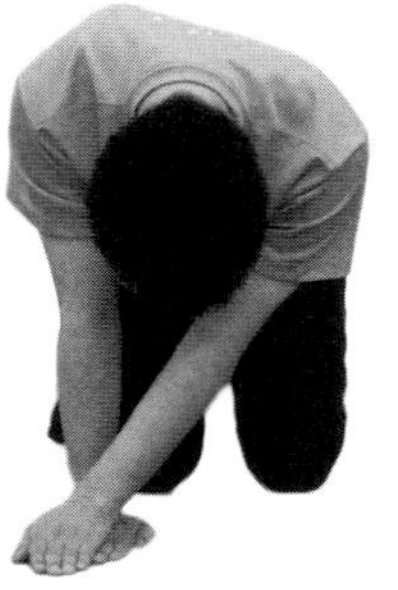

反対側も同様に行う

これらは本当に高い、人類の頂点を目指すアスリートを含む身体運動家にとっては必須不可欠な情報です。ですから研究者として、正確にいわせていただきました。

手《しゅ》擦《さつ》緩《かん》法《ぽう》

まずは美しいシルバーの地芯、上空6000キロで4本の腕、脚で立つ、です。右手を床の支えからはずして、手首から先をプラプラするようにゆすります（この運動を「手首揺解法」といい、「ルースニング（緩解）」の代表的方法の一つです）。そして、左手を甲から指にかけてほぐれるようにさすってください。

「ほぐれるように、ほぐれるように」とつぶやきながら、親指から小指まですべてほぐれるようにさすってください（この運動を「手擦緩法」といいます）。

手の平には中手骨があります。そこもさすってください。手首のすぐ近くの手根骨もさすります。手を甲側から、手の平側まで浸透しほぐれるように、ほぐれるように、ほぐれるようにさすってください。

1分くらいやったら右手をついて、今度は左手を床の支えからはずして、プラプラプラプラプラとゆすります。そして、左手で右手の甲を手の平まで浸透するようにさすります。「ほぐれるように、ほぐれるように、ほぐれるように」と言いながらさすっていきます。

左手をさすったときと同じ時間をかけて、同じようにていねいにさすっていきます。「ルースニング（緩解）」の専門的方法により、ゆるんで脱力できた手は鋭敏です。感じる能力がすごく高くなります。

モノを握って扱うスポーツだったら、直ちにいい握り、グリップができます。モノを握らないスポーツでも、いい手からいい腕の動きになり、足のランディング、フィッティングもよくなります。

私が発見した科学的事実ですが、手がほぐれてくると、それに応じて勝手に脚もほぐれてきます。手がほぐれてセンシティブないい感覚の動きになると、自然に足もそうなってくるのです。これを「四肢同調性」と呼んでいます。

手がほぐれていると、足もほぐれていい走りになり、また足による絶妙なボールタッチなどができるようになります。逆に手がこわばって硬いと、足も硬くなりやすいのです。

右手がほぐれたら、また左をついて、右手をはずしてプラプラさせます。今度は1回目にプラプラさせたときよりも、よりプラプラして、より脱力して深い重みを感じてみてください。2回目は1回目よりも効果が深まるようにやることが大切です。

それから、手を地球の中心に向かって垂れるように、静かについて支えてみてください。「ああ、緩重垂ってこの感じだ」と、先程より力が抜けて、ピタッと安定して支えられていますか。スパッと支えが通る感じ、支えのライン感、すなわち〝軸（センター）〟の感じが出てきたら成功です。

今度は左手をはずしてプラプラとゆすります。先程より重みが増して垂れています。「緩重垂」です。ピタッと支えられて安定して、スパッと支えが通る感じがします。支える「軸（センター）」の感じが出てきたら成功です。

両手で感じて、首も垂らします。美しいシルバーの地芯、その真上、上空6000キロに立って、乗っている感じです。少しずつ体幹をほぐれるように、ほぐれるようにと少しずつクネクネと、ていねいにゆらしほぐしてみてください。「体幹波揺法」です。体幹全体が垂れていく感じで、クネクネクネクネ。トラが持っている体幹、しかも中心の背骨を、ほぐして脱力してそれぞれ自由に動ける状態にすればいいのです。それこそが、柔らかな背骨に支えられた「全身連動」が、まさに生まれる世界なのです。

脚の太ももから下は、地面とつながる感じがします。体重が乗っている感じがするでしょうか。敏感な人は、股関節周りがゆるんでいる感じがわかるでしょう。股関節から膝までがいつもと少し違う、支えが通っている感じがある、そんな支えのラインが感じられたらなかなかのものです。

この四足状態から、右足か左足をスーッと前へずらしていって抜いて、足の裏を床にくっつけてみてください。その足で地球の中心、つまり美しいシルバーの地芯をぐっと踏みつけるようにして立ち上がってください。右足をついた人は右足に体重を乗せて、左足をひきずるようにして隣に持ってきます。

両足をくっつけて、CPSで立ちましょう。

手や足はダラッと垂らす感じです。先程の壁柱角縦割脊法をやった後に、立ったときの感じと比べてみてください。棘突起のサイドそのものは、割脊法でやった直後のほうが強かったでしょう。しかし、全体としては背骨が柔らかくある感じだとか、ありのままを感じてみてください。「軸（センター）」らしきものが背骨の前にできて、また右手か左手で、そこを上下になぞってサモンしてみたい感じが出てきましたか。ぜひやってみてください。その感じは、先程より強いかもしれません。

特別意識はしていないけれど、「軸（センター）」が地面の中の少し深いところまで届いている感じがしますか。頭の上も、「軸（センター）」が先程より高いところまで伸びているという人もいるでしょう。

手がすごく効いている感じがしますか。先程は手がこわばって、ゆがんでいたような気がするけれど、そのこわばりがずいぶんとれて柔らかくなり、同時にピタッと「軸（センター）」が通っている感じがしますか。「軸（センター）」と手がしっかり呼び合う。このような感じで背骨と、背骨の前の「軸（センター）」が手と呼応している感じがしますか。

反対側の手でもやってみます。それもさりげなく、「通るように、通るように」と言ってください。美しいシルバーの地芯をイメージします。「軸（センター）」も、色があったほうがいいでしょう。「軸（センター）」もシルバー色です。美しいシルバーの地芯とつながっている「軸（センター）」も、やはり素晴らしく美しいシルバーがいいのです。

美しいシルバー、「『軸（センター）』が通るように、通るように」とつぶやきながらやっていきます。また手を替え、手と「軸（センター）」にしっかり呼応するつながり感があれば、これが身体意識レベルの連動なんだと思ってください。

その場歩きから前へ移動

さりげなく「その場歩き」をします。さりげなく腕振り、脚振り、さりげなく感じるシルバーの地芯、さりげなくその上空6000キロに立っているつもりになりましょう。

その場歩きから前へ移動

小さな歩幅からスタート。少しずつ歩幅を現実の歩きに近づける

「美しいシルバーの地芯、上空６０００キロ」とつぶやきながら、その場歩きを続けます。とくにスキー、スケートなどの滑るスポーツは、地芯に乗れているかどうかで、スポーツパフォーマンスに大きな差が出ます。もちろん陸上のスポーツも、水上のスポーツもすべて、地芯に乗っている意識が大事です。

「軸（センター）」がさりげなくある感じがしますか。背骨は柔らかいですか。最初のその場歩きと比べてみてください。最初にやったときは、背骨が周囲の筋肉と一緒に硬く固まっていて、1本の鈍く太い棒みたいだったでしょう。今は背骨の周りが柔らかくなって、背骨の一つひとつが柔らかく、動いているのがわかりますか。

腕振り、脚振りはどうですか？　前よりはるかにゆるんでいて、重みをもって振れていますか。そして、背骨の前の「軸（センター）」と4本の腕脚が連動していますか。「軸（センター）」のあとに背骨があって、背骨のすぐ前に「軸（センター）」があって、なるほどなあという感じがしますか。

その場歩きのまま、前へ少しずつ移動してみてください。1歩が5センチか10センチくらいです。前方が空いていなければ行きやすい方向へ進んでください。そしてよーく感じてみてください。5センチか10センチ進んだら、さらに5センチか10センチ進みます。

何歩か歩いて味わってください。「ああ、この感じね。わかる、わかる」と、その場歩きで感じたことと同じことが感じられたら上手くいっています。

今度は1歩を15センチから20センチくらいで行いましょう。だんだんと少しずつ歩幅を現実の歩きに近づけていきます。何歩かやってその場歩きと同じように感じられたら成功です。

いきなり大きな歩幅でやってしまうと、力んで固まりやすくなります。せっかくゆるんで柔らかくなっていた背骨が、キュッと縮んで固まってしまうこともあります。カチカチになるのはあっという間です。「ルースニング（緩解）」には時間がかかりますが、「ルースニング（緩解）」が消えるのは一瞬です。そうすると、あっという間に「軸（センター）」も感じられなくなってしまいます。「軸（センター）」が消えてしまうのです。当然ながら、腕、脚も硬くなって連動しなくなります。

腕、脚が吊られ、重いものが振られてすべてが連動している。そのようなつながり感が消えてなくなります。

20センチまでやったら次は25センチ、慌てないで少しずつ広げていくことです。また、途中でわからなくなったら、その場歩きに戻りましょう。

その場歩きの役目は、実際に歩くこととスポーツのパフォーマンスの間の架け橋になることなのです。

そのようにして利用していきます。その場歩きだと落ち着いてできると思います。だから、自分のやっていることを感じ、自分の中も感じられて、どうしたらいいか、どう働きかけをしたらいいかを気づかせてくれます。とても重要な働きをしてくれるのです。

　このトレーニングを繰り返していきます。これがLesson1です。

環境センター法（EC）

　Lesson1の最後に、よくなった手をつかった最も簡単で便利な「軸（センター）」のトレーニング法を紹介します。環境センター法(Environmental Center＝EC)です。

　壁角や柱角が、近くにないこともあるでしょう。遠くに見はするけれど、寄りかかれないこともあります。そのようなときにもこの環境センター法（EC）は役立ちます。

　さっそくやっていきましょう。このメソッドだけで非常に役に立ちます。これだけで

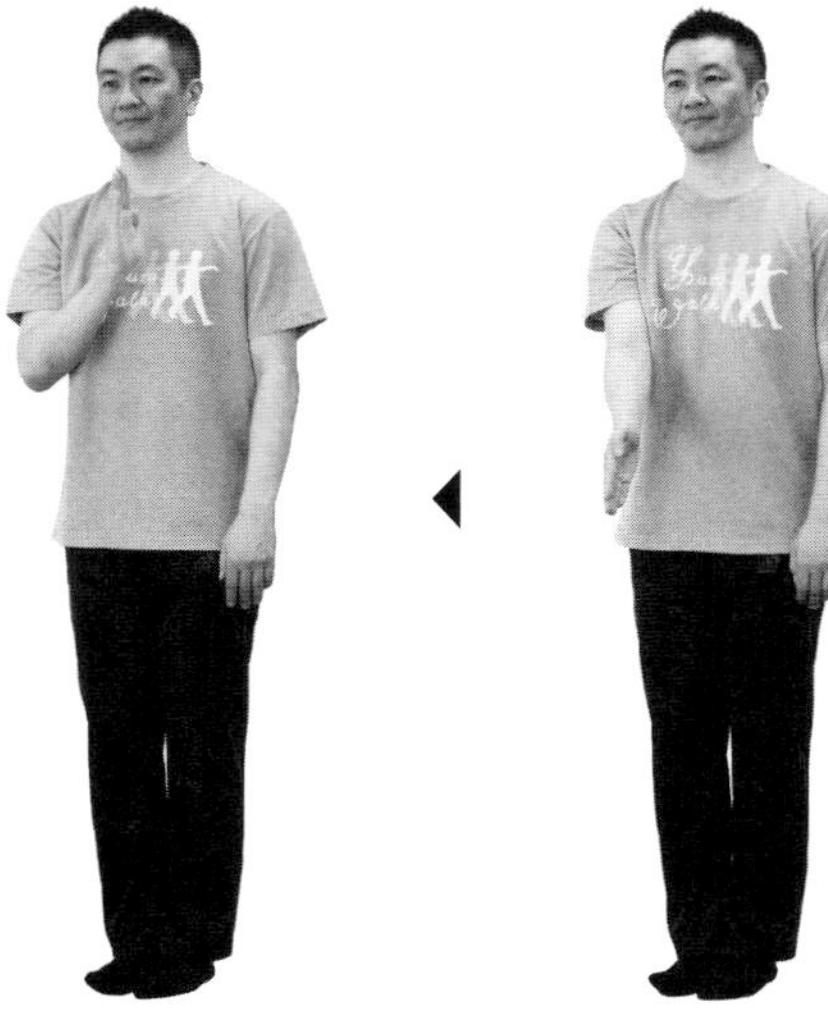

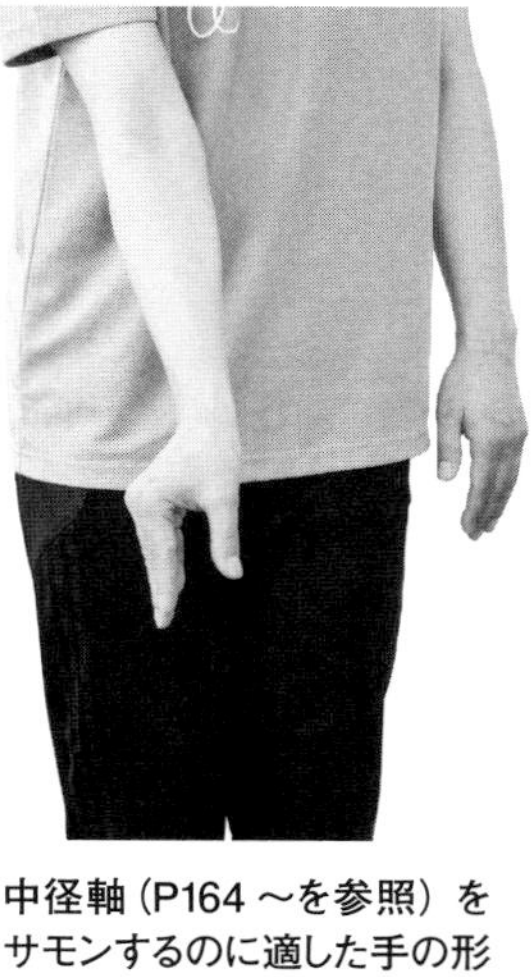

中径軸（P164 ～を参照）をサモンするのに適した手の形

「軸（センター）」がどんどんよくなっていきます。

環境の中に上下にまっすぐ通る一直線を見つけます。壁が織りなす角、柱が織り成す角、電柱、支柱などです。身のまわりにあるこうした垂直のラインを「環境センター」と呼び、そのまっすぐ感を自分の中に写し取ります。

上下にまっすぐ通る一直線は、最も少ない力で強大な効力を発揮します。赤ちゃんが立ち上がったとき、筋力がない、スキルもない、あるのは「軸（センター）」だけというのと同じです。建築物はまっすぐな具材を使うことで、少ない材料でより重い建物を支えることができます。結果、地震にも台風にも強い建物になります。

このＥＣはどこでも使えますから、と

環境センター法（Environmental Center＝EC）

環境の中に上下まっすぐ通る一直線を見つけて、そのまっすぐ感を自分の背骨前に移す方法

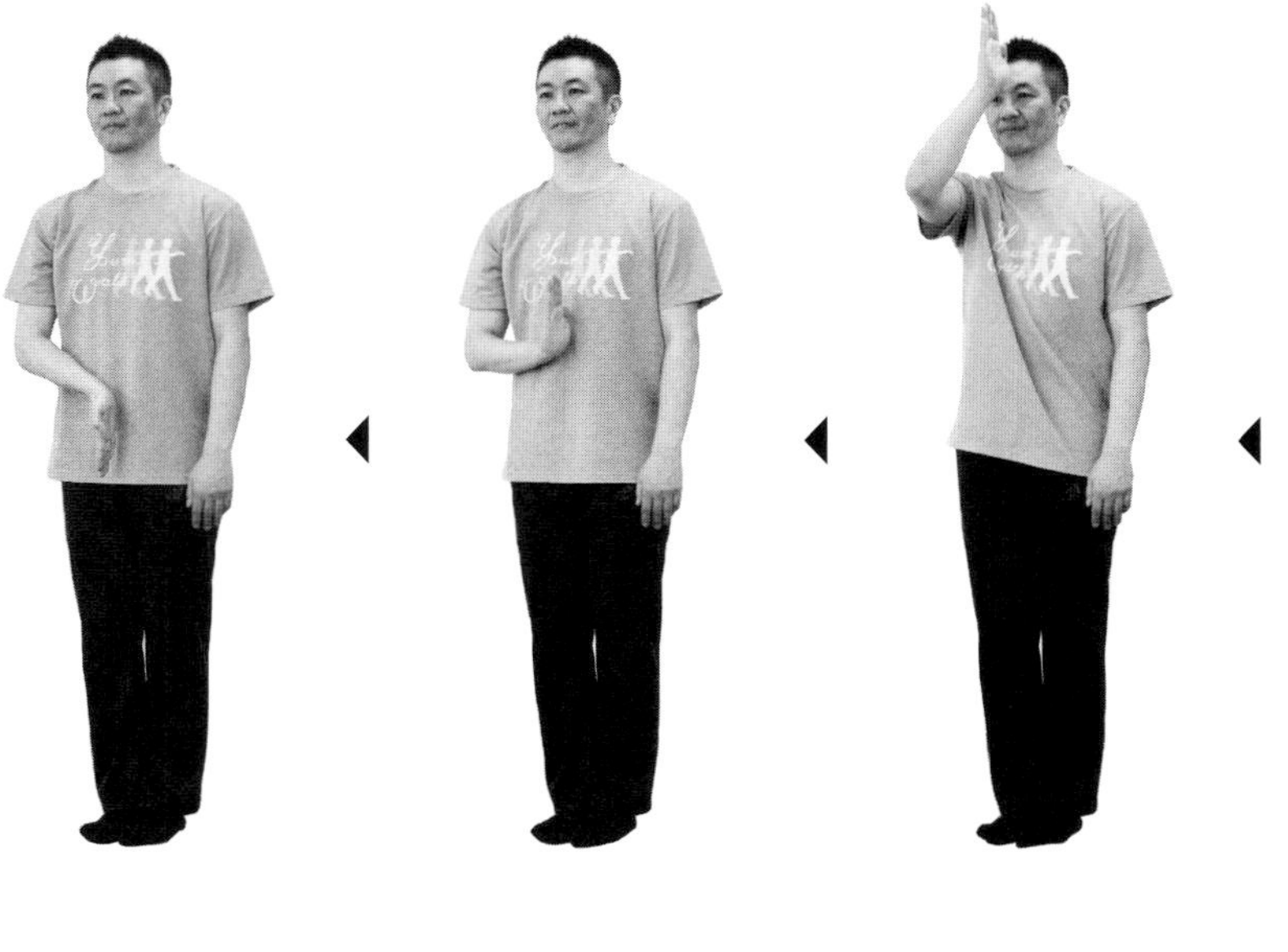

ても便利です。試合前や練習の合間に、「軸（センター）」が弱くなったと思ったら、5秒でも10秒でもやってください。慣れてくると、ちょっと手先だけ環境センターに向けて軽く動かし、自分のほうに持ってくれれば、「軸（センター）」が正確かつ強力によくなります。

他の人が見ても、何をやっているかわからないようにもできます。試合前のほんの少しの間に行うこともできますし、控室にいるときにはバッチリできます。

マラソンの選手なら、走っている最中に環境センターが多くあるはずです。チラッと見ながら、「環境センター、カンキョウセンター……」と言って、走りながら背骨の前をさりげなくなぞることぐらいならできます。

さらに上達してくると、目で環境センターを見て、「わあ、素晴らしいなあ、私もほしいな」とつぶやいて意識するだけでもセンターがよくなってきます。

一面手接合法《いちめんしゅせつごうほう》と一面手擦合法《いちめんしゅさつごうほう》

ＥＣができないときは、一面化し始めている手と手をさすります。「一面化」とは、手が真っ平らになることです。一面化した手を「一面手」といい、一面手同士をピタッと合わせることを「一面手（法）接合法」といいます。そして、さらに接合した状態で擦り合うことを「一面手（法）擦合法」といいます。

　四足で手をさすったら、ものすごく強力に一面化したのではないでしょうか。手が平らになるのがわかったと思います。それは床が平らで一面化しやすいからで、床が凸凹なら一面化はしません。

　テーブルや机に乗せてからさすっても一面化します。慣れてくると、真っ平らなところならどこでも一面化できるようになります。ただし、硬い物体で真っ平らなところは人工物だけで、自然界にはありません。水面も見たところ一面化する場合がありますが、液体というところが惜しいのです。

　では、平らなところを触って一面性をもらってください。下敷きでも一面化していきます。下敷きを両手の間にはさんで1～2センチずらし動かす。下敷きを紙にはさんでやるとよく滑り、効果があります。「御一面さま」と少

一面手接合法と一面手擦合法

一面手同士をピタッと合わせることを「一面手接合法」、接合した状態で擦り合うことを「一面手擦合法」という

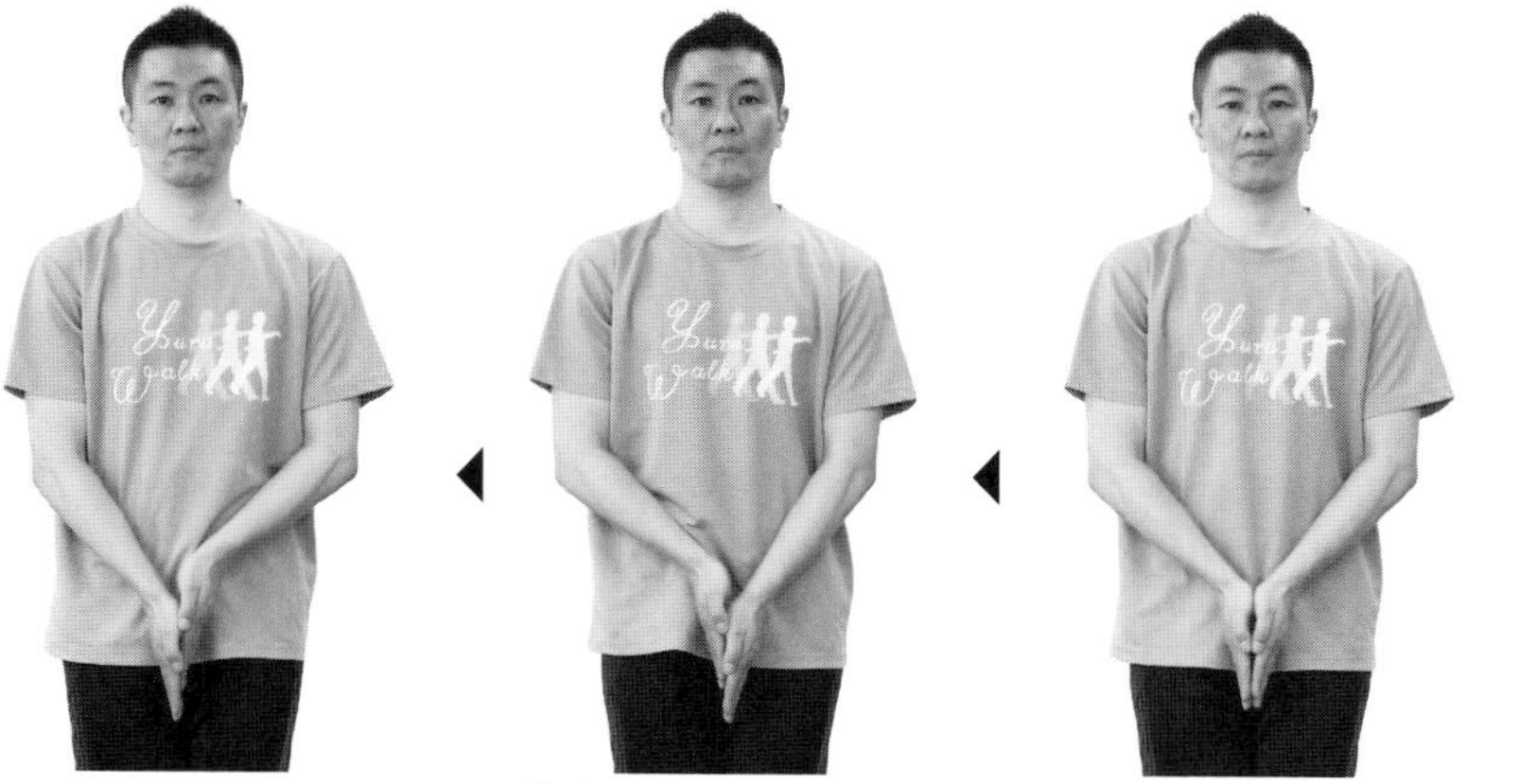

接合した状態で擦り合う（一面手擦合法）

一面手同士をピタッと合わせる（一面手接合法）

し笑いを含みながら言います。ありがたいと感動を込めるジョークです。ジョークも必要で、ゲラゲラ笑うようなものではなく、クスッと笑うくらいがいいのです。

たとえば注目を浴びたウサイン・ボルトのポーズ。そういう少し笑いを含みながらリラックスするためのポーズを、天才的な直感で行ったのです。素晴らしいアイデアを持てる人だったということです。

身も心もリラックスするために「御一面さま」とつぶやいてもかまいません。

Lesson2

肩と股関節を
使える関節に変える

肩関節、股関節と「軸（センター）」、背骨の連動関係

現在のスポーツ界では、「軸（センター）」、背骨に比べて肩関節や股関節のほうが、身体運動の〝要《かなめ》〟と考えられています。理由は単純なことで、肩関節と股関節の働きのほうがずっとわかりやすいからです。

移動するスポーツではより顕著で、移動しているときに、一見して「軸（センター）」、背骨は動いているように見えないでしょう。それに対して腕と脚は、肩関節や股関節を中心に激しく動きます。運動に直接参加していることがわかりやすいのです。

そういう意味では、Ｌｅｓｓｏｎ１で語ってきた「軸（センター）」と「背骨」に比べると、これからトレーニングする肩関節と股関節はずっと身近です。皆さんも理解しやすいと思います。

肩関節と股関節のトレーニングをする前に、二つの話をします。一つは、肩関節と股関節が「軸（センター）」、背骨とどういう関係になっているのかということです。そして、そこには連動の関係も関わってきます。

二つめは、肩関節と股関節の運動も、腕や脚の運動と比べればわかりにくいという話で

す。先程、肩関節と股関節の運動は「軸（センター）」や背骨と比べるとわかりやすいといいましたが、それでも膝関節や肘関節周りの屈伸運動、あるいは手首や足首の運動に比べると、わかりにくいのです。なぜかというと、肩関節も股関節も体幹の関節だからです。

背骨は、まさに体幹の関節そのものです。背骨は仙骨、尾骨をそれぞれ1個と数えると全部で26個あるので、そこには25個の関節があることになります。でも、それが関節だと知らない人も多いのではないでしょうか。背骨は体幹の中央にあるため、それだけ動きどころか存在自体がわかりにくいのです。

軸（センター）・背骨と肩甲骨・股関節との関係

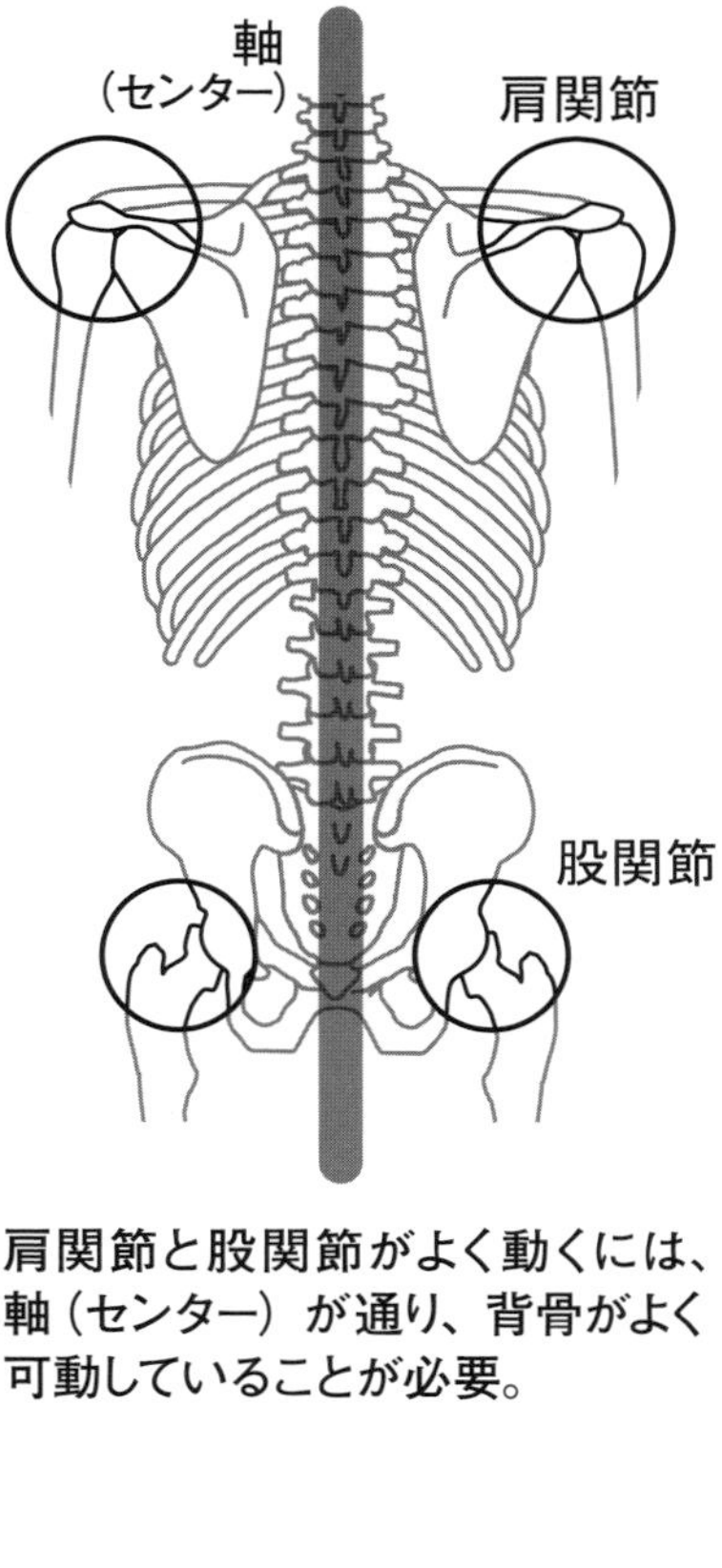

肩関節と股関節がよく動くには、軸（センター）が通り、背骨がよく可動していることが必要。

肩関節は、体幹の端にあります。体幹を長方形と考えると、上のほうの二つの隅にあります。だから、まだわかりやすいのです。しかし、股関節は体幹の下のほうの少し中に入ったところにあります。だから、肩関節に比べると股関節のほうがわかりにくいのです。股関節には触ることもできません。「腰骨のちょっと下のところに触れるのではないのですか」という人がいるかもしれませんが、それは解剖学で「大転子」といって、股関節から外側に突き出たコブ状の骨で、股関節そのものではないのです。

肩関節と股関節も、腕や脚に比べるとわかりにくいというのが二つめの話です。では、二つの話のうち、まず最初のほうから話していきます。

「軸（センター）」、背骨との関係でいえば、肩関節と股関節がよりよく働くには、「軸（センター）」が通って、背骨もよく活動していることが必要です。「軸（センター）」が通って、背骨がよく動いてこそ、肩関節と股関節も十分な能力を発揮できるという関係です。Lesson1で話したように、背骨がよく働くと「軸（センター）」がよく通り、「軸（センター）」がよく通ると背骨がよく使えるようになります。そのとき、全身の中で一番大事なところが、肩関節周りと股関節周りなのです。

腕や脚が大きく動くときは、その腕や脚は肩関節や股関節、及びその周囲の組織を通して「軸（センター）」、背骨とつながっています。肩関節と股関節、及びその周囲の組織はちょうど中継点にある組織ですから、身体のすべての組織の中でも、「軸（センター）」、背骨とのつながりが強いのです。

また、「連動」との関係でいえば、まず肩関節周りと股関節周りの脱力が必要です。肩関節がその周りの組織を含んで自由自在に使えるという「ルースニング（緩解）」状態、また、股関節がその周りの組織を含んで自由自在に使える「ルースニング（緩解）」状態であることが前提になります。

連動とは、代表的には５００の筋肉の筋力が、時間軸に沿って必要なタイミングで必要な順番、いい流れに従って働くということです。もちろん骨格も関わっているし、内臓や血管、血液なども、それに質量・重量として強く関わっていることをお話ししました。

そもそも「連動」は、全身が深くゆるんでいることが大前提になっています。全身の筋肉や骨、内臓、血管などが全部ゆるんでいて自由自在に動けることが必要です。

関節はツルツルで動くべき方向へ自由自在に動けるようになっていて、そうすると関節をはさんで骨も自由自在に動けます。それに関わる筋肉たちも基本的にゆるんで脱力ができていれば、今度は入力（筋緊張させること）も自由にできるわけです。こうした状態を「ルースニング（緩解）」が働いている状態といいます。

何カ所も固まっていて、無駄な力みが入っていれば、どんどんどんどん連動のレベルは低くなります。一番低い連動のレベルは、体幹が全部固まってしまったという状態です。体幹を一つの直方体の箱、あるいはドラムカンのような丸い筒状の剛体に近い状態になっているスポーツ選手というのは、それなりにいるわけです。選手生命の後半期に衰えを筋力でカバーしようと、筋トレをやり込んでこうした箱化した有名選手の例は、後を絶ちません。名前を挙げると、皆さんに「アッ、ホントだ!!」とよく理解していただけるのですが、さすがに気の毒な例なので名前を挙げることはできません。

連動とは自由に動けること

股関節は、全部が体幹の中です。その股関節が固まってしまうとスムーズに移動運動、つまり走りやフットワークができなくなります。また、肩関節周りが固まってくると、腕もスムーズに動きません。それでも無理に何とか動かそうとしても、野球のバッティングでもいいし、テニスや卓球のショットでもいいし、バスケットのシュートでも、水泳のクロールでもいいのですが、できないことはないけれど、ひどい粗雑な動きになります。

しかし、力学的にいえば、あるいは生理学的にも多少の連動は起きているわけです。インナーマッスルはほとんど働いてないけれど、アウターマッスルは少し働いているのです。体幹の骨も固まってしまって、ほとんど動いていないという選手はいくらでもいます。

筋トレで、バーベルやダンベル、マシンを動かしたときの重量や記録が断トツに強い選手がいても、「ルースニング（緩解）」が不足して体幹が固まっていたら、深いレベルの優れた連動は起きないわけです。そうすると、連動にも浅い連動と深い連動があるということが、おわかりいただけると思うのです。

　より深い連動、より優秀な連動にするためには、まずは少なくとも肩関節周りと股関節周りが「ルースニング（緩解）」により十分にゆるんで、自由自在に動けることが必要です。

　浅田真央選手は、銀メダルをとったバンクーバー五輪のときは、肩関節周りと股関節周りが十分にゆるんで、のびのびと演技ができていました。しかし、残念ながら「ルースニング（緩解）」が今一つ浅く、背骨の深いところまでは体幹の連動が十分に到達できなかったのです。背骨に十分に達する深い「ルースニング（緩解）」ができていたら、間違いなくキム・ヨナを圧倒するハイパフォーマンスで金メダルを獲得できたはずです。

背骨が自由自在に動くことが深い連動の根本にある

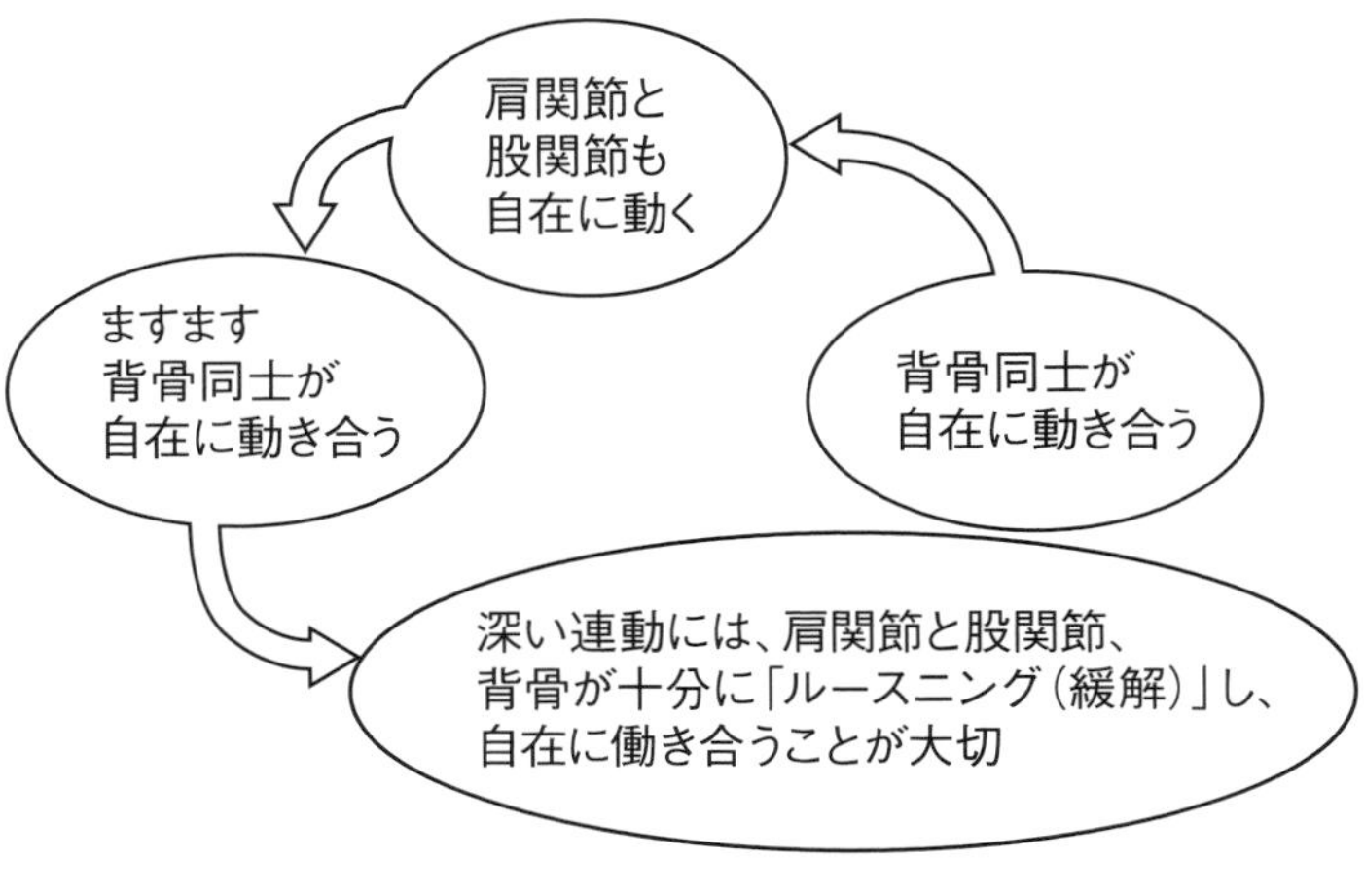
肩関節と
股関節も
自在に動く
ますます
背骨同士が
自在に動き合う
背骨同士が
自在に動き合う
深い連動には、肩関節と股関節、
背骨が十分に「ルースニング（緩解）」し、
自在に働き合うことが大切

一方、男子の羽生結弦選手は、背骨まで達する深い「ルースニング（緩解）」に支えられて、よい「軸（センター）」が通り、深い連動が使える典型的な状態でした。そんな羽生選手でも、練習中の衝突によるケガ以降、「ルースニング（緩解）」、「軸（センター）」、「全身連動」が浅くなる危機に、たびたび襲われては抜け出すという、ハラハラする状態が続いていています。しかし、コロナ禍で多くの大会が中止になる中行われた2020年末の全日本フィギュアスケート選手権で、選手生命後半期に差し掛かっているであろう選手として、見事であり稀有であろうといえるほどの「ルースニング（緩解）」、「軸（センター）」、「全身連動」の深さを示すことができました。他の種目の選手にも学ぶことができる、素晴らしい実証例です。

つまりは、さらに深い連動となると、背骨の働きが重要なのです。背骨は椎骨が26個積み重なっています。

肩・股関節が屈伸を繰り返し、腕・脚がいろいろな方向に動いたときに、背骨の椎骨と椎骨の間が何センチも大きく動いてしまったらどうなると思いますか。背骨は途中でブチッと千切れ、脊髄神経が損傷を受け、そこから先はマヒしてしまう。もっと大きく動いたら、血管まで切れて死んでしまうかもしれません。

ですから、各背骨同士はそんなには大きく動いてはいけないのです。そのためではないのでしょうが、スポーツ界には背骨はほとんど動かないという誤解が広まっています。身体を専門に使うアスリート、しかもプロフェッショナル、あるいはそれに近い選手や指導者でも本当の背骨の運動がわかっていないのです。背骨同士は動かないもの、全体としてグラスファイバーが曲がったり戻ったりするようなものだと思い込んでいるのです。

しかし、違うのです。背骨の椎骨は一つひとつが自由自在に動かないといけないのです。とはいっても、その動きの角度やずれ動いたときの距離はわずかです。実は、背骨が自由自在に動いていることが深い連動の根本にあるのです。

そして、背骨同士がよく動けば、肩関節と股関節もよく働き、肩関節と股関節がよく働けば、背骨同士もよく動くという関係になっています。つまり、深い連動には、肩関節と股関節、そして背骨同士が十分に脱力して自由に動けること、すなわち「ルースニング（緩解）」が大きく関係しているということです。

「肩筋硬束」と「肩甲硬束」

ではここで、肩関節はなぜ固まりやすいのかについてお話しします。代表的な原因が二つあります。ぜひ知っておいてください。

その二つは、「肩筋硬束」と「肩甲硬束」です。

一つめの「肩筋硬束」は実に重大な硬束です。肩周りの筋肉で「ローテーターカフ（回旋筋腱板）」という４つの筋肉（棘上筋、棘下筋、小円筋、肩甲下筋）が存在することをお聞きになったことがあると思います。これらの筋肉には肩関節周りの靭帯の代わりをする働きがあるのです。

肩関節は自由自在に動かなければいけないのですが、股関節のような強い靭帯があると動きが制限されてしまいます。そこで人類の遺伝子は、動きやすさのために肩関節の靭帯を弱くしたのです。そうすると、今度は肩関節自体が壊れやすくなるので、それを防ぐために用意されたのが比較的小さな４つの筋肉である「ローテーターカフ」です。ちょうど肩関節をクルリと取り囲むように存在しています。

ところが、靭帯の代わりをする筋肉ですから、どうしても固まりやすいのです。硬縮し

肩筋硬束と肩甲硬束

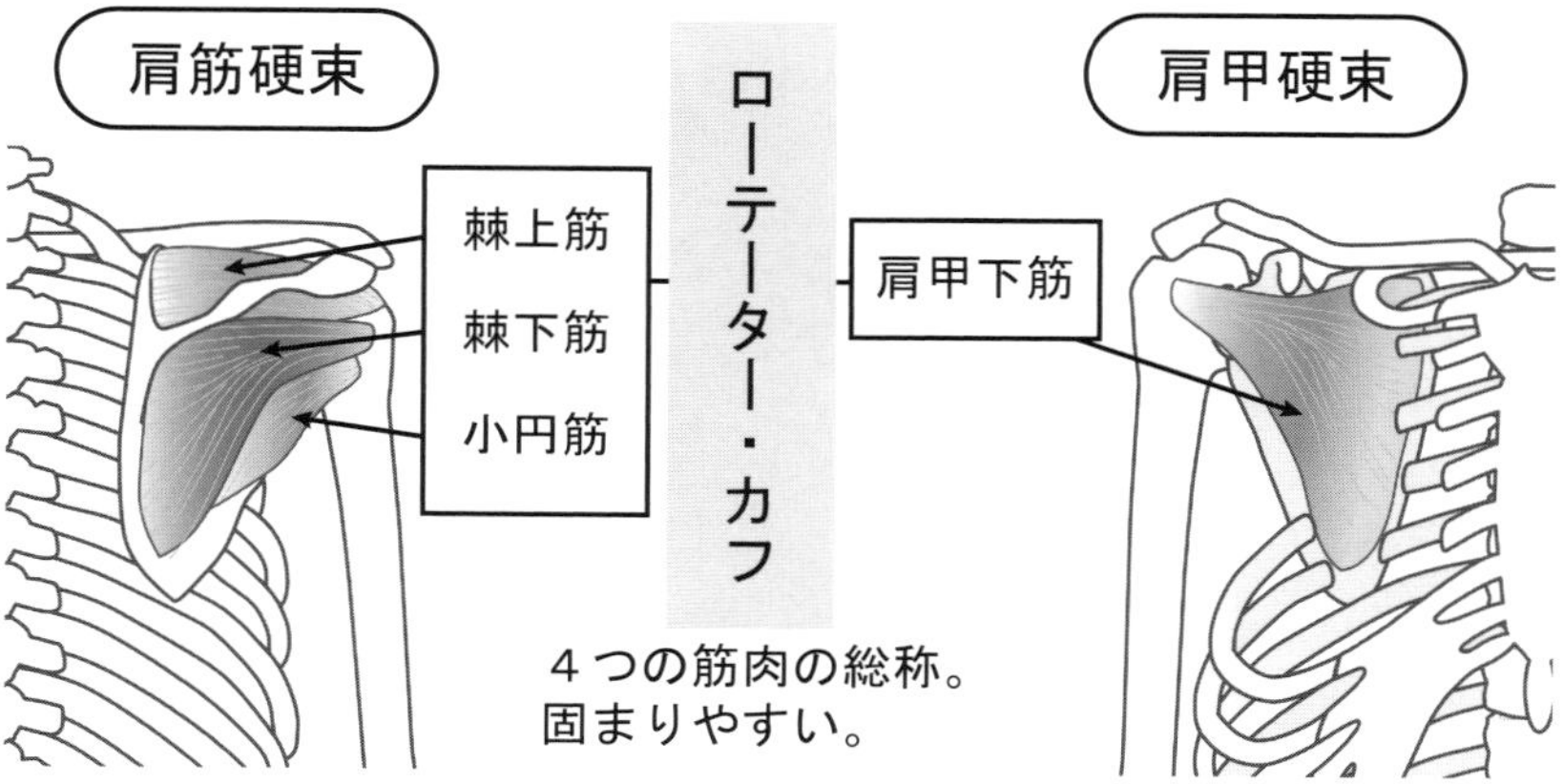

助骨を取り除いて前方から見た図

て肩関節を硬束しやすい。そもそも靭帯というのは関節を硬束するための組織です。逆に靭帯が自由に伸び縮みしたら、関節をきちっと維持し、守ることはできません。「そうか、そういうことか」と思ってください。だから、「ローテーターカフ」というのは筋肉であるにもかかわらず、固まりやすいという宿命を負っているのです。

しかし、完全に固まって靭帯の代わりをするようになると、今度は筋肉らしい働きをしなくなって自己矛盾に陥ります。非常に難しい働きを要求された筋肉なのです。

靭帯のように強くきっちりと肩関節を守らなければいけない一方で、肩関節周りは自由自在に動かさなくてはいけない。わかりやすい言い方をすれば、「ローテーターカフ」というのは、半分は固まろうとしていて、半分は自由に動こうとしているということです。その結果、肩関節は脳にとってわかりにくい関節になっているのです。

アスリートはスポーツをしているとき、そこがどういう組織で、どうなっているのかについていちいち考えているわけではないのです。研究者やトレーナーのように、外から触って、あるいは見て、「ここがこうなっている」と解剖学的、筋バイオメカニクス的に認識しているわけではありません。

テニスの選手が、試合でネットをはさんで相手とボールを打ち合っているときに、肩関節がどうなっていて、うまく脱力できているか、硬縮しすぎているのではないかなど、考えているわけがありません。

まったく見ることなく、考えることなく、その組織がどうなっているかをわかっていなければいけないのです。それは顕在意識か潜在意識かといえば、潜在意識の働きです。潜在意識でしっかり理解して、潜在脳がどうしたらいいかの指示を出しているからプレーできるわけです。

肩関節は、そもそも「ローテーターカフ」の宿命で、「肩筋硬束」しやすいということです。そして、「肩筋硬束」しやすいために、脳にとっても肩関節やその周辺は非常にわかりにくい組織なのです。

肩が固まりやすいもう一つの原因は、肩甲骨にあります。「肩甲硬束」は、肩甲骨が肋骨にへばりついて固まってしまう硬束です。現実に肩甲骨が硬束されているスポーツ選手はたくさんいます。

子どもの頃は、ほぼ全員が肩甲骨は自由自在に動きます。肋骨や背骨から離れて肩甲骨が自由に動き、まるで肩甲骨が羽ばたくように動くものなのです。それが小学、中学、高校と年齢を経ていくにつれて、どんどん固まっていきます。

その状態で年齢を重ねると、筋肉がついて筋力は上がるのですが、一方で、どんどん「肩甲硬束」が強くなるのです。筋力が上がるのに比例して、肩甲硬束がひどくなって、肩甲骨の自由度がどんどんどんどん失われていってしまうのです。

「肩関節脳化」と「肩甲骨脳化」

　腕というのは、「肩甲硬束」が起きても動かないことはないのです。しかし、肩甲骨とその周辺は、よりダイナミックな腕振りの前提となる強力な動きをつくるという働きがあります。高いスポーツパフォーマンスのためには、肩甲骨が自由に動いて肩関節を根っこから動かすという関係にならないとダメなのです。

　肩関節を中心にして肩甲骨やその周りの骨格、筋肉、組織を全部巻き込んで、脳の潜在意識の働きとつながって、より優れた働きをさせる必要があるのです。これが、私が言っている肩関節、肩甲骨の脳化、つまり「肩関

肩関節脳化と肩甲骨脳化

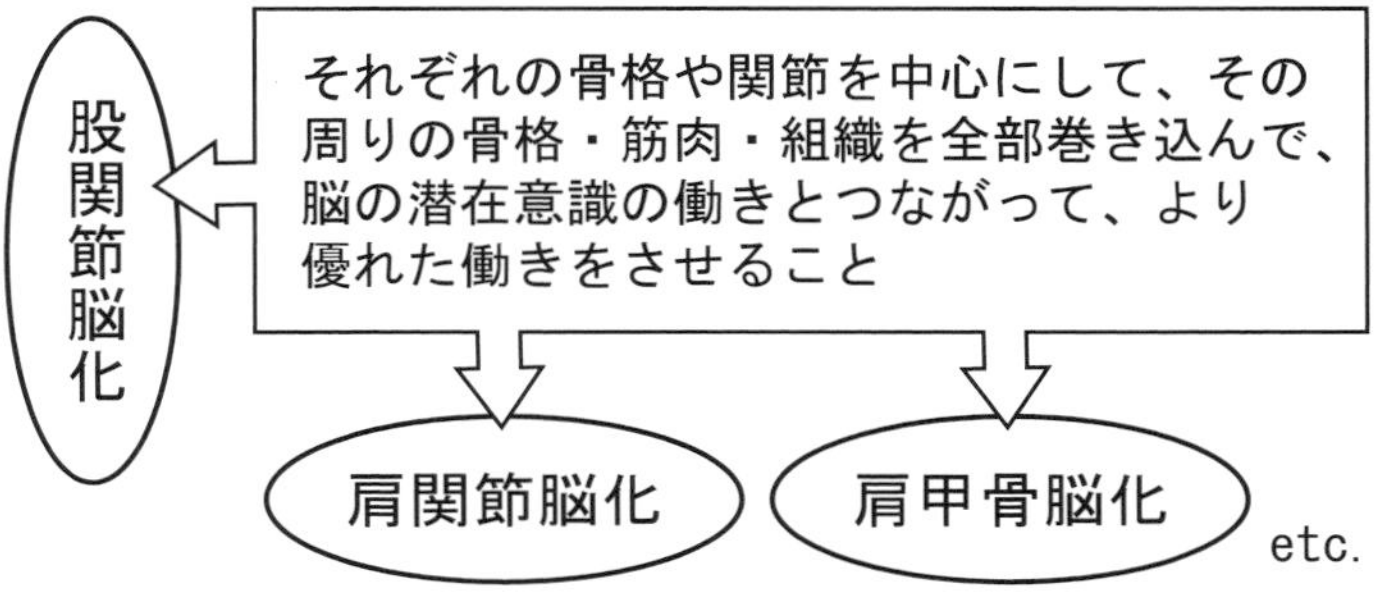

それぞれの骨格や関節を中心にして、その周りの骨格・筋肉・組織を全部巻き込んで、脳の潜在意識の働きとつながって、より優れた働きをさせること
股関節脳化
肩関節脳化
肩甲骨脳化
etc.

節脳化」、「肩甲骨脳化」です。

股関節についても「股関節脳」を『キレッキレ股関節でパフォーマンスは上がる!』(カンゼン)という書籍で発表していますので、すでにお読みになった方もいらっしゃると思います。

それぞれの骨格や関節が、ある範囲の骨格や筋肉組織のリーダーシップをとって働かせ、その範囲をコントロールする役割を担うのです。この働き、潜在意識下の知覚制御機能を骨の名前をつけて「○○脳」と呼んでいます。

では、これから「肩関節脳」をつくるためのトレーニングをしていきます。そのトレーニングは、「肩関節脳2段開発法」といいます。

NPS(ナチュラル・パラレル・スタンス＝足裏の脛骨直下点と股関節の中心を結んだ

肩関節周りと肩甲骨周りをほぐす

肩関節周りと肩甲骨周りをほぐすように、グルグルグルと前回し、後ろ回しをていねいに行う。両方の肩甲骨を肋骨からはがすようにモゾモゾと動かす。肩甲骨を肋骨の上を滑らせるようにして前方へずらし動かす

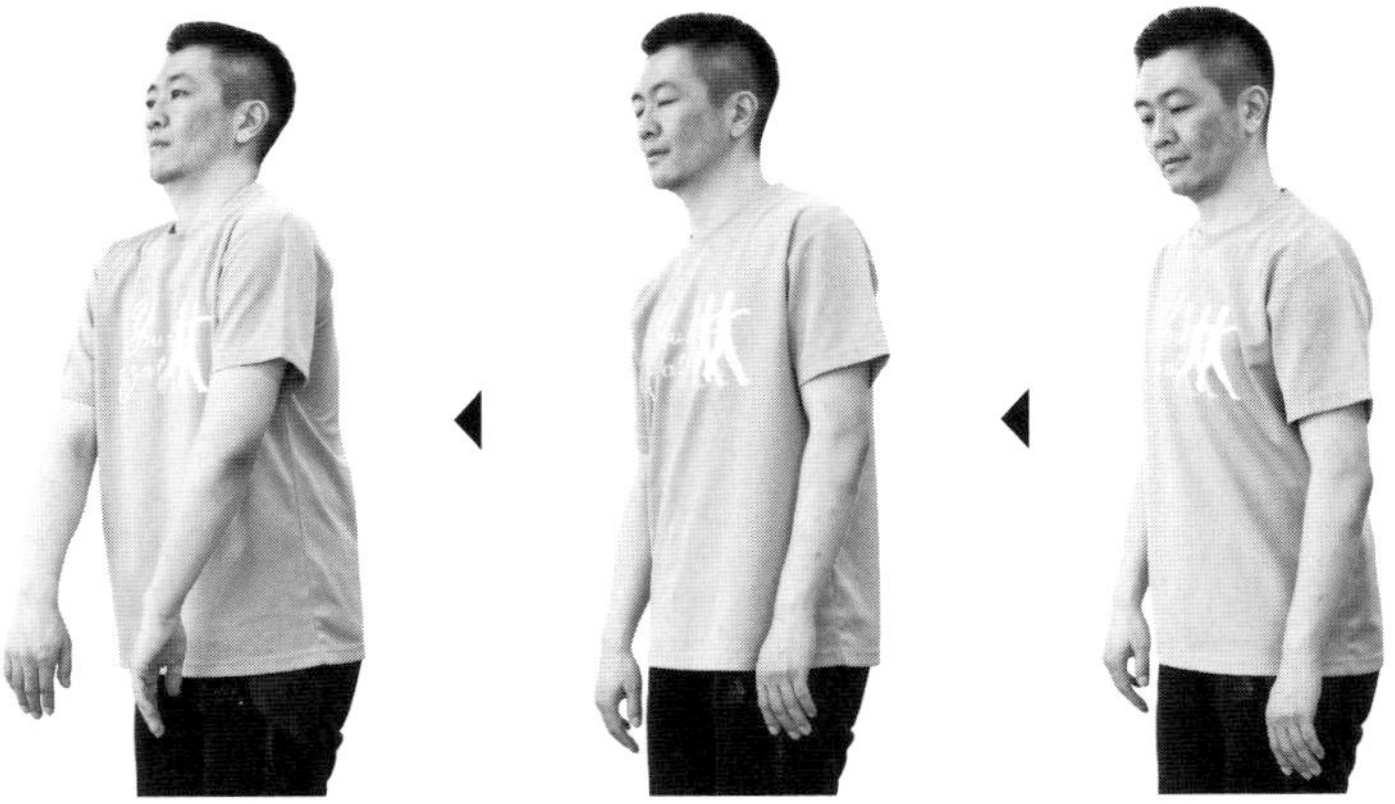

直線「脚センター」が左右両脚とも完全に平行になるような立ち方）で立ってください。ＥＣ（環境センター法）をていねいに行ってください。そして、肩関節をほぐすようにグルグルグルグルと前回しをします。少しほぐれたら反対に後ろ回しもやってください。肩関節周り、肩甲骨周りが十分にほぐれたなという感じになったら始めます。

　両方の肩甲骨を肋骨からはがすようにモゾモゾと動かしてください（「ルースニング（緩解）」の最も基本的な「揺動緩解法」です）。そして、肩甲骨を肋骨の上を滑らせるようにして前方へ、胸のほうへずらし動かします。この状態を「前立甲」といいます。

　肩甲骨が肋骨にベタッと寝たようにくっついて

肩関節脳2段開発法

肩関節を２本の指で上から左右、
次に前後にこすりつけるように動かす

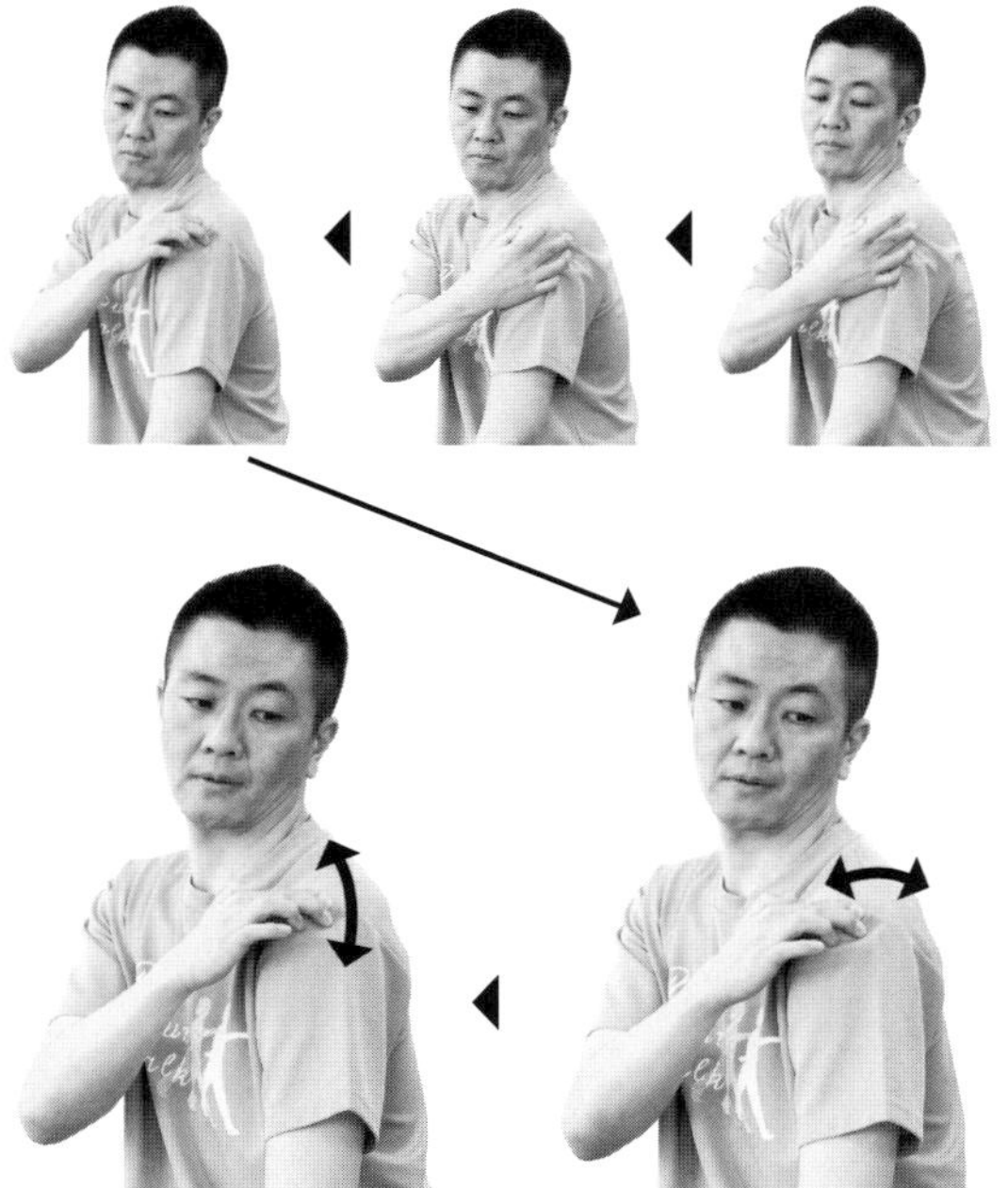

いる状態から、肩甲骨が肋骨から浮いて離れ、前方へスライドされた状態です。それまでの寝た状態から比べると、肩甲骨が前へ出て立った状態です。

この状態で、左の肩関節を右手の親指と中指で肩関節の厚みを計るようなつもりでつかんでください。今度は、肩関節の厚みを計っている親指と中指のちょうど中点に、人差し指を置いてください。これが肩関節の厚みの中点です。

次に中指を外して、人差し指のすぐ横につけて置いてください。これで人差し指と中指が並んだ状態になります。この状態で人差し指と中指の並んでいる方向、つまり左右方向ですが、左右方向に指が皮膚に食い込むような感じで、1〜2センチぐらいのストロークでずらし動かしてください。

肩関節を上から2本の指でこすりつけるような感じです。何度も何度も動かしてください。そして、「ここだよ、ここだよ」とつぶやきながらずらし動かしてください。「ここだよ、ここだよ」と言うのは、「肩関節の中心はここだよ」という意味です。

そして、「頼むよ、頼むよ」とつぶやきます。これは、潜在脳に頼んでいます。脳に潜在意識下でもこのことが感じられるように、「ここが肩関節の中心なんだよ」ということを教えているのです。

肩関節が固まっていると、潜在脳が肩関節の中心を見失ってしまいます。潜在脳にわからせるようなつもりで「ここだよ、ここだよ」と言い、潜在脳に活躍してもらうように「頼むよ、頼むよ」とつぶやきながらこすります。

「なんだよ、そんなことまで言わなきゃいけないの」と思う人がいるかもしれません。でも、そういうつもりでやらないと潜在脳には届かないのです。効果が何十分の一に落ちてしまいます。ここはもう著者の意図をくんで「そういうことなのか」と思ってください。そして、気持ちを込めて「ここだよ、ここだよ」、「頼むよ、頼むよ」と言ってください。

最初は1〜2分くらいやってもいいでしょう。終わったら手を放して、手を体側に沿って垂らして立ってみてください。左と右の肩関節の感じはどうですか。潜在脳に「ここだよ、ここだよ」と教えた左の肩関節のほうが、くっきり感じられるのではないでしょうか。

「肩支点」が腕振りの中心になる

では、Lesson1で何度もやった「その場歩き」をします。CPS（閉足立ち）で立ってください。ECをします。そしてさりげなくその場歩きを始めてみてください。

太ももの上げ方は垂直に対して30度です。腕振りは、ざっくり上腕の前振りが45度、後ろ振りが30度程度です。ゆっくりめでいいですから振ってみます。

その場歩きをゆっくりめで行うのは、身体と脳の中でどういう変化が起こっているかを感じやすくするためです。さあ、いかがですか。

はい、止まってみてください。圧倒的に左の肩関節がわかりやすいでしょう。肩関節もそうですが、それ以上に肩関節の中心がわかりやすいのではないでしょうか。

指でこすったところで生まれた、肩関節の中心「肩支点」が「よーくわかる！」と感じられたら大成功です。

その肩支点がわかれば、肩関節の中心感というのが持ちやすいでしょう。そこが腕振りの中心になります。

また、左の肩関節周りが楽に脱力できている感じもあるでしょう。その結果、腕周りの筋肉も力みがとれて、腕全体が肩関節周りも含めて重みを持って振れている感じがします。また、重みを持ちながら滑らかに、肩関節がツルンとした感じで振れているでしょう。非常に楽に滑らかに、しかも重みを持って振れていると思います。いかがでしょうか。

それに比べて、まだ触っていない右側の肩関節はどうですか。「ああ、中心感がないや」とお感じになる方が多いでしょう。肩関節の中心感があるのとないのでは、こんなに違うんだということがよくわかると思います。左の肩関節と比べると、右の肩関節を包んでいる筋肉たちが、何かゴワゴワしているというか、粗雑に固まっている感じ、動きづらくて鈍い感じ、動きを邪魔している感じが、よくわかると思います。

「ローテーターカフ」による「肩筋硬束」というのは、まさにこのことなのです。

潜在脳が、肩関節と周りの筋肉の区別がついていない状態です。「そんなことが確かにあるんだな」というのが自分の右肩でよくわかります。腕全体の存在感も、右のほうが薄い。頭で考えれば、こういう形でこう動いていると思えるのですが、腕全体からくる実感がすごく薄い。重みも足りない。左肩腕に比べ細く、固く、頼りないものがある感じがする。力んで固まって、自由度が失われている肩関節周りと腕は、そういう感じなのです。

肩関節脳をさらに深める

さあ、スポーツパフォーマンス、高度なパフォーマンスを体現できる肩関節とその周辺は左側、右側のどちらでしょう。圧倒的な差で左側のほうです。

この体験でわかってほしいことは、まとめると「潜在脳が骨や関節、筋肉などの組織というものをわかっていることが根本だ」ということです。方法としての「ルースニング（緩解）」はそのためにあるのです。そして、この潜在脳が、組織を本来存在するように正確に分化してとらえていること、これを状態としての「ルースニング（緩解）」というのです。

潜在脳がわかっていなければ、高度なパフォーマンスができるできない以前に、身体というものが使えないことを理解してもらいたいのです。つまり、すべての大前提は、「ルースニング（緩解）」にあるということです。

左の肩関節の中心感が出てきたということは、肩関節脳が少しだけ目覚めて働き出したという状態なのです。さらに働かせていきましょう。

両方の肩甲骨を肋骨からはがすようにモゾモゾと動かしてください。そして「前立甲」してください。前回よりもさらに深く前立甲してください。肩甲骨が肋骨の背中側から脇の部分までくるぐらい前へもっていって、モゾモゾしながらやってください。

そうしたら、右の親指と中指で左の肩関節の厚みを計るようにつかみます。そして、その中点に人差し指を置いて、次に中指を動かして、人差し指に並べて置きます。左右に少し動かしてください。これが第1段でした。

次に人差し指と中指を前後に動かしてください。皮膚が1〜3センチずれ動くように、肩関節の上面から動かしている感じになります。

動かしながら、今度は肩関節から肩甲骨周りのたくさんの筋肉が可動性を増して、元気に活動できるように、肩関節・肩甲骨、そして肩関節・肩甲骨周りの筋肉に対して、「頼むよ、頼むよ」とつぶやきます。

これを繰り返しながら、1〜2分前後ずらし動かしてください。終わったら指を放して、腕を両サイドに垂らして静止直立します。そして、左の肩関節の状態を感じてみてください。先程と少し変わりましたか。

先程は、肩関節の中心が非常にクッキリと感じられ、その中心の「肩支点」がぼやけたというのではないけれど、今度は周りの骨とたくさんの筋肉が一斉に存在感を主張している感じがしませんか。

では、CPSで立ちます。ECをします。それから、「その場歩き」をゆったりと始めてください。太ももは垂直に対して30度、腕振りは上腕の前振りが45度、後ろ振りが30度程度。ざっくりでかまいません。そして、腕はゆっくりめに振ってみてください。

どうでしょう。肩関節から肩甲骨、その周りのたくさんの筋肉まで一斉に腕振りの運動に参加しているのがよくわかります。腕の根っこは体幹です。体幹の左上部、そのかなりの部分が腕振りとして参加しているのがわかりますか。

上腕、前腕の腕振りの前提に肩関節の動きがあり、そのさらに前提に肩甲骨の動きがあります。たくさんの筋肉が駆動力を発揮しながら、腕振りの運動をつくり出しているのがよく感じられます。

ますます動いている部分の質量が大きくなって、重みとパワーが生まれてきます。そして、動きの滑らかさも増してきます。

「なるほど、これはパワーが生まれるはずだ。これは使えるパワーが生まれるな」という実感がよく得られると思います。

さあ、それでは反対の右側の肩関節もやってみましょう。左側と同じ段取りで、ていねいにやってください。

まず肩甲骨をモゾモゾと動かしてほぐし、肋骨からはがすようにして前立甲します。左の親指と中指で右の肩関節の厚みを計るようにつかんで、同じことを順番にていねいにやってください。そうすると、左肩で初めてこのメソッドをやったとき以上に肩支点がよくわかるはずです。メソッドのパフォーマンスを上げることが、スポーツパフォーマンスの上達においても決定的に重要な経験になります。

なぜかというと、肩関節を親指と中指ではさんで、中点に人差し指を置く、そして、その隣に中指を置いてずらし動かしていくという、わずかこれだけのことでも、作業能力が圧倒的に上達していくからです。

これを考え出した私は、この作業が非常に得意です。これまでたくさんの人に何度もやってもらい、「こうすればもっと上手くいくよ」と教えてきましたが、それでも私のパフォーマンスと皆さんのパフォーマンスの間には、天と地ほどの開きがあります。世界の最高峰のスポーツ選手と一般の選手の違いはすさまじいのですが、そのくらいの違いがあるのです。

「えっ、こんな作業にもあるんですか」と驚く人もいるでしょう。あります。人間のやるどんな作業でも、パフォーマンスの違いというのは想像以上に大きいのです。一見、スポーツほどには難しそうに見えない「そば打ち」とか、もっと簡単そうなプレーンオムレツをつくることも、世界のトップと普通の人たちとでは、とんでもない差があります。いわんや、この潜在脳を変える、その具体的機構である肩関節脳を深く形成していくというのは、いわばスポーツパフォーマンスの根本にあたることですから、それは大変に奥が深いのです。そうなると、人によって効果にも大きな差が出ます。

「なるほどな」と思って、順序よくていねいに取り組んでください。

「前立甲」と「後立甲」を繰り返して肩甲骨を参加させる

第1段の「左右にずらし動かす」をやって、その後、その場歩きをしてみてください。右側も左で経験したのと同じように、あるいはもっとわかりやすいと感じられませんか。「うわあ、肩関節がある。これが肩支点か。中心があるってこういうことか」ということがよくわかると思うのです。

そして、先程までは「ローテーターカフたちがすごく邪魔していたなあ」「まさかローテーターカフがそれほど固まって邪魔していたとは思わなかったけど、確かに邪魔していたんだな」ということがわかると思います。

肩関節や肩甲骨周りの筋肉たちが、ズルッとして重みを持って、その分だけ肩関節が滑らかに動いているでしょう。筋肉も滑らかに動いています。全体として重みがあって、存在感があって、腕の太さ、質量がよく感じられます。「この感じだったら、いいパフォーマンスができる」という実感が持てるはずです。

では、第2段までやった左側と比べてみましょう。どうでしょうか。確かに右側もいい感じになったけれど、左側の持っている肩甲骨まで含んだより根っこからのいい質量感、重み、滑らかさ、駆動力、これはパワーが出るなという感じは、まだないのではないでしょうか。

よーし、右側も第2段をやってやろうという気になるでしょう。

では右側第2段も、前回の左側以上にていねいに行ってください。やるたびにより上手に行うことが、上達のために決定的に重要なことなのです。わかったからといって適当にやってしまうと、深いパフォーマンスが発揮できるアスリートに変わることはできないのです。

さあ、終わったらCPSで立ちます。ECをしてください。その後は、その場歩きです。太ももは垂直に対して30度、腕振りは上腕の前振りが45度、後ろ振りが30度程度。ざっくりで結構です。

さあ、どうですか。右も肩関節周り、肩甲骨周りのたくさんの筋肉たちに、ズルッとした重みが生まれて、肩関節が動いていますか。その筋肉たちと一緒になって肩甲骨も動いていますか。

肩甲骨が、肋骨から後方に向かってはがれ動くのが「後立甲」です。そして、前へスライドしながら滑り動くのが「前立甲」です。前へ行ったら「前立甲」、後ろへ行けば「後立甲」です。これを繰り返しながら、肩甲骨が腕振りに参加していますか。

さあ、右側も、先にやった左側と同じように肩関節の中心感があり、その肩関節の中心から腕振りが起こっていて、そしてその根っことして、肩関節から肩甲骨周りのたくさんの筋肉がズルンとゆるんで重みが生まれて、筋肉も肩関節も肩甲骨も滑らかさを持ってスルスルスルスル動いていますか。

重みがあって存在感があって、非常に楽に動いている、根っこからの駆動力。「これはいいパワーが生まれるわ」という状態ができたでしょうか。

さらに、左と右の肩関節や肩甲骨周りでお互いに影響し合いながら、左側をやっただけのときよりもお互いに影響し合って動いている、そう感じられたら、左右の連動が起きているということです。そこまで感じられれば素晴らしいことです。

背骨周りが一番のパワーの源

今度は下半身も感じてみましょう。どうでしょう。先程に比べて、まず太ももの存在感が出てきましたか。少し前よりも重みがあって、ダラッとした感じが出てきたのではないでしょうか。

股関節周りの感じはどうでしょうか。股関節の外側に広がる腸骨にはたくさんの筋肉がくっついています。先程と比べるとこれらの骨格と筋肉に存在感が出てきて、柔らかさや重み感が生まれ、股関節や腸骨が多少ながら前後に運動している感じがするのではないでしょうか。

肩関節と肩甲骨とその周りの筋肉が示すようになった、あの感じと少し似てきましたか。そういう感じが少しでも出てきたら大成功です。実はこれが、四足動物時代に脳と身体の中にできた「四肢同調性」という、深い「全身連動」の根本になるメカニズムなのです。肩、肩甲骨周りで起きたこの優れた運動が、とくに股関節周りのトレーニングをしなくても、下半身に10～30パーセントは起きてくるのです。人間は四足動物を経て進化してきたので、その特徴である「四肢同調性」を遺伝的に受け継いでいます。この特性をよく理解して使いこなさないともったいないのです。

ひっくり返していうと、肩関節や肩甲骨周りを固まったまま、硬束されたままにしていると、股関節や腸骨周りも固まったままです。これも四肢同調性、悪しき方向のマイナス同調性なのです。

その場歩きをしている感じは、肩関節や肩甲骨周りでできている運動と、股関節や腸骨周りでできている運動が、やればやるほどつながり感が持てるようになってきて、歩きがどんどんどんどんダイナミックになっていきます。その感じがわかりますか。

では、そのつながり感の中心として参加している体幹の部分はどこでしょうか。さらに難しいかもしれませんが、それは背骨の前の「軸（センター）」であり、背骨及びその周りの筋肉なのです。

少なくとも4つのブロック（肩関節、肩甲骨周り、股関節、腸骨周り）が連動し合って動いているという感じはわかると思います。そして、それらの間にあって体幹のより中心にある背骨とその周辺が柔らかく動いているのが感じられるでしょうか。わずかに感じられる程度でいいのです。

背骨の柔らかい運動と同時に、その骨格、つまり背骨と背骨周りのインナーマッスルたちが、4つのブロックをつなぐ働きをしているのです。それがわかりますか。さらに、その背骨周りから駆動力を生み出している感じ。これがパワーの源の中の源なのです。

その場歩きをするときに、一番のパワーの源がこの「軸（センター）」と背骨周りにあるんだなという感じがしてきたら、たいしたものです。

身体のバイオメカニクスでいうと、たくさんの種類の背骨周りのインナーマッスルたちがまさに深いところからつながり合って、なおかつ駆動力を発揮していく。それが4つのブロックの深いところから、それらの持っている駆動力を連関させていくのです。さらにそこから引き出していって、腕脚の強力な、あるいは強大な関係が、連関する運動として感じられたのではないでしょうか。

これが、いわゆる背骨の深層部から生まれる「パワーダイナミズム」というメカニズムなのです。私が発見し、名前をつけた概念です。

深い連動の、まさにスポーツパフォーマンスの根本をつくり出す、魚類の背骨周りに由来するダイナミックなパワーのメカニズムなのです。背骨周りが、グラスファイバーがしなやかに曲がる程度の使い方では、こういうダイナミックなパワーのメカニズムは働いてきません。

股関節脳4段階開発法

続いて「股関節脳4段階開発法」です。

NPSで立ちます。ECをていねいにやってください。両足のカカトを中心に、左右の足を90度程度開いてください。さらに最初に立っていたカカトの位置より、左足を半足長ほど前外側に向かって移動してください。

この状態で何をするかといえば、左の鼠径

部（「Vゾーン」ともいいます）を左手の小指側でこすります。左のVゾーンを左手の小指側で十分にこすってください。十分にこすったら、今度は同じ左手を使って、股の付け根の部分から腸骨の前上端の部分まで距離を測ってみてください。けっこう長いです。その中点のところに右手の中指を突き立ててみてください。

これが鼠径部、もしくはVゾーンの中点です。ここを中指でグサッと突いてみてください。中指だけでは強く押せなければ、他の四指も加えた形（「中指突出法」という）で強く押してください。そして、突き刺すようにしながら、周りをほぐすようにしてください。これを「突擦法」といいます。中指で行うので「中指突擦法」です。これも「ルースニング（緩解）」の方法です。

股関節脳４段階開発法

鼠径部を中指で突く。
突き刺すようにしながら周りをほぐす

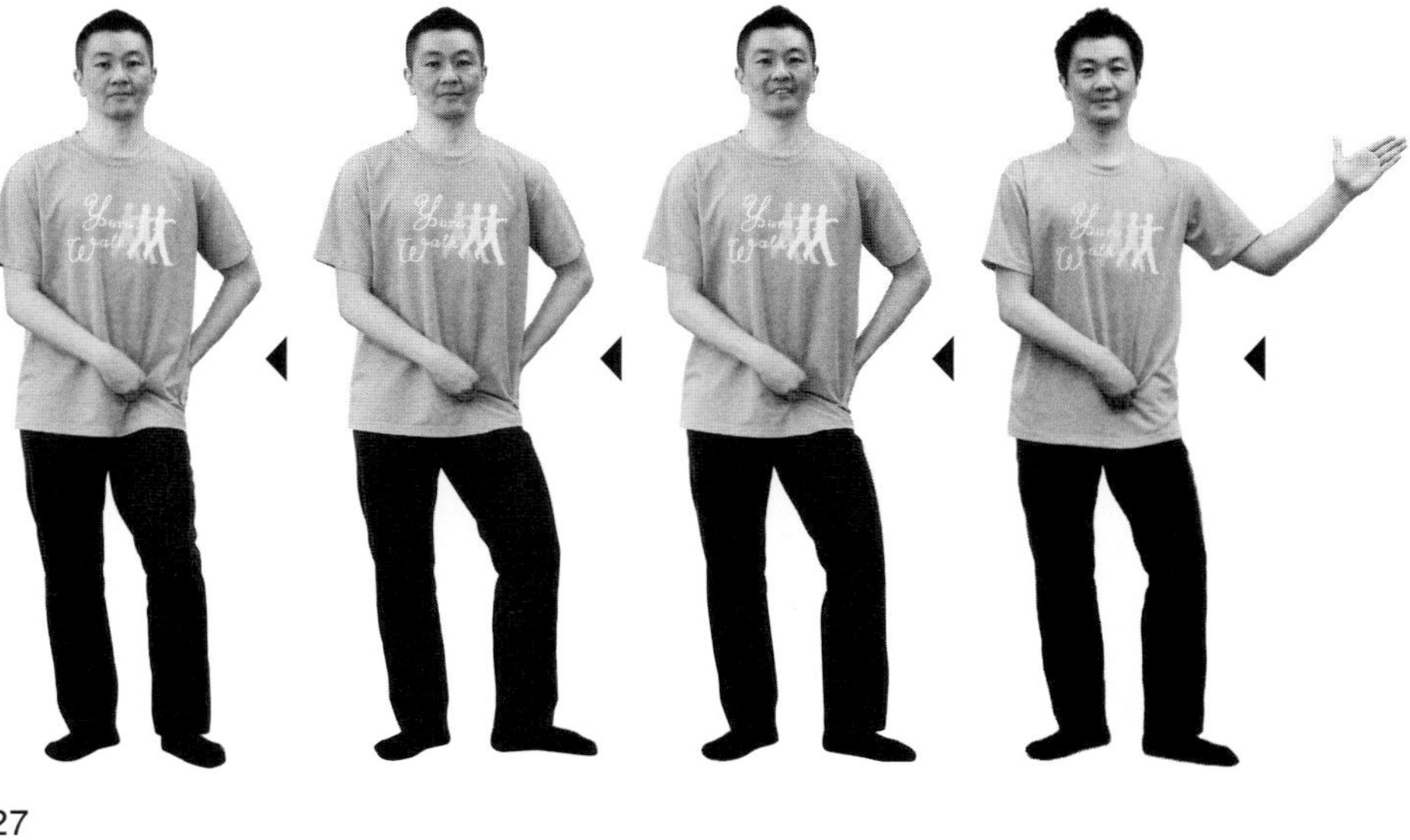

ほぐれたら、中指で深く正確に股関節の中心をとらえていきます。股関節の中心は、中指を突き立てた奥にあります。腸骨側端の下に股関節があると思っている人がいるかもしれませんが、先程も言いましたように、これは「大転子」で股関節ではありません。「そうか、こんなに体幹の奥のほうに股関節ってあるんだ。これでは、わかるわけないな」と思ってください。

潜在脳にとっても、股関節は圧倒的にわかりにくいですし、外側からもわかりにくいのです。肩関節や肩甲骨よりもずっとわかりにくいでしょう。いってみれば、潜在脳泣かせの関節ということです。

中指を突き立てたまま、左足の5本指で、イメージとしては事務所やスタジオなどに敷いてある、毛足の短いパイルカーペットの毛足をつかむ感じで、5本指をカカトの方向に屈曲していってください。

股関節の中指で突き刺した奥に、腹から腰裏までの厚みのほぼ半分くらいの深さに股関節の中心があります。中指で触れているところよりもっと深いのです。そこに股関節の中心が感じられるようにするための方法です。

そして、今度はつかんだ感じを残したまま、つま先を床から1、2ミリ浮かせます。昔の武術では「紙一重」といったのですが、つま先を紙1枚+α分くらいかすかに浮かせます。この目的は、さらに股関節の中心をハッキリ、クッキリさせるためです。

どうですか。股関節の中心がハッキリしてきましたか。もっとハッキリ感じたければ、中指でさらに突擦してもいいでしょう。

さらに、次はカカトを中心にして5～15度くらいで回軸運動（軸回り運動）をします。つま先が一番外側になって軸回りに動いている運動です。つま先の動きでいうと回旋運動になりますが、中心であるカカトと股関節にしてみると、軸回り運動となります。この目的はさらにさらに股関節の中心をハッキリ、クッキリさせることです。

股関節の中心が、よりハッキリしてきましたか。慣れてきたら、回軸運動の角度をもう少し大きくしてもいいでしょう。20度から、最大でも30度です。あまり大きく動かしすぎると、かえってわからなくなります。さあ、どうでしょうか。

これまでは何か動いているなという感じだったものが、よりハッキリ、クッキリした感じが生まれて来ましたか。ハッキリ、クッキリしてきたら、それが股関節の中心です。

運動科学では肩関節の中心を「肩支点」もしくは「肩支」といいますが、それに対して股関節の中心は「転子」と呼んでいます。

先程、股関節と間違えやすいといった股関節の外側は、解剖学で「大転子」といいます。また、大腿骨の内側の付け根に「小転子」という場所もあります。腸腰筋が腰の中の上のほうから下りてきて、大腿骨につながっている部分です。そのつながっている部分が、解剖学で「小転子」と呼ばれています。

かつてそれを勉強していた当時の私は、「なるほどね、転がる子どもに大をつけて大転子、小をつけて小転子か。確かに大転子がよく動くと、転がる子どもみたいな感じだよね」と思いながら、一方で「解剖学で転子という言葉は使ってないんだな」と考えていたのです。

それから運動科学の研究を発展させているときに、「股関節の中心はここだと意識ができたときに、何か言葉がほしいな」と考えて、「解剖学で使い残している〝転子〟があるじゃないか」と思い出して「転子」とつけたのです。そんな素晴らしい言葉が使われていないのはもったいないからです。

4本指をそろえる「L字手法」

メソッドを続けます。

一面手化した左手の親指を開いて他の4本指はそろえる。これを「L字手法」といいます。ちょうど人差し指と親指でL字を描きます。それで、先程の大転子を親指が前側にくるように、外側からつかんでください。そしてカカトを中心に、今度は30度を超えていいですから大きく動かしてください。これが第4段階です。

周りの組織、骨格から筋肉などたくさんの組織を巻き込んで、「さらに、さらに、さらに、さらに、さらに、さらに、さらに」と3回言います。「転子がハッキリ、クッキリするように、さらに、さらに、さらにハッキリ、クッキリするように」とつぶやきながら、まさに、さらに転子を深く深く深く感じながらやってください。

股関節脳をつくり上げていく作業は、別な言い方をすると、潜在脳に股関節、その中心と周りの骨格たち、筋肉たち、これらを教え込む作業です。ですから、心を込めて言ってください。

さあ、終わりです。NPSで立ってください。どうでしょうか。確かに左は股関節の中心感があると感じられますか。では、右の股関節はどうですか。何となくボヤッとした感じ、それに対して左側は何となくある感じがしますか。

そして変な話ですが、左側の身体のほうが、少し背が高くなった感じがしませんか。ほんの少しです。そういえば、股関節の位置が、

L字手法

一面手化した手の親指を開き他の４本指をそろえる手法

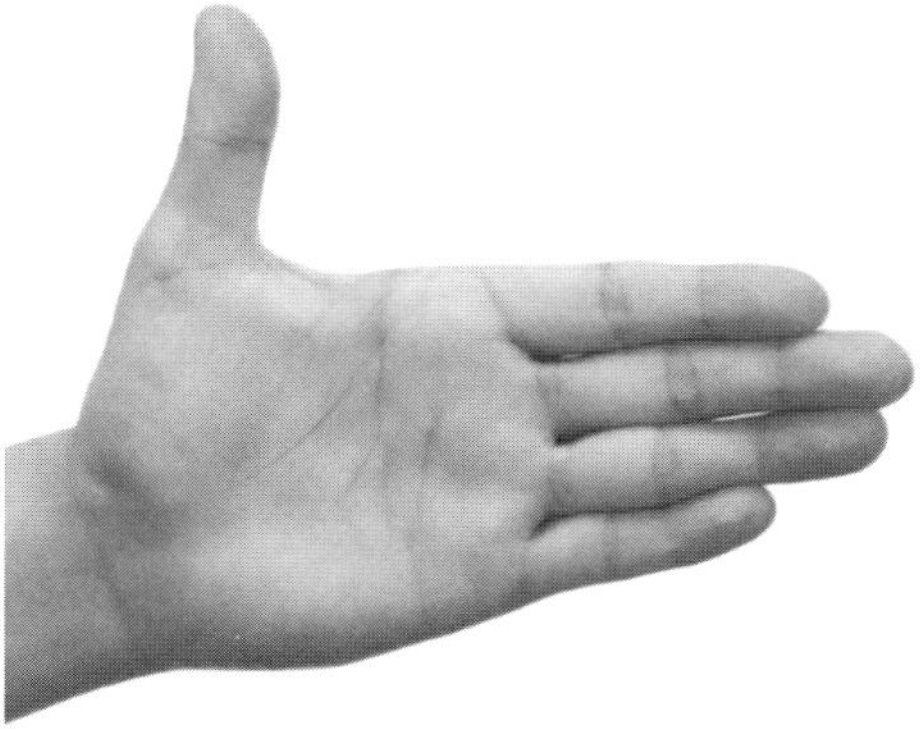

中指突出法

中指を突き立てた形の手法

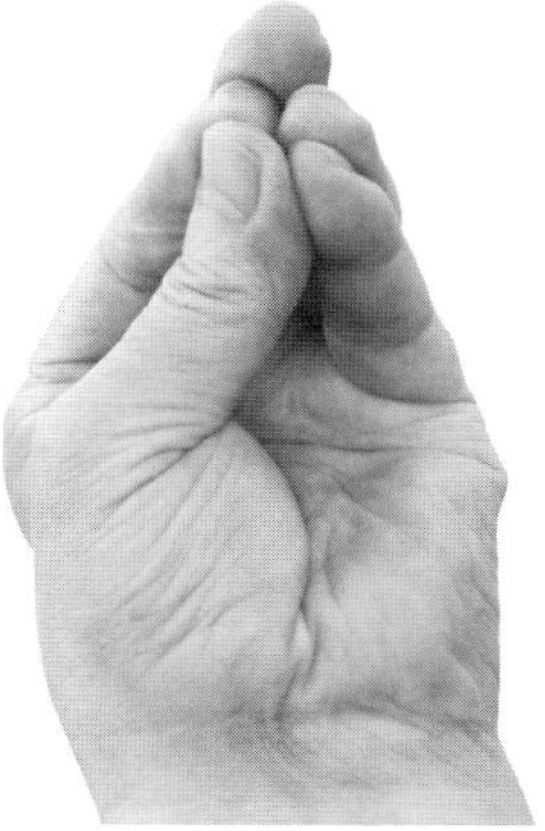

左側のほうが少し高い感じがするという人もいるでしょう。

その一方で、股関節の中心、転子を上下に通るラインを、うっすらと感じられますか。感じられたらたいしたものです。それは「側軸」、英語では「サイド・センター」といいます。私が発見し名づけました。

身体のちょうど真ん中、背骨の直前に1本通っている「軸（センター）」を「中央軸（トップ・センター）」といい、それに対して、股関節の中心を通る左右2本の「軸（センター）」が「側軸（サイド・センター）」です。股関節の中心が潜在脳でハッキリわかってくると、側軸が通り始めるのです。

これは今回の本のテーマではないので、これぐらいにしておきます。「へぇ、そうなんだ」と思ってください。側軸があると、ますますパフォーマンスは高度に発達していくのです。

潜在脳と顕在脳

では、CPSで立ちます。ECをします。次に、その場歩きをしてください。太ももの上げ方は垂直に対して30度、腕振りは、ざっくり上腕の前振りが45度、後ろ振りが30度程度です。

どうですか。もうずいぶん違うのではないでしょうか。左は中心感があるでしょう。股関節の中心はここだと、リアルにわかるはずです。接地したとき、スパッとそこで身体重量が支えられるのがわかります。

一方、右はどうですか。中心感がありますか。どこで支えているのかわからないでしょう。それだけ右の股関節は周囲の筋肉たちとの硬束が強いのです。ですから、大事な関節や骨なのに脳がわからないのです。これは、潜在脳で感じているはずの左右差を、工夫された比較を通して顕在脳が感じられている状態です。そういう大変に重要なトレーニング法なのです。

潜在脳というのは、感じられていないから潜在脳というのですが、このようにメソッドをやっていくと、潜在脳が顕在脳によって感じられるという状態が起きてくるのです。

左と右、どちらの股関節がいいですか。左がいいでしょう。左の股関節は、中心がハッキリしています。周りの筋肉組織が、右に比べるとフワッとしていて重みを持ち、太ももにも重みが出ている。でも楽に滑らかに動けています。

接地は非常にソフトにランディングしていく、瞬間的にピタッ、スパッと体重が支えられる優れた「接地支持」です。それが明確にわかります。これは、運動能力の根幹にある、非常に大事な能力なのです。

それに比べて、右は、床につく足もゴワッとして、何か時間がかかって支えている感じです。しかも、支えられる中心がわからず、通るものも感じられません。一方、左は通るものが感じられます。床、足裏と股関節の中心、転子との間に通るものが「脚センター」、または「脚軸」です。これは先程紹介した「側軸（サイド・センター）」の一部なのです。そして、それに応じて、先程、四肢同調性が現実の運動として発現していた股関節、腸骨周りの連動が、より起きているのがわかります。それと、右側もトレーニングがしたい、このままでは嫌だという感じがしませんか。この感じが得られることは、とても大切です。それでは右もいきましょう。NPSをとって、ECをていねいにやってください。両足のカカトを中心に、90度程度つま先を開いてください。左側を行ったときと同じ段階を踏んで、ていねいにていねいにていねいに行ってください。

第1段は、右手で右の鼠径部（Vゾーン）を十分にさすります。第2段は、「中指突擦法」です。右手で股の付け根の部分から腸骨に触る部分まで測って、その中点のところに左手の中指突出法を使って突き立てます。そして、中指で突き刺すようにしながら、深くきれいに正確に股関節の中心がとらえられるようにして、周りをほぐしていきます。

第3段階は、右足指でパイルカーペットの短い毛足をつかむ感じでつかみます。股関節の中心がハッキリ、クッキリするようにつかみます。さらにハッキリ、クッキリするようにつま先を1、2ミリ上げて、さらに、さらに股関節の中心がハッキリ、クッキリするように、カカトを中心に回軸運動をします。

第4段階は、右手で「L字手法」をとって大転子をつかみます。そして股関節、腸骨周りの筋肉を大きく巻き込んで、「さらに、さらに、さらに転子がハッキリ、クッキリするように」と何度もつぶやきながら、回軸運動をします。

さあ、ていねいに時間をかけてやってください。「左よりもっとうまくいくように」と気持ちを込めて行います。

終わったら、CPSです。ゆったりと、その場歩きしてください。太ももは垂直に対して30度くらい、腕振りは、ざっくり上腕の前振りが45度くらい、後ろ振りが30度くらいです。どうですか。右も、左と同じくらいになってきましたか。

股関節の中心が感じられますか。その中心が働いて、接地はソフトランディングをしながら、脚から足裏がピタッ、スパッとついて、股関節の中心で身体を支えているのがわかりますか。「側軸（サイド・センター）」の一部である脚軸が、転子を通って通る感じ、それも感じられたら大したものです。

太ももは重みが感じられて存在感があります。また、股関節や腸骨周りの筋肉はフワッと柔らかく、重みが感じられて、脚の運動自体はスルッと滑らかに、あるいはスパッと切れる感じです。

接地はソフトランディングしながら滑らかに、一瞬でピタッと吸いつくようになります。すると、足裏から転子まで、支持のラインがハッキリと通る感じがして、接地し始めてから体重支持までの時間はかからないのです。そして離地する、床から離れるときも時間がかからなくなります。スパッと離れ、またスパッとつけるのです。

先程も言ったように、この接地、離地が、ゆるんで努力感なしに、自然に時間がかからなくなってきて、ピタッ、ピタッ、スパッ、スパッといけるようになることは、非常に根幹的な、人間のスポーツパフォーマンスの根本にあたる、重要な能力なのです。

これを見れば、その選手のスポーツパフォーマンスの本質力がわかるというぐらい大事な指標になり得るのです。これには「ルースニング（緩解）」から「軸（センター）」、背骨、さらに股関節の転子化、その周りの脱力、そして「全身連動」まで、こういったものがすべて関わってくるからです。

四肢同調性を味わう

さあ、四肢同調性を味わってみましょう。肩関節、肩甲骨周り、股関節、腸骨周りが、どこもいい感じになってきましたか。中には、肩関節2段開発法をやりたくなった人もいるでしょう。そのような自発的にわいてくる欲が大事なのです。もっとやりたい、もっと上手くなりたい、そういう気持ちが自然に起きてくることが大事です。メソッドの取り組みが上手くいっている証拠だからです。

それでは、四肢同調性を実際に味わってみてください。ああ、連動している。全身の連動が先程以上によく起きているかをよく味わってみてください。

一番中心になっている「軸（センター）」と背骨の運動。細かくいえば、一つひとつの背骨が、上下にある隣同士の背骨と、わずかですがずれ合いながら運動しているか。また一方では、背骨周りのたくさんのインナーマッスルたちが骨と一体となって、腕脚の運動をつなぐ役割をしながら、なおかつそこから駆動力を発揮しているか。先程よりもっと大きな駆動力を発揮したがっているか。それに影響し合って、肩関節、肩甲骨周り、股関節、腸骨周りの駆動力もどんどん大きくなっていっているか。

一見、穏やかに抑制されたような、ダラーンとして重みが感じられるような、でも存在感がある運動であるような、しかも全身にスーッと通る統一感があって、バランスがピタッと決まっているような……、「軸（センター）」がより通っているというのは、このような状態なのです。

バタバタするような派手さはありませんがしっくりくる。まさに身体の中心から、また肩関節、肩甲骨周り、股関節、腸骨周りの深いところから、やがてパワーがどんどんどんどんみなぎるように生まれてくる可能性を感じる。これは、パワーダイナミズムの生まれ始めというか、わずかなカケラというか、少しだけ垣間見えている状態です。それでも、いいものだ、これはすごくなるかもしれないということをわかっていただけると思います。

Lesson3

姿勢軸アタック1、2で猛獣の腕脚使いに挑む

「歩道」には「記号情報」という約束事がある

姿勢軸は、腕脚の運動をつかみ覚えるための、最も基本的な「軸（センター）」になります。その場歩きをするときに、腕振り、脚振りを何度で動かすかという情報をお伝えしていますが、とくに腕振りについては、これからもたくさんの操作情報が必要になります。たとえば、上腕の前振りが垂直に対して45度、後ろ振りは30度という情報があります。それと同じように前腕の角度とか、手首から先はどうするかなど、いろいろと出てきます。一度にやるのは大変ですから、姿勢軸アタック1～3までの3段階に整理して、より基本的な操作情報から順番に覚えてもらいます。このLesson3ではアタック1、2を行いたいと思います。

脚振りで太ももは垂直に対して30度とか、上腕が垂直に対して前振り45度、後ろ振り30度という情報は、メソッドを行うときの約束事で、「記号情報」ともいいます。道路標識は記号情報の典型で、赤丸に白い横ラインが1本あると進入禁止です。それがドライバーの間で約束事になっています。

こうした約束事に近い記号情報は各競技においても存在し、たとえばテニスのラケットの持ち方はこうとか、ゴルフのクラブの握り方はこうなど、いろいろあるでしょう。

同じように、「上腕の前振りは55度ではいけないのですか」「僕はもっと大きく振りたいのです」というのはダメなのです。「歩道」では、スポーツ以上に約束事は守ってもらいます。超高度なスポーツパフォーマンスに到達するためには、決定的に必要なことだからです。

猛獣たちの優れた腕脚運動メカニズム

現在、私たちが見ることができる四足動物では、走りだったらチーター、強さならトラが一番です。これらの四足動物たちは、大変に優れた腕脚の運動メカニズムを持っています。私たち人類もかつて四足動物時代には、そのような優れた腕脚の運動メカニズムを普段から使っていました。

私たちに近い仲間であるサルたちは、運動能力がすさまじく、さらにその祖先たちは現在の猛獣に劣らぬ優れた運動能力を持っていました。

今、私たちが人間として超高度なスポーツパフォーマンスを実現しようと思ったら、遺伝的に受け継いでいる、その優れた腕脚の運動メカニズムを使うことなしには達成できないのです。

スポーツの真似事といえば、申し訳ない言い方ですが、そこそこスポーツをするという程度でよければ、四足動物時代の優れたメカニズムを使わなくてもできるのです。しかし、日本のトップレベルから、さらに世界のトップレベル、さらにそのレベルを抜け出してトップ・オブ・トップ、さらにその上のトップ・オブ・トップ・オブ・トップになると、このような四足動物、さらに昔の魚類や、もっと昔の動物時代に獲得した優れた運動メカニズムを、私たちの身体で復元する必要性が生まれてくるのです。

それが、私が「運動進化論」として発見した法則です。その中で、四足動物でいえば、あの猛獣たちの優れた腕脚運動のメカニズムと同じメカニズムを、いかに歩行運動で復元できるかというのが大きな研究テーマだったのです。そして、その研究成果をベースにつくり上げたのがこの「歩道」であり、「姿勢軸」

猛獣腕脚振メカニズム

猛獣たちの優れた腕脚運動のメカニズムを、いかに歩行運動で復元できるかがポイントになる。すべての過程で体幹を反らさずニュートラルに保ち、全身をつねにゆるゆるに緩解すること

肩甲骨を肋骨からはがしながら後ろへ運ぶ動きで、両腕を内旋位で後方に大きく深く振る

肩甲骨を肋骨から十分にはがし前へ運ぶ動きで、両腕全体を内旋しつつ肩以上に振る

のトレーニングなのです。

大変に難しい研究でした。まず、条件が全然違うのです。四足動物は、腕（前肢）が地面についています。そのような状態で体幹は地面に水平、「平体一致」方向です。垂軸との関係でいえば「垂体直交」です。また、腕（前肢）と体幹の角度も、人間とはまったく違います。1歩ごとに体重を支える腕（前肢）使いと、体重を支えない腕（前肢）使いも完全に違います。一方、人間の後ろ脚は、基本的に体重を全部支えて運動するわけです。

私の研究は、「では、腕振りはどうすればいいのか。脚振りはどうすればいいのか」というところから始まりました。そして、非常に多くの時間をかけて発見したのが、上腕の前振り45度、後ろ振り30度なのです。

ですから、さまざまな操作情報を「道路標識」と同じようにきちんと守ることがとても大事になってくるのです。これらを指示通りに行わないと、猛獣の優れた腕脚の運動メカニズムにスイッチが入らないからです。腕振り・脚振りの角度は、それほど大事な情報なのです。

以下、この研究で発見したことが次々に出てきますから、楽しみにしてください。

姿勢軸アタック1

まず首の「ルースニング（緩解）」から

さあ、それではやってみましょう。姿勢軸アタック1です。まず、ＥＣ（環境センター法）をやってください。ＣＰＳ（閉足立ち）で立って、美しいセンターのシルバーをなぞって、その美しいセンターをよく感じながら、その美しいセンターを垂直にまっすぐ通ったガイドラインとして考えてください。

次に、その場歩きをしてください。その場歩きをしながら、頭ののっている位置が、左に傾いたり、右に傾いたりしていませんか。また、前に傾いたり、後ろに傾いたりしていませんか。

姿勢軸アタック1

頭ののっている位置が左右に傾いていないかを確かめる

その場歩きしながら首をモゾモゾ、クネクネ動かす

姿勢軸アタック1・NG編

首が前傾
している

首が後傾
している

肩が
後ろすぎ

肩が前すぎ

胸が
反っている

胸が
へこんでいる

胴体が
へこんでいる

腰が
引けている

首が右に
傾いている

首が左に
傾いている

右肩が
上がっている

左肩が
上がっている

右胸が前に
出ている

右腰が前に
出ている

右腰が
上がっている

O脚・
ガニ股

X脚

姿勢軸アタック1のガイドラインは、美しいセンターを感じながら、その美しいセンターが垂直にまっすぐ通っていること頭の位置を確かめつつ、首の筋肉や骨をゆるめるようにしながら、頭をニュートラルな位置へ置くことが大事です。猛獣のように全身が深くゆるみ脱力している状態を再現するために、十分な「ルースニング（緩解）」が必要になります。そして中立が大事で、中立は「軸（センター）」の根幹です。首がずれたり傾いたりしていたら、「軸（センター）」がなくなり、パフォーマンスの根幹が崩れます。

その場歩きをしながら、首を少しモゾモゾ、クネクネ動かしてゆるめます。首をゆるめないで頭の位置や形、つながりを変えることはできません。ゆるめないで行うと、逆に筋肉に力が入ってより硬束が強くなってしまうのです。必ず十分な「ルースニング（緩解）」によってゆるめながらトレーニングするというのが鉄則です。必ず身体を徹底して緩解させながらトレーニングしてください。

肩関節、肋骨……、だんだんと下の部位へ

次に肩関節、これも肩甲骨あたりをモゾモゾさせながらゆるめます。これはLesson2で経験していますから、少し得意でしょう。いい感じでゆるんできたら、肩関節の位置をニュートラルに修正します。試しに、肩関節を前へ出して腕振りをしてみてください。やりにくいですよね。逆に後ろへ引いてみてください。これでは何だか偉そうに突っ張っ

ているオッサンのようです。これではスポーツパフォーマンスは上手くいきません。やはり肩関節もニュートラルな位置に置きます。

肩関節の位置をチラッチラッと目で見て確認してください。前すぎたり、後ろすぎたりするのに比べてニュートラルだと、バランスがよくて、腕振りがしやすいなと感じるでしょう。

今度は肋骨です。胸を前へ出して胸を反らします。次に胸を後ろへ引いて、背中のほうへ出してみてください。これは肋骨のあおり運動といいますが、これを繰り返して、胸もゆるめほぐしながらニュートラルな位置へもっていきます。

そして、胴体部分に移ります。胴体部分もあおるように前へ出したり、後ろへ出したりしてほぐします。また、左右へも少しクネクネさせながらゆるめて、ニュートラルな位置へもっていきます。胸や腰が反りすぎたり、猫背のようになったりしないようにします。

さらに、下腹部から腰もあおるようにしながらほぐし、左右にもモゾモゾしてゆるめます。そして、下腹部もニュートラルな位置へ置きます。

股関節です。これもLesson2でやったから少し得意感があるかもしれません。前すぎたり後ろすぎたりしないように、実は難しいので、ていねいにやってコツをつかんでいってください。

試しに、後ろすぎの状態でやってみてください。尾骨が出てきませんか。いわゆるへっぴり腰です。反対に股関節を前に出しすぎてみてください。腰から太ももまでが前へ出てしまって、これも動きにくそうというのがよくわかると思います。股関節もよくほぐしながらニュートラルな位置に置きます。

太ももの振りの角度は正確に30度

さらに、アタック1では、太ももの振りが垂直に対して30度です。これは正確にやってください。ざっくりではなく、正確に30度です。

なぜ30度でなければいけないのでしょうか。スポーツ選手はつねに走っていますから、太ももを上げる力が強いので、「その場歩きをして」と言うと、簡単に45度、50度、中には60度も上がってしまう選手が出てくるのです。これをやっていると、残念ながら猛獣の優れた腕脚使いのメカニズムのスイッチは入りません。

太ももの振りが垂直に対して30度というのは、科学的研究と実験で見つかった角度なのです。

「30度って、脱力してタラーンとした感じにならないとできないよ」と言う人もいるかもしれません。それはむしろ正しくて、脱力してタラーンとしないと、あの「猛獣メカ」のスイッチは決して入りません。そのメカニズムは、正しく専門用語では「猛獣腕脚振メカニズム」といいます。

これまでスポーツをある程度やってきて、太ももを高く上げる身体使いが身についてしまっている選手は、逆にいえば、猛獣腕脚振メカニズムのスイッチが入りにくいということで、そのスイッチが入っている選手は、サッカーでいえばメッシやクリスティアーノ・ロナウドなどです。そういう世界のトップ・オブ・トップたちを呼んで〝脱力してタラーンと30度〟をやらせてみたら、簡単にできてしまうはずです。

私は、この2人に指導した経験はないですが、各分野のトップ・オブ・トップクラスの選手何人かに、これを実験的にやってもらったことがあります。そうすると、「あっ、そういうこと」と理解するとあっという間にできてしまいました。脱力してタラーンとして身体を使うことが、本質的に非常に上手なのです。

一般のスポーツ選手から見ると信じられないかもしれません。あの一瞬のスピードとキレで他の選手を翻弄《ほんろう》するように動けるアスリートは、このような静かな運動をやっても上手で、脱力してタラーンとして身体を使うことに、断トツで長けているのです。

彼らのようなパフォーマンスを実現したければ、太ももは垂直に対して30度です。頭で覚え身体に覚え込ませてください。

自分自身で見たり、鏡を見ながらチェックしたりして、力が入ったまま角度だけ30度にするのではなく、脱力して脱力して脱力して、とにかく力を抜いて行うことが大事です。上手に力が抜けないで、太ももが高く上がりすぎるという人は、太ももの前側（前もも）

をさすってください。さすりながら力を抜いて、力を抜いていきます。口でも「抜いて、抜いて」とつぶやきながらさすり下ろすようにやってください。

その場歩きをしながらでも、太ももの上のほうならさすれるでしょう。「抜いて、抜いて」と言いながら、さすりつつその場歩きをやってみてください。そのように身体と潜在脳に覚えさせると、太もも上げをするときの筋肉の使い方が変わります。

どうしても太ももが高く上がってしまうという人は、もも前の大腿直筋が優位で、残念ですが、大腿直筋で太ももを上げてしまうというクセが身についています。でも、世界のトップ・オブ・トップは違います。彼らは、すでに「猛獣メカ」が使えていますから、「腸腰筋」、その中でも重要なインナーマッスル

腸腰筋とは

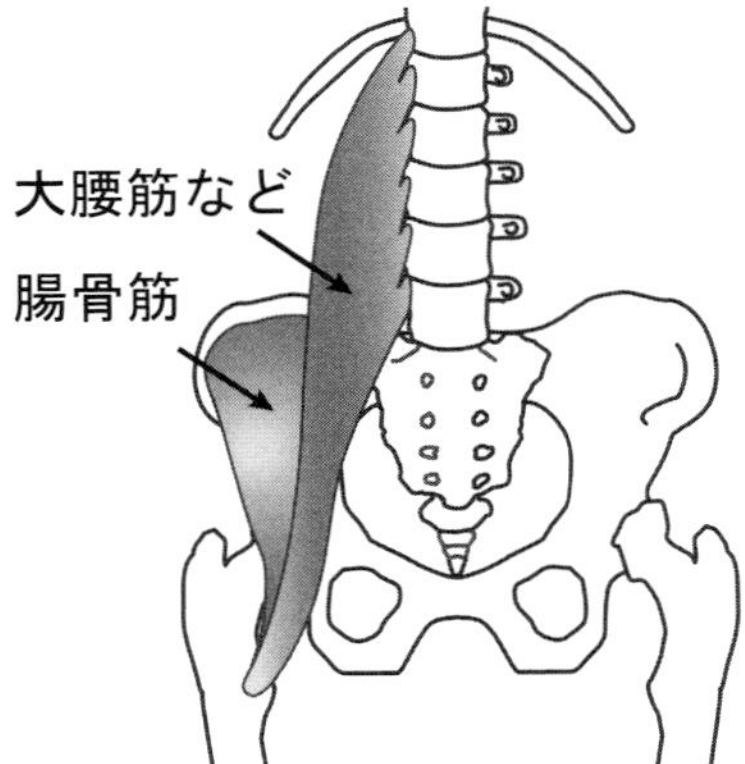

腸腰筋とは、腰椎・胸椎から大腿骨につながる大腰筋と、腸骨の上端から大腿骨につながる腸骨筋などの総称

である「大腰筋」がよく使えているのです。

大腰筋は、胸椎の12番から出発して大腿骨の内側のつけ根にある小転子までつながっている筋肉です。「そうか、大腿骨から背骨までつながっているのか」と思ってください。世界のトップ・オブ・トップは、この大腰筋をおもに使って太ももを引き上げているのです。大腰筋は、「軸（センター）」をつくっていく作用が非常に強い筋肉です。大腰筋がどのくらい主導権を握れているかが、「猛獣腕脚振メカニズム」の中心的課題の一つです。大腰筋が使えると、太ももの振りを30度にするのはとても簡単で、「あ、この感じね。ＯＫ」というふうになります。

太ももが30度というのは、大腰筋主導になってゆるんでいき、いい具合に「軸（センター）」が通っていく太ももの上げ方です。逆にいえば、30度の太もも上げを続けているだけで、「軸（センター）」が通ってきてしまう。「おお、なるほど、そういうことか」と感動してください。

膝関節から下へ

そして膝関節から下ですね。スネからふくらはぎ、足首から足です。ここも思いっきり脱力して、ダラーンと垂れさがった感じでやります。その結果、生まれてくる角度を写真で確認してください。

どうしてもすねの骨である脛骨が前へいって、足首から先が上を向いてしまう（背屈する）人がいます。逆に、ふくらはぎが太ももにつきそうになるくらい引き上げてしまう人もいます。これも膝関節周りでハムストリングスが働きすぎるのでNGなのです。膝から下もタラーンと垂れると覚えてください。大腰筋がしっかり使えて、脚全体が脱力してタラーンと垂れると「軸（センター）」が通ってくるのです。

Lesson2でやった「股関節脳」が働いてくると、股関節の中心（転子）がハッキリしてきます。と同時に、大腰筋がしっかり使えて、脚全体がタラーンとゆるんでくると、太ももの裏側の筋肉が転子回りで使えてくるのです。

「大腰筋」の拮抗筋は何かというと、太もも

裏転子系筋肉とは

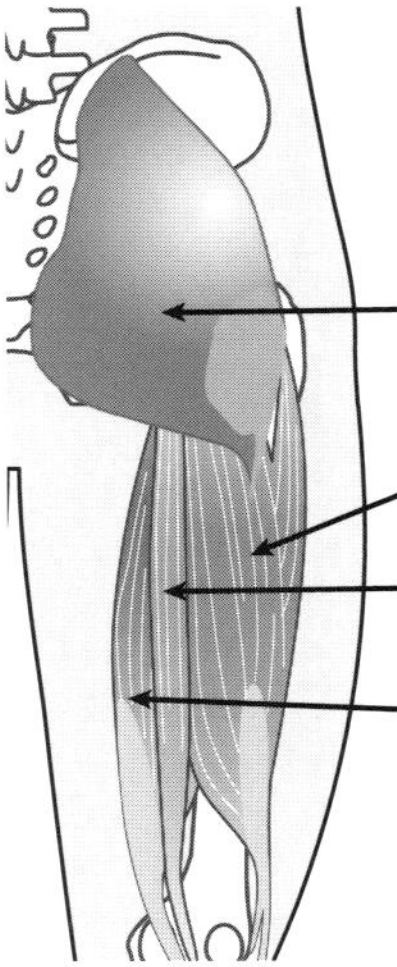

の裏側にある半腱様筋、半膜様筋、そして大腿二頭筋の長いほうの筋肉です。これらは、私が名前をつけた「裏転子系筋肉」です。股関節の中心（転子）と対応しながら、この「裏転子系筋肉」をしっかり使えてくると、私が「裏転子」と名づけた身体意識が働き出します。そうすると大腰筋にスイッチが入り、全身がさらに脱力してタラーンと垂れて、ますます「軸（センター）」が通ってきます。

では、その場歩きです。太ももは垂直に対して30度です。膝から下、そして足がきれいに垂れてピタッピタッとCPSでおさまるように、よい「その場歩き」ができれば、大腰筋、転子、裏転子が連動して働いて、「軸（センター）」をきれいに通す作用も働いてきます。そして、それが連動して背骨の動きが起きて、上半身では肩関節、肩甲骨とその周囲の四肢同調性によって、まさに「全身連動」が生まれてくるのです。

姿勢軸アタック2

腕使い

それでは、そのときの腕使いはどうしたらいいのかというのが、姿勢軸アタック2です。

では、もう一度CPSで立って、ECをていねいにやってください。そして、アタック1を思い出して、首、肋骨、胴体、下腹部、股関節をそれぞれゆるめながら、ニュートラルな位置に整えます。

アタック2では、まず「腕振りの角度」です。その前に「肩関節の中心感」がなくなってきたら、Lesson2でやった肩支点開発をやってください。第1段の人差し指と中指で左右にこするというものです。

まず、腕振りです。上腕は前振りが45度、後ろ振りは30度です。正確にやってください。前振りは目でチラッと見ればわかりますが、後ろ振りはわかりませんから、鏡を利用してください。鏡を見たとき、肩支点がニュートラルな位置にあるかどうかも確認してください。ただし、このときは肩甲骨の連動を含んだ肩関節周りの連動までは考えなくてOKです。

姿勢軸アタック2

首、肋骨、胴体、下腹部、股関節をそれぞれゆるめ、ニュートラルにしながら、腕と脚を正しい位置に整える

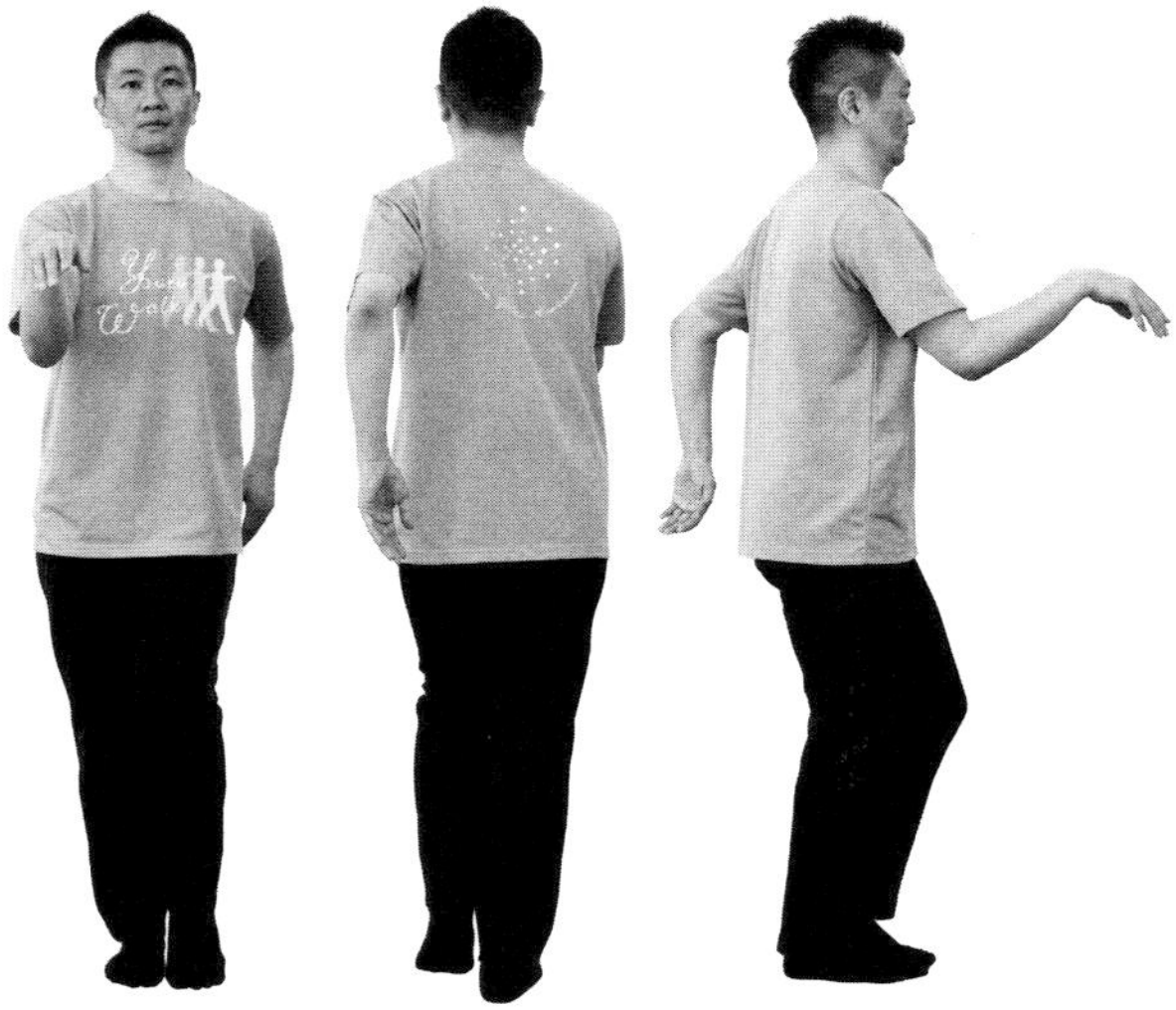

前振りの前腕は、水平に対して25度です。前振りの上腕の45度に対して、半分より足りないくらいの角度で、斜度が低いのです。垂直に対しては65度なのですが、実際にやるとわかりづらいので、水平に対して25度としています。

水平な床や地面なら、グラウンドでも体育館でも自分の部屋でも簡単に見つけられます。それを基準にすれば、25度を計るのもわかりやすいはずです。そういう意味でも水平に対して25度としています。

後ろ振りの前腕は、脚振りの下腿と一緒です。思い切り力を抜いて、ダラーンとして振ります。そこに慣性力、勢いが生まれてきますから、その結果、自然と垂直に対して0度。つまり、垂直に前腕が垂れて振れるようにするのです。あくまで結果として0度になることが大事です。

肘から下の前腕を前へ振ったとき、前のほうへ振りすぎたり、逆に後ろへ振ったとき、後ろのほうへ振れすぎたりしないようにすることです。これも157ページのNG編の写真で確認してください。

肘から下を脱力してタラーンと垂らす、そして慣性力で自然に振れる勢いに任せるというのが、猛獣腕脚振のスイッチになるのです。かなり難しいところです。「ああ、なるほど」とつかみ覚えるまで、しつこく取り組んでください。

今度は、前腕の長軸です。「長軸」とは、前腕の尺骨、橈《とう》骨に沿った「軸（センター）」

のことです。この軸回りの角度、すなわち「回軸度」も決まっています。前振りは、垂直に対して70度、水平に対して20度です。後ろ振りは垂直に対して45度です。

ただし、一般の方、ある程度年齢のいった方、スポーツをしていない方を指導するとき、後ろ振りは垂直に対して「30〜45度」と伝えています。年齢が高い方は四十肩、五十肩だったり、もっと高齢者で肩周りが硬くなっている方だと、45度までひねりづらかったりします。だから30度でもＯＫと伝えて、無理をしないでくださいと言います。

競技スポーツに取り組んでいる選手なら、45度で大丈夫だと思っています。猛獣腕脚振メカニズムのスイッチを入れるには、45度が最適です。

ただし、これも人によっては45度以上に回しすぎてしまったり、全然垂直に近い状態で正しい角度に回せなかったりする人もいますので注意してください。

大事なのは手首から先の脱力

次は手首から先の話です。

前振りしたときも、後ろ振りしたときも「ルースニング（緩解）」による脱力が大事で、プラプラ状態で

手首の先を脱力

前振りの腕は、手首が頂点になり、手の甲から指にかけては手首より垂れ下がる

す。それで、プラプラ状態で止めてみます。前振りで上腕が垂直に対し45度、前腕が水平に対し25度のところです。

手首から先を脱力させるとこういう形になります。手首が一番の頂点になって、手の甲から指にかけては、手首より垂れ下がります。これが基本です。この状態で前腕を上下動してみてください。5、6センチ上下動する感じです。手首から先を脱力しておくと、プラプラプラプラ上下動します。腕振りはこの状態で行います。

そうすると慣性力が働き、腕が前へ振れていって、振れ戻る瞬間に手首から先がちょっとホップする感じ

姿勢軸アタック2・NG編

手首が伸びている

手首から先が力んで屈曲していて、垂れていない

前腕が垂直に垂れていない

前腕が垂れずに手の向きが垂直になっている

前腕が垂れずに手首にも力が入っている

肘が屈曲しすぎている

が生まれます。その瞬間に、腕が前振りから後ろ振りに戻り始め、手首があおられるように少し前の上空に浮く感じが生まれます。

このとき、わざわざ意図的に手を上方に振ってはいけません。一方、プラプラするのが上手くできなくて、手首が硬くなって、手首からの動きが止まってもいけません。ここもNG編を含めて写真で確認してください。このあたりはていねいに時間をかけ取り組んでください。

後ろ振りもかなり難しいので、同じように「ルースニング（緩解）」して脱力します。脱力する、ゆるめてやるということも含めて、これらのことを正確にできることが必要です。正確に全部できてくると、スイッチが本格的に入ってくるのです。

ここまでがアタック2です。

アタック3は、Lesson6に出てきます。「いや、待てない、アタック3やらせて」という人は、Lesson4、5を飛ばしてやっていただいてもかまいません。

ただし、驚くほど難しいです。やらなければならないことが次々に出てきますから、覚悟して取り組んでください。これまでに出てきた操作情報をあるレベルを超えて使いこなせるようになってくると、突然、猛獣腕脚振メカニズムが働き出してきます。身体が快適になってきますし、脳の状態もグッとよくなってきます。脳全体が総合的によくなってくるのです。

そうすると、腕脚振り、背骨の状態から「軸（センター）」の状態、接地感覚など、さらには目を使った視覚的な認知能力も高まります。全体がよく見えて、部分もよく見えるような、私が「ビュー軸」と呼んでいる、スポーツアスリートにとって非常に重要な認知能力を持つ「軸（センター）」が通ってくるのです。周囲の状況を動きの中で的確に見渡していく、認知能力というものもグッと高まってくるのです。

腕振りや脚振りの操作情報は、あくまでも猛獣の高度にすぐれた腕脚振のメカニズムを、人間の歩行運動の中でどうしたら復元できるか、人間が遺伝的に受け継いできた能力にスイッチを入れることができるかという観点で見つけ出したものです。ですから、食い下がって、その角度でできるようにすればするほど、得られるものが大きくなってきます。得られるものは、圧倒的に稀なトップ・オブ・トップ・オブ・トップに近づいていくために、必須不可欠な、絶対に欠くことのできない情報だということです。

そのような意味で、「何で、こんな細かな角度まで覚えなければいけないのか」という否定的な考えは禁物です。苦労してでも身につければ、まさに自分の脳と身体の中心から、本質的に優れた運動能力、脳の認知能力が生まれてきます。やるだけ得、やらなければ大損ということです。

Lesson4

モーター軸でパワーダイナミズムの中心をつくる

「モーター軸」とは

「モーター」といえば、最近のハイブリッドカーの出力装置であるモーター、電車のモーター、工場のいろいろな機械を動かすモーターなど、さまざまなモーターがあります。「モーター軸」というのは、それらのモーターと同じように出力装置として存在する「軸（センター）」のことです。そのタイプの「軸（センター）」を「モーター軸」といいます。

皆さんは、「『軸（センター）』って、筋肉のような出力装置になるの？」と意外に思われるでしょう。「軸（センター）」というと、直感的に細いものだと思われているようです。フィギュアスケート選手の「軸（センター）」が典型ですが、クルクルッと回ったときの回転運動の中心になるものをイメージすれば、「軸（センター）」は細いものだと思うのが普通です。実際、回転運動の中心になって動的なバランスをとるような「軸（センター）」は、まさにシャフトの働きをする中心軸で、細いものなのです。

ところで、小学生のとき、モーターを使って工作をしたことがある人もいらっしゃると思います。そのときのモーターにも「軸（センター）」がありました。その「軸（センター）」は、非常に細いものだったはずです。その「軸（センター）」を回転軸として、電気コイルから生まれる電磁的なエネルギーが、グルグル回るモーターの力になります。その場合、モーターの細い「軸（センター）」は力を生んでいません。細い「軸（センター）」自体は出力装置にはなっていないのです。

ですから、身体意識としての「軸（センター）」についても、モーターのような出力装置としてのイメージはないと思います。ところが、長い研究によってわかってきたことですが、身体意識としての「軸（センター）」にも、動的なバランスをとる中心を果たす「軸（センター）」と、まるで車や電車、工作機械のモーターそのものと同じようにエネルギーを出す「軸（センター）」が存在することがわかってきたのです。

後者に、私は「モーター軸」と名前をつけました。

モーター軸とは

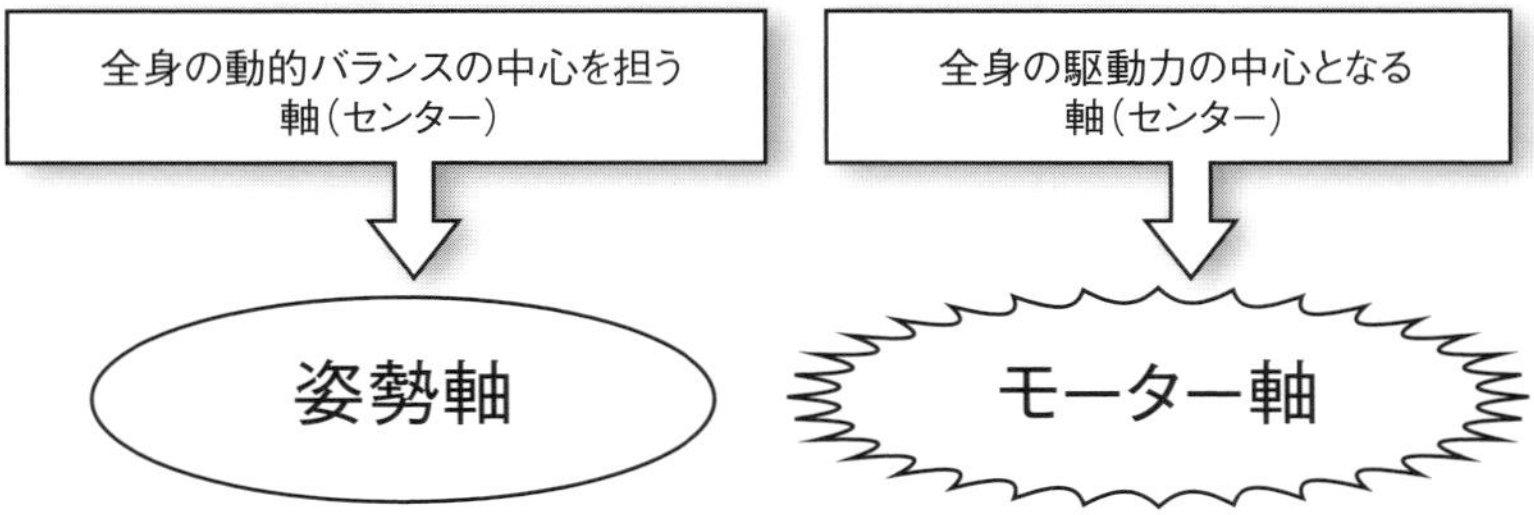

細径軸と中径軸の太さ

Lesson3で紹介した姿勢軸では、美しいシルバーの「軸（センター）」をガイドラインにして、各パーツをゆるめてニュートラルな位置に整えていくことをやりました。まさに姿勢軸はガイドラインです。全体のバランスをとる中心としての「軸（センター）」です。モーターでいえば、中心軸と同じ働きをする「軸（センター）」なのです。だから細いのです。それに対して、モーター軸というのはもっと太い「軸（センター）」です。

「軸（センター）」の理論でいえば、姿勢軸は「細径軸」の一種なのです。小指の太さくらいと思ってください。細ければ細いほどいいかというと、これは人間の意識ですから、細すぎると消えてしまうので、ある程度（小指くらい）の太さは必要です。

たとえば、自分の身体の中に糸より細い線をイメージし続けることは難しいですから、消えてしまったり、フラフラしたり、訳がわからなくなったりします。ですから、ある程度の太さが必要です。

「軸（センター）」は潜在意識ですが、顕在意識としてもあまりに細いものを自分の身体の中にイメージし続けるのは難しいのです。顕在意識としてイメージし続けようとするためには、ある程度の太さが必要になります。

潜在意識も同様で、正確さだけのためなら細ければ細いほうがいいはずですが、細すぎてもダメです。意識の世界でも、現実の実体や物理と非常に似たところがあるのです。「軸（センター）」でも、細さと太さのせめぎ合いがあってこそ、ちょうどいい太さが出てきます。細径軸の場合はちょうど小指の中間あたりの太さくらいで、中指では少し太すぎるのです。太すぎると不正確になって、マイナス面が大きくなるのです。

一方、モーター軸の太さは「中径軸」と一緒です。親指と中指を出して、それぞれの先端をくっつけてください。そうすると輪っかができるでしょう。この輪の内法、つまり内側にできる輪の太さで、これが中径軸の太さになります。人差し指と親指でつくった輪っかの内法では、少し細すぎます。人差し指と

細径軸と中径軸

細径軸。小指くらいの太さで、太すぎると不正確になって、マイナス面が大きくなる

中径軸。親指と中指の先端をくっつけてできた輪の内側の太さ

親指の外側の輪郭をとった輪では太すぎます。

まず、自分の背骨の前端、前から身体の厚みでいうと5対3、体幹の厚みのど真ん中より少し後ろのところに小指の太さのラインをイメージします。それが細径軸です。そして、その細径軸を中心にして、中指と親指でつくった輪っかの太さの中径軸をイメージしてください。なかなか難しいと思います。ですから、ざっくりでいいので、そんなものがあるというつもりになることが大事です。

その中径軸は、頭の少し上に出ます。細径軸よりは低くても大丈夫です。頭の上から数センチ出たくらいです。そこから脳の中を通って首の中を通って、そして体幹、胸郭の高さ、胴体、腰、下腹、そして股を通って、下半身をずっと通って足元まで行きます。ちょうど床の高さです。

色は、もちろん美しいシルバーです。シルバー色は、色彩心理学的な実験によって、効果が断トツという結果が得られています。選択肢としてライバルになる色が他にないくらい、美しいシルバーをイメージすると圧倒的に効果が高いのです。

「モーター軸」は感動する場

それでは、実際にモーター軸をやってみましょう。

まずＥＣ（環境センター法）です。まっ平らの手（一面手法）をつくります。環境センターをなぞりながら、「何てまっすぐなんだろう、素晴らしいなあ」「何てまっすぐなんだろう、素晴らしいなあ」と繰り返しつぶやいてから、「私もほしいなあ」と言って、背骨の前に細い細径軸で写しとっていきます。と同時に「美しいシルバー」、「美しいシルバー」と言います。

より正確にハッキリさせたかったら、「スパーッ」と言います。よりハッキリしてきたら、手で「なぞって、なぞって、コース、コース」と言って、少し笑う感じです。「スパーッ」と言い続けていると、形状はハッキリ、クッキリするのですが、硬くなってしまったら、使いものになりません。ですから、「コース、コース」と言って、笑う感じも必要です。

建物の環境センターは、硬くていいのです。でも、人間は動物ですから、運動動作をします。移動もするし、さまざまな動作もします。そのため、「移動軸」や「作動軸」としての働きもしなければなりません。

だから、形状的にハッキリ、クッキリとしていながら、同時に柔らかくなければいけないので難しいのです。「ハッキリ、クッキリ」と「柔らかく」は同時にはイメージしにくいのです。そこが、建物のような人工物や植物とは違うところです。

「軸（センター）」の側から改めて考えてみると、人間はすごい存在だとわかってビックリすることでしょう。

大事なことは、人間の本来の姿を明らかにすることです。この地球上に生命が誕生して、40億年かけて進化してきた現在、人間はどんな運動体として存在し、宇宙や地球という環境を利用しながら、どのようにそれらの関係の中で存在しているかということ、その真実を知ることほど重要なことはないのです。それによって、自分の存在がどれほど素晴らしいかを知ることができるわけです。そして、その素晴らしさを具現化するのが、文化としてのスポーツなどの身体運動なのです。

私の運動科学にのっとった書籍を読んでくださっている皆さんは、普通のコーチや指導者、スポーツ科学者が書いた本とは違う、事物に対する深い認識をもとに、人間というものがいかに優れているかに対する、真実と感動を書いていることに気がつかれているでしょう。

このモーター軸のところは、スポーツ選手にとって最も真実に出合って感動する場所の一つなのです。

微細動移動を用いる

では、メソッドに戻ります。

環境センター法をやったら、今度は親指と中指で輪っかをつくってください。右手でも、左手でもかまいません。親指と中指でつくった空洞の太さが平均的な中径軸です。

イメージするのは、身体の厚みでいえば、前から5対3のところ、ど真ん中より少し後ろ寄りです。頭の上から顔の前、胸の前を通って、そのまま胸からお腹、胴体、下腹部、それより下へは手を伸ばせませんが、中径軸はそのまま太ももの間を通って足首まで伸ばしていきます。足首の内くるぶしからさらに床面のところまで、美しいシルバーのラインを描いてみてください。

ＥＣで、背骨の前に細径軸を通していくときの手の動かし方ですが、十数センチのストロークを基本にずらしながら動かしていって、下までいったら返ってきます。ハッキリしないところが少しでもあれば、より短い数センチのストロークで小刻みに何度もやってみる。その部分は小刻みに何度もやりながら、少し大きいストロークで動かしていく。「微細動移動」というやり方で、大変に効き目があります。ぜひこれを使いながらやっていってください。

改めて静止直立位になります。美しいシルバーの地芯の、上空６０００キロに立っていると思ってください。まさに想像の世界です。

美しいシルバーの地芯から、さらに美しいシルバーのセンターが立ち上がっていて、そのセンターが、指で輪っかをつくってイメージした中径軸のど真ん中を通って、天へ抜けているイメージです。

地球の中心は一点です。地球の重力は、その地芯に向かって働いています。それが自分の身体の中の中心線と一致しているのがセンターです。さりげなく、美しいシルバーの地芯、その上空6000キロに立っている自分。これは時々思い出すくらいで結構です。

そして、楽しい気持ちでその場歩きをやってみましょう。腕振り、脚振りの角度は、アタック1、2でやった「操作情報」通りにです。時々思い出してください。また、腕や脚をチラチラと見て修正します。あまり狂っていると、猛獣腕脚振のメカニズムがまったく働いてこなくなってしまいますから、さり気なくてもいいのでやっておく必要があるのです。

さて、この美しいシルバーの中径軸が、すなわちモーター軸です。そのモーター軸から4本の腕脚を動かすわけです。ゆっくり行い

微細動移動とは

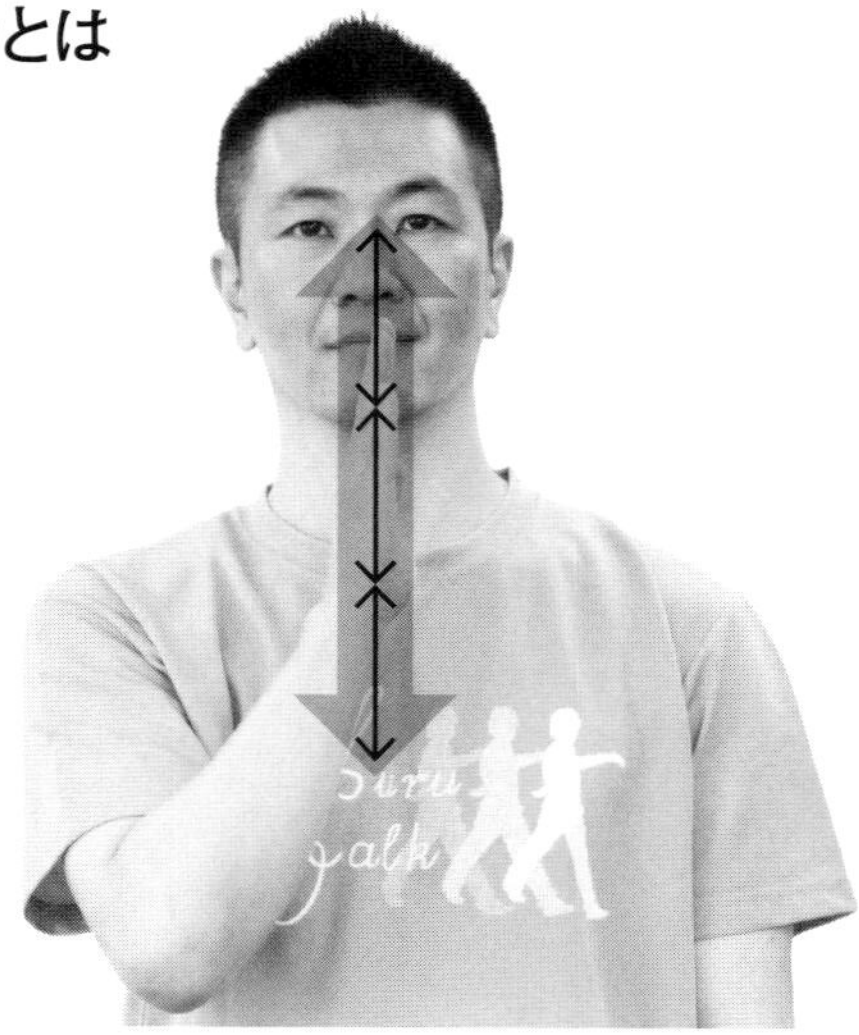

軸（センター）がハッキリしないところは、より短いストロークで小刻みにずらしながら動かしていく

ましょう。

「動かす……、動かす……、ゆっくり動かす」

「動かす……、動かす……、動かす……、動かす……、動かす……、動かす……、動かす……」

4本の腕脚をモーター軸が動かす……、動かす……、動かす……。

「うーごかす……、うーごかす……、うーごかす……、うーごかす……、うーごかす……」

「うー」のところがちょっと長くなりました。

「うーごかす……、うーごかす……、うーごかす……うーごかす……」

このときの「うー」は、モーターが動くときに「ウーーー」という音がしますが、人間が台車に乗っている重い荷物を動かそうとするときも、「うー」と声を出しながら台車を押します。クルマや電車も動き出すときに「ウーーー」という音が出る場合がありますが、その感じです。

「うーごかす……、うーごかす……、うーごかす……、うーごかす……、うーごかす……、うーごかす……」

4本の腕脚を「うーごかす……、うーごかす……、うーごかす……、うーごかす……、うーごかす……、うーごかす……、うーごかす……」

実際のモーターの動き出しの音のイメージを使って、４本の腕脚を「うーごかす……、うーごかす……、うーごかす……」です。

「うーごかす」の言葉から始めるモーター軸

さあ、この動かす働きをしているのがモーター軸です。

「うーごかす……」という言葉に慣れてきたら、「モーター、モーター、モーター、モーター、モーター、モーター、モーター、モーター」です。

「モーター、モーター、モーター、モーター、モーター」と言います。

４本の腕脚を「うーごかす……、うーごかす……、うーごかす……、うーごかす……」調子が出てきたら、「モーター、モーター、モーター、モーター、うーごかす……、うーごかす……、うーごかす……、うーごかす……、モーター、モーター、モーター、モーター、モーター、モーター、モーター」

はい、やってみてください。

なぜ、「うーごかす」で調子が出てきてから「モーター」なのかといえば、モーターを動かす感じは、「うーごかす」のほうがつかみやすいからです。「うー」とうなるような音で「うーごかす」と言うと、本当に動き出す。まさにモーター軸から4本の腕脚をうーごかすというイメージが生まれやすいのです。だから、「うーごかす」から始めるわけです。

一方、調子が出てきたら「モーター」と言い換えるのは、中径軸そのものを意識化させて、「軸（センター）」の形成力をアップさせる力があるからです。「モーター」は、まさにその背骨の前端に存在して、身長より少し長い「軸（センター）」そのものの名前でしょう。つまり、形状を持っているモーターという「軸（センター）」を身体意識としてアップさせる、形成強化の働きが「モーター」という言葉にあるのです。

運動力そのものは「うーごかす」のほうが強くて、運動力が生まれる元となる「軸（センター）」の形成強化としては「モーター」

動かす働きをするモーター軸

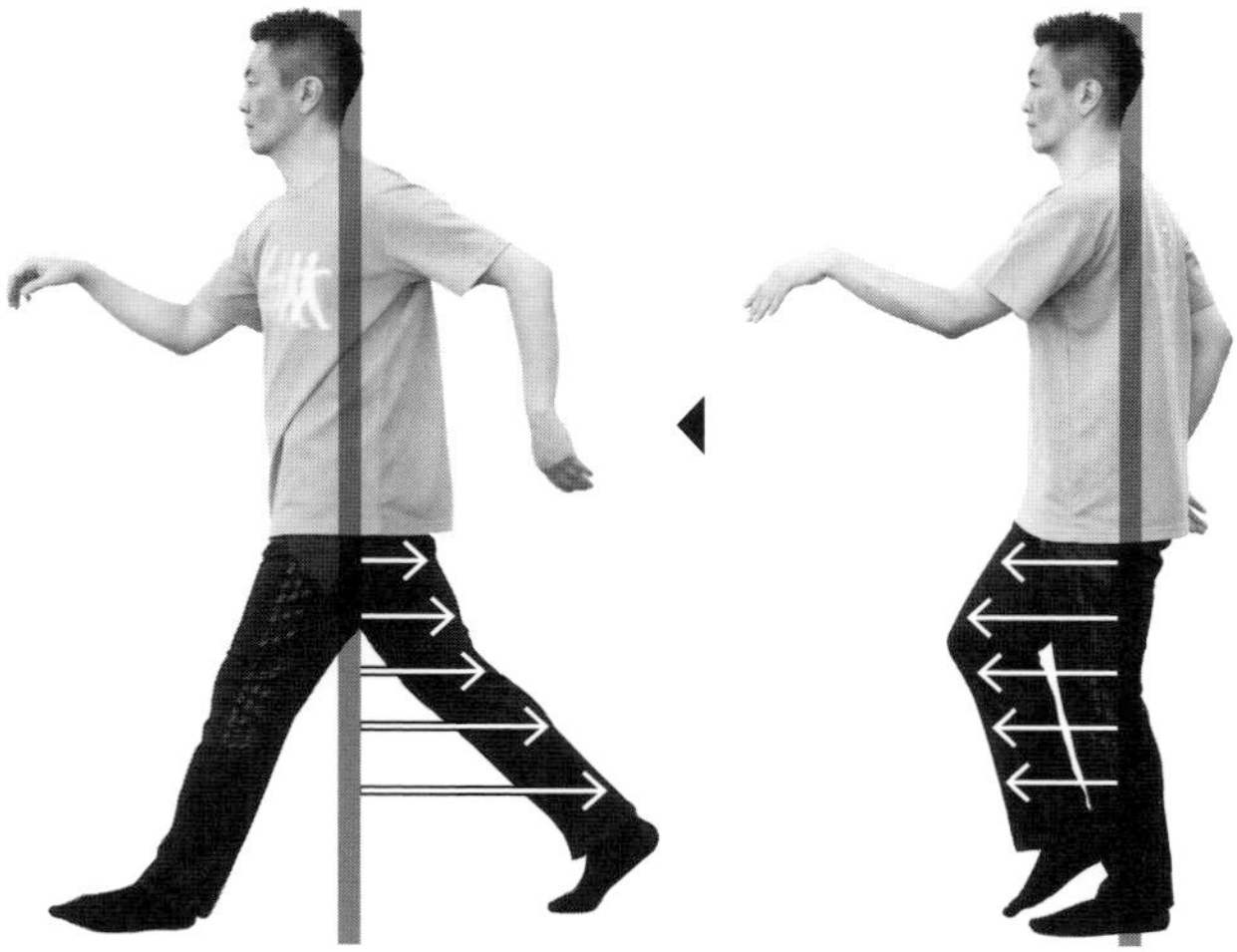

「うーごかす」と言うと、モーター軸から4本の腕脚を動かすイメージは生まれやすい

のほうがいいのです。「なるほど」と思ってください。

もう1回いきます。

「うーごかす……、うーごかす……。４本の腕脚をうーごかす……、うーごかす……、うーごかす……、うーごかす……、うーごかす……、うーごかす……」

調子が出てきました。そうしたら、「モーター、モーター、モーター、モーター、モーター、モーター、モーター」

また、駆動力のイメージが減ってきたら、「うーごかす……、うーごかす……、うーごかす……、うーごかす……、うーごかす……」

また、駆動力が十分にわいてきたら、「モーター、モーター、モーター、モーター、モーター、モーター、モーター」と言います。

「モーター」と言いながらも、駆動力が減らずにしっかりやり続けられる感じがしてきたら、「モーター、モーター、モーター、モーター」から「シルバー、シルバー、シルバー、シルバー、シルバー、シルバー、シルバー」と変えていきます。

そうすると何が起きてくると思いますか。正確なシャープな切れ味のある駆動力が生み出されます。コントロールとバランスの効いたクリアな強い運動パワーが生み出されるのです。

それがどこから生まれてくるか、「うーごかす」だけではハッキリしないから、形成装置として操作言語「モーター、モーター」を追加しました。でも、「モーター」だけではまだ足りないのです。洗練度が足りないのです。

「シルバー」が持つ力

スポーツの動きというのは、荒々しくてパワフルだったら、それでいいのでしょうか。違います。すさまじい正確さ、洗練度が要求されます。その正確さ、洗練さは動的なもので、しかもパワフルで、動き回る中での正確さ、洗練さです。それをつくり出すものが、「シルバー」なのです。

動きのパワーを正確に使いこなし、針の穴を通すほどの洗練さも可能にするためのものが、「シルバー、シルバー、シルバー、シルバー、シルバー、シルバー、シルバー、シルバー」なのです。

「シルバー」と言っていると何が起きてきましたか。「モーター軸が長くなったような感じがするという人がいるかもしれません。

これから解説する2つのことが感じられていれば成功です。一つはモーター軸の中に、より細い細径軸が通っているような感じがしてくることです。「シルバー、シルバー、シルバー」と言っていると、上下に美しく、シルバーの地芯とつながったような感じがします。美しいシルバーの地芯の上空で、自分がモーター軸を使ってパワーを生み出している感じが出てくるのです。

それに気がついた人はいますか。「言われてみると、そんな感じかな」というのでも大成功です。気がつかなかった人は、私の話を聞いたあとで味わってみてください。

もう一つは、心が穏やかに澄んで、クリアになって、周りの景色がより広く、深く、そしてクッキリ、しかも同時にたくさんのものがハッキリと見える感じがしてくることです。

この「シルバー」という音は、そういう力もあるのです。動きやパワーを洗練させ、正確無比にさせると同時に、心が穏やかになって澄んで、周りのものがハッキリ、クッキリ、しかもたくさんのものが一度に見えるようになるのです。私が言っている「ビュー」という概念です。その「ビュー効果」を生み出す「軸（センター）」が「ビュー軸」です。「美しいシルバー」には、多方面の効果、威力があるのです。「そうか。でも、ビューのことまでは感じられなかったなあ」という人は、一生懸命その場歩きを続けてください。

20～30回、その場歩きをします。目の前に壁があるなら壁、タンスがあるならタンスに焦点を当てて、その場歩きをしてみてください。それで、周りの景色が深く、ハッキリ、クッキリ見えてくる感じがすれば素晴らしいです。

それを味わったら、ＥＣをやってください。ＥＣから入って中径軸をつくる手法です。

親指と中指で輪をつくって、それを上下に動かしながら中径軸をつくります。それができたら、その場歩きを始めてください。

チラチラと腕や脚を見ながら、腕振り、脚振りの角度を修正します。さりげなく、ざっくり、そして美しいシルバーを描きます。

その場歩きをしながら、「うーごかす……、うーごかす……、うーごかす……、うーごかす……、うーごかす……、うーごかす……」『モーター、モーター、モーター、モーター、モーター、モーター、モーター、モーター、モーター』。目は先ほどと同じように一点を見つめたままです。

「シルバー、シルバー、シルバー、シルバー、美しいシルバー、シルバー、シルバー、シルバー、美しいシルバー、シルバー、シルバー、シルバー、シルバー」

「モーター、モーター、モーター、モーター、美しいシルバー、シルバー、シルバー、シルバー」

いかがですか。「シルバー」の効果が出てきたでしょう。先ほどに比べて、見え方がハッキリ変わってきたはずです。

人によって差が出るトレーニング効果

皆さんは、まだ「歩道」のトレーニングを始めたばかりですが、少しやっただけでこんなに変わるのです。ここで登場する環境センターだって、手でなぞるだけでもどんどん強く正確になっていくのです。一方で、その効果は人によって大きな差が生まれます。ECでも、人によって能力の差が出てしまうからです。

同じように、モーター軸での「うーごかす」「モーター」「シルバー」の声のかけ方も同様で、しかも、人によってとんでもない差が生まれます。自分が上手くいっていないと思っても、ガッカリするのではなく、それほど上達の道ははるかに高いところまで可能性がある、伸びしろがあるということを知って、やる気に変えるのです。

先にいきましょう。

もう一つ感じられたことがあるのではないですか。私が「4本の腕脚を」というたびに、何とか4本を一度にやってみようと努力されるものの、実際はどうですか。気づくと腕だけだったり、脚だけだったり、腕だけでも何とかやろうと思っていても実際には腕を前に振っているだけだったりしませんか。

また脚も、前方へ太もも上げをしている感じはイメージできても、後ろに向かってグッと体重を支える、接地時の後ろへ向かって押す感じはまったくイメージできていなかったりしませんか。

つまり、4本の腕脚をいっぺんにやろうとすると、左右それぞれ前後の振りがあるから、合計で8つの要素があり、一気に難しくなってしまうのです。今一生懸命やったことは、まさに中径軸と各腕や脚の振りとの連動関係なのです。

でも、これを一度に意識するというのはとても難しく、感じ方が薄くなって、しっかり連動していたとはいえないでしょう。モーター軸を本当に鍛えていくのは、ここからなのです。

モーター軸分割一本開発法

ではここで、モーター軸を本格的に鍛えていくための「モーター軸分割一本開発法」というメソッドを行います。名前が長いので「モーター軸一本法」という略称で結構です。

右腕なら右腕、左脚なら左脚と、ターゲットを一本にしぼってしまいます。そして、分割ですから、前振り、後ろ振りまで分けます。ですから、まずは右腕の前振りだけでモーター軸を始めましょう、ということです。

さあ、やってみましょう。

親指と中指で輪っかをつくって、その輪っかでモーター軸をなぞります。環境センターで、サモンしてください。「サモン」とは、意識を喚起するという意味でしたね。

美しいシルバーのモーター軸を使って、その場歩きをしてください。

「うーごかす……、うーごかす……」

このとき、右腕の前振りだけに集中して、「うーごかす……、うーごかす……、うーごか

モーター軸分割一本開発法（略称「モーター軸一本法」）

モーター軸を本格的に鍛えるためのメソッド。ターゲットを一本にしぼって行う。第１段階では前・後ろ振りに分割して、第２段階では連続して行う

第１段階

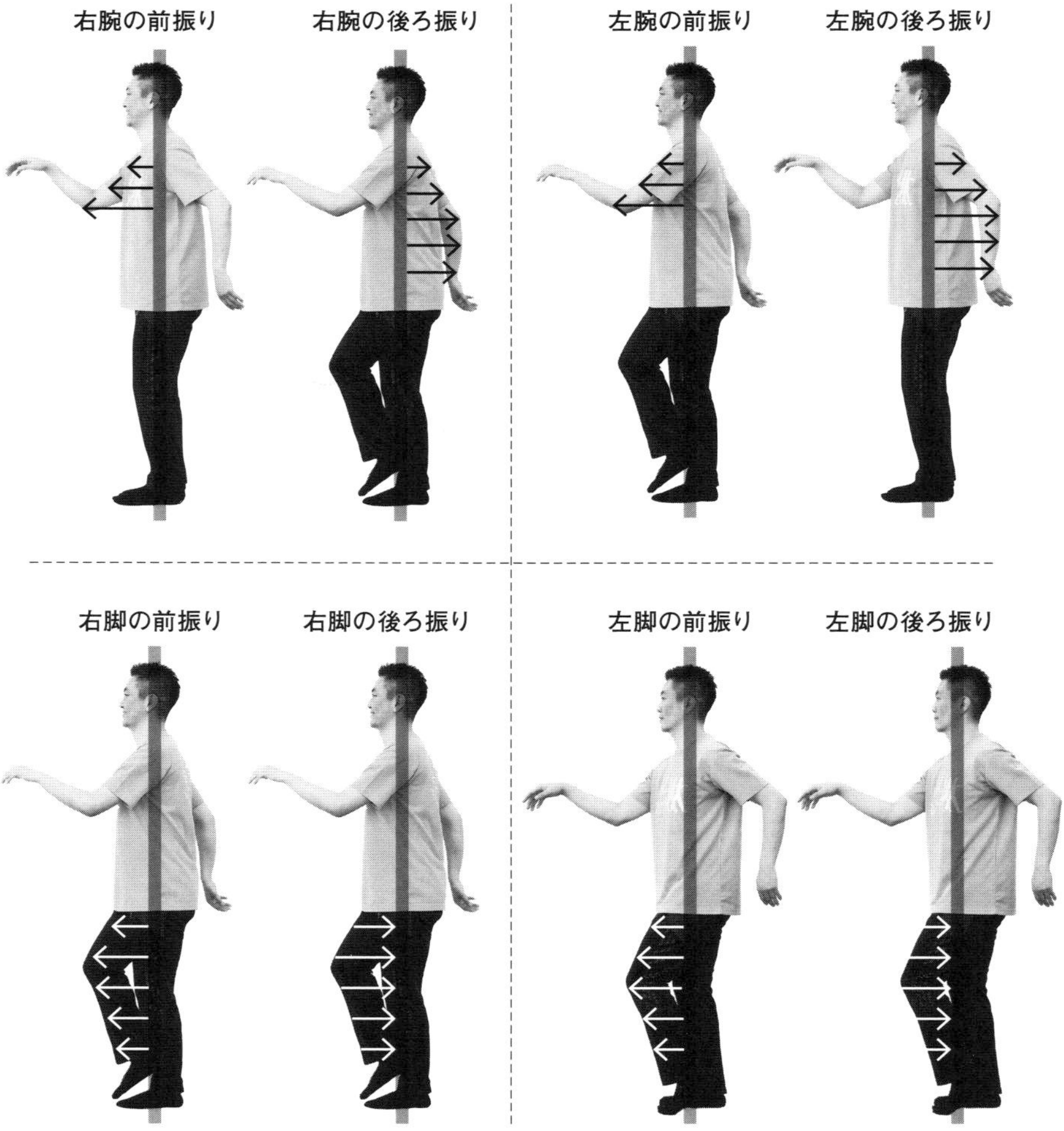

す……、うーごかす……、うーごかす……」

右腕の前振りだけで、「うーごかす……、うーごかす……、うーごかす……、うーごかす……」

モーター軸を使って、頭の少し上から足元までを全部使って、「うーごかす……、うーごかす……、うーごかす……、うーごかす……」

長いモーター軸を全部使って、「うーごかす……、うーごかす……、うーごかす……、うーごかす……、うーごかす……」

右腕の前振りが終わりました。感じたことがたくさんあるでしょう。

「長いモーター軸の全部を使って動かすなんて、なかなか難しいぞ」とか、「モーター軸のほんの一部しか使ってないな」などと感じられたのではないでしょうか。

右腕の前振りでいえば、胸の高さあたりのモーター軸なら連動していると感じやすいのです。そういう人は多いはずです。人によっては、「モーター軸の右上の端っこのほうはよく使っているけど、左のほうはほとんど使ってないや」と感じた人もいるでしょう。

いわんや胴体や腰のあたりのモーター軸は全然使えていない。もしくは、脚のあたりのモーター軸はもっと使えていないとか、です。長いモーター軸のすべてを使うことは、そう簡単にできるものではないのです。でも、使いやすい部分もあります。それは明るい希望です。それを手がかりに、使えるところを増やしていけばいいのです。

では、最初のように4本の腕脚を同時にやってみましょう。

もう一度、モーター軸をつくって親指と中指でサモンしてください。美しいシルバーのモーター軸をつくります。

「うーごかす……、うーごかす……、うーごかす……、うーごかす……、うーごかす……、うーごかす……」

「4本の腕脚をモーター軸で、うーごかす……、うーごかす……、うーごかす……、うーごかす……、うーごかす……」

はい、結構です。変わったでしょうか。

皆さん、一つは感じられていると思います。右腕の前振りが断トツにいいでしょう。他の腕脚に比べて動きがとてもいいのではないですか。右腕の前振りだけに絞って集中すると、こんなによくなるのです。

ということは、他の3本の腕脚も、それから4本の腕脚の前後振りもできるようになれば、すごくよくなるなと思いませんか。というのは、歩きには4本の腕脚の前後振りすべてが必要だからです。それが全身運動というものです。スポーツのさまざまな運動シーンを考えてみてください。どれも4本の腕脚が必要です。あらゆるスポーツの運動は、歩行運動の応用なのです。

なるほどと思ってください。だから、歩行運動で人は変われるのです。高度な身体運動を要求されるスポーツ動作は、歩行運動で変えられるのです。

もう一つ、発見した方もいらっしゃるのではないですか。

右の前振りだけをやっただけなのに、４本の腕脚を同時にやったら、モーター軸そのものがちょっとだけ上手く使えるようになっていませんでしたか。言われればそうでしょう。モーター軸がモーター軸として存在を主張し始めてきたということです。存在感が少しだけ出てきたのです。その両方の効果を知ってほしいのです。

一本ずつやるから上達は早い

「モーター軸分割一本開発法」という大層な名前をつけて、一本ずつ、しかも前後に分けてやるのかよと、面倒だなと思った方もいるかもしれませんが、それは逆なのです。一本ずつやるほうが上達は早いのです。

一本ずつ分割しなくても、トレーニングすれば上達はします。でも、その上達は限られます。絶対に極めるところまではいきません。分割して一本ずつやっていくほうが、上達の速度の桁が違います。一桁、二桁どころか、三桁も違うと覚えておいてください。

次に左腕の前振りをしてみましょう。モーター軸をつくるようにサモンしてください。親指と中指で輪っかをつくります。

親指と中指で輪っかをつくると、何か名前がほしくなったのではないでしょうか。これを「親中輪《しんちゅうりん》」といいます。

さあ、親中輪をつくって中径軸をサモンします。そして、

「うーごかす…………、うーごかす…………、うーごかす…………、うーごかす…………、うーごかす…………」

モーター軸の、頭の少し上から足元まで全部を使って、「うーごかす…………、うーごかす…………、うーごかす…………、うーごかす…………」

モーター軸を少しでも長く使えると威力が増します。「うーごかす…………、うーごかす…………、うーごかす…………、うーごかす…………」

足元まで使えるようになると、グッと威力を増します。「モーター、モーター、モーター、モーター、モーター、モーター、モーター」

モーターまできたら、「シルバー、シルバー、シルバー、シルバー、美しいシルバー、シルバー、シルバー、シルバー、美しいシルバー、シルバー、シルバー、シルバー」

脚の前振りに入る

ここから先は脚です。

右脚、左脚と順番に前振りで攻めてください。脚の前振りをやっていただくと、サッカーや空手、キックボクシング、体操、新体操など脚の前振りを大事にする競技や、水泳など脚を振り動かす競技を専門にしている人は独特のことが感じられるのではないかと思います。

たとえば、サッカー選手はキックとの関係を強く感じるはずです。モーター軸で脚の前振りをやっていたら、グッとキックがよくなり、当然、パスやシュートの威力だけでなく、精度もグッと増していきます。これまでは本当に「軸（センター）」を使ってキックをしていなかったのだということに、気づかされたという人も多いと思います。

今、モーター軸で右前振り、左前振りをある程度やっただけの状態で、ちょっとキック動作をしてみてください。グッと「軸（センター）」とつながった感じ、また若干だけど軸からのパワーが脚を動かしている感じがわかったでしょう。その通りなのです。

腕、脚の後ろ振りを行う

その次は、また右腕に戻って後ろ振りをしてください。後ろ振りは独特ですから楽しんでやってください。難度はずっと高くなってきます。

上腕は30度です。肘から先は脱力して垂らして垂直までです。この感じを大切にしてください。

腕を思い切り動かしたいという人も今は我慢してください。後ろ振りを40度とか、50度とか、ブンブン振ってはＮＧです。思い切り動かすと、「ルースニング（緩解）」ができなくなり、脱力が失われてきます。固まってきたら「軸（センター）」は通りません。

「軸（センター）」を通すトレーニング、それに「軸（センター）」と腕脚を連動させるモーター軸のトレーニングも同じです。脱力してなかったら、全部ダメになってしまいます。すべての根底は「ルースニング（緩解）」なんです。必ずゆるめ、脱力を十分に生み出すことです。ということは、自分はもちろん、コーチやトレーナーの方も、日頃から腕や脚に力を入れてブンブンブンブン振り回すことしかやらせていなければ、「軸（センター）」は育たないのです。

恐ろしい話をします。子どもの頃、すごい逸材で、世界を制覇するだろうと期待された選手でも、指導や環境を間違うとすぐにダメになります。子どもの頃はゆるんで脱力して、「軸（センター）」が通っていたのです。そして、「軸（センター）」で腕脚を正確にコントロールする細径軸があって、パワーが生まれる中径軸があって、姿勢軸やモーター軸があったのです。それらが「全身連動」の中心装置として機能していたのです。

それが大人になるほど固まって、硬くなって、そこに筋肉がつく。それが脱力した筋肉でなければ、がんじがらめに硬縮しただけのデカイ身体になって「軸（センター）」がなくなり、「全身連動」もなくなってしまいます。

今の現役選手でいえば、運動科学者として最大級の評価をする素質と可能性を持った大谷翔平が代表です。私も、彼の小学時代、中学時代の動画を観たことがありますが、「ルースニング（緩解）」がとても上手く、十分にゆるんで脱力して「軸（センター）」が通っていました。そして、「軸（センター）」で身体をコントロールし、ある程度モーター軸による「全身連動」のパワーダイナミズムの出力ができていたのです。もちろん、運動科学的に見て、１００点満点でできていたということではありません。どんなに素晴らしかった小学生時代でも、（筋量・筋力のことは置いておいて）まだまだ足りないところはいくつもあるのです。

そしてその後、メジャー・リーグに行って、筋肉がつき筋力が増大したぶん身体が固まりはじめ、そのぶん「軸（センター）」が弱くなってきました。姿勢軸も弱くなってきているし、モーター軸も弱くなってきています。でも彼の場合そもそも3要素を備えた強力な潜在脳を持っているのですから、21年に見せたような、身体深層部、さらに中心軸からの根本的再開発をし続ければデカイ身体をつねに武装し直し、長年にわたりメジャー・リーグで大活躍し続け、本当にメジャーの歴史に名を残す大選手になれることは間違いありません。大いに期待しようではありませんか。

ということで、いよいよ脚の後ろ振りです。一番難しいところです。ていねいにジックリ取り組んでください。

モーター軸一本法の第2段階

次に「モーター軸一本法」の第2段階です。右腕の前振りと後ろ振りを連続してやります。「前振り、後ろ振り、前振り、後ろ振り、うーごかす、うーごかす、うーごかす、うーごかす」

第2段階は、「うーごかす」と「うーごかす」の間の「…………」に当たる空白時間がありません。前振りと後ろ振りが連続するからです。

第1段階のように右腕の前振りだけだと、「うーごかす…………空白があって、うーごかす…………、うーごかす」と空白の時間があります。その空白の時間に、一つ前のことを反省しながら、これから起こることを試行錯誤しながら改善できました。意識の集中操作ができますし、それが必要なのです。だから、第1段階はまだやりやすいといえます。

しかし、第2段階では空白の時間がなくなります。したがって、反省的に自分の「軸（センター）」を観察したり、「軸（センター）」と腕の連動を観察したりする時間がありません。第2段階はグッと難しくなります。実際、グチャグチャになりやすいのです。また、正確にできていないのに、できているつもりにもなりやすい。とくに気持ちの急く人。早く上

モーター軸分割
一本開発法・第2段階

前振りと後ろ振りを連続して行う（第2段階）。乱れてきたと思ったら、第1段階に戻ってやり直す

達したい、早く何とかしたいという人は気をつけてください。そういう人ほど、急がず第1段階をていねいに行うことが必要です。

そのため、モーター軸一本法の第1段階と第2段階は行ったり来たりしながらやってください。第1段階をていねいにやって、いい感じにできるようになったら第2段階をやる。でも、第2段階で少し乱れてきたな、うまくいっていないなと思ったら、また第1段階に戻って、ていねいにやってみます。

「乱れてきたな」とか、「うまくいっていないな」と感じることも、上達にとってきわめて大事な気づきなのです。第1段階と第2段階を行ったり来たりしながらやることが大切です。

ただし、一番の攻めどころは第2段階にあります。前振り、後ろ振りとやると2動作な

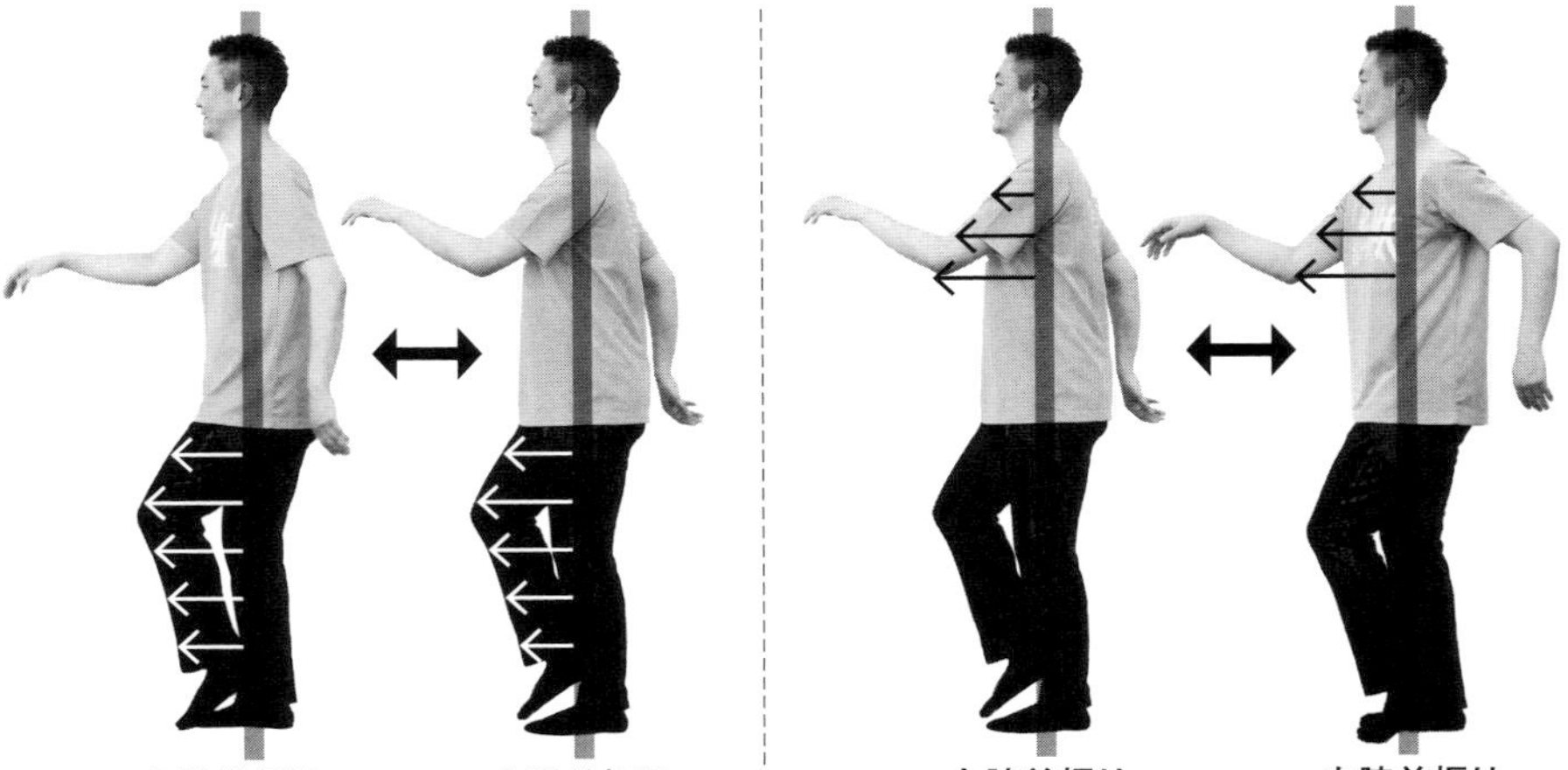

左脚前振り　右脚前振り　左腕前振り　右腕前振り

のですが、第2段階ではそれを一本の腕か脚に絞るので、モーター軸がより正確にできるのです。さらに、連動もさらに正確にできるようになります。そういう意味で、将来的に攻める中心は第2段階なのです。

右腕の前後振りをやったあとに、左腕の前後振り、右脚の前後振り、そして左脚の前後振りとやっていくと、必ずといっていいほどグチャグチャになります。乱れてきたなと思ったら、第1段階に戻ってやり直します。

モーター軸分割二本開発法・第1段階

次が「モーター軸分割二本開発法」、略して「モーター軸二本法」の第1段階です。二

モーター軸分割二本開発法・第1段階

右腕、左腕の2本を使って行う。まず、前振りだけを行うと前振りが連続して起きる

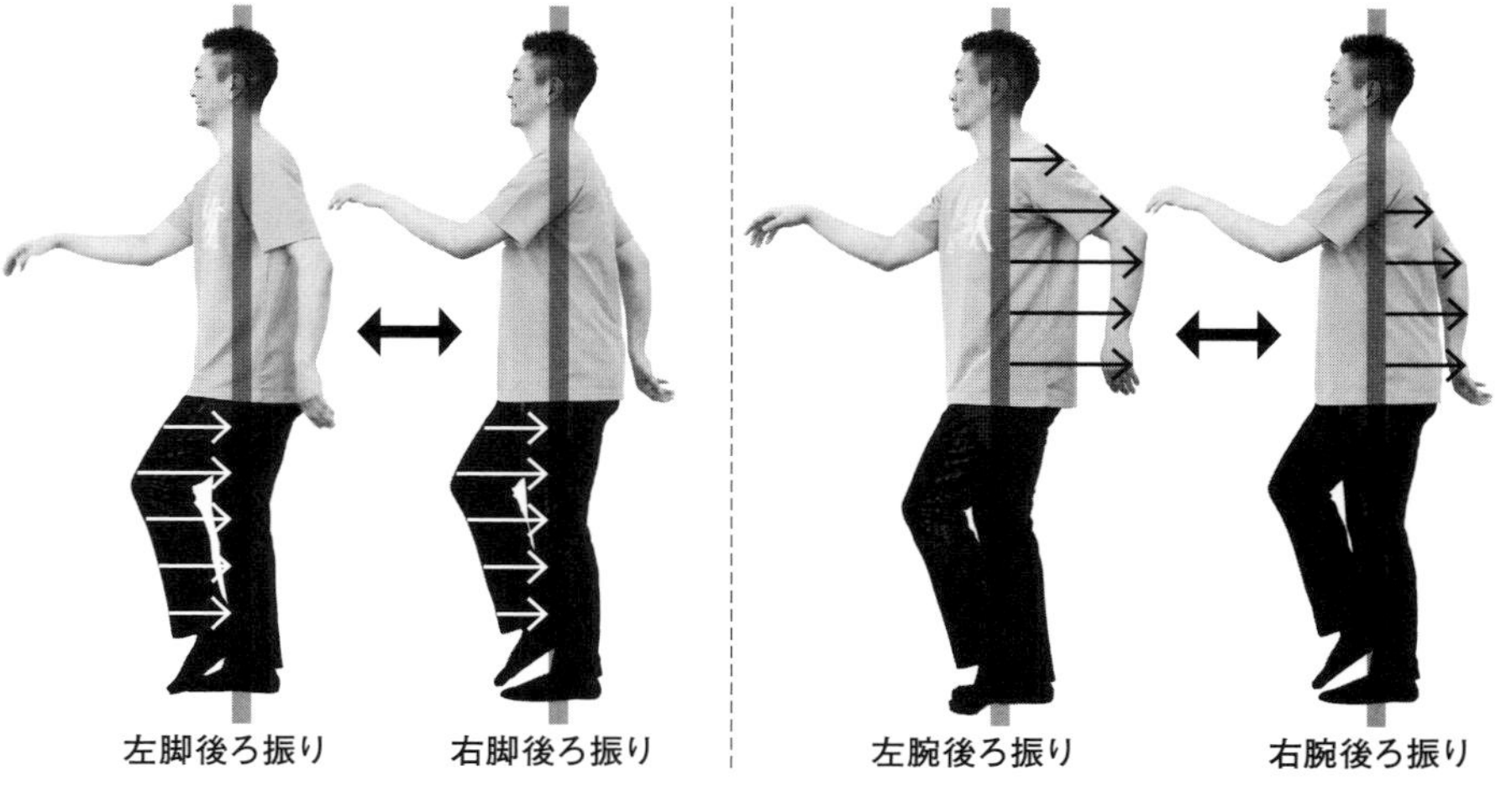

本というのは、右腕、左腕の2本を使って行うからです。

その1番目は右腕、左腕の前振りだけをやります。そうすると右腕と左腕の前振りが連続して起きますから、「前振り、前振り、前振り、前振り、前振り、前振り」となります。これも空白の時間がなく、試行錯誤して改善する時間がありません。やってみると、いろいろなことが感じられるでしょう。

2番目は右脚、左脚の前振りです。3番目は右腕、左腕の後ろ振り、4番目は右脚、左脚の後ろ振りです。

脚の後ろ振りというのは、上がった状態の太ももが落ちるところから接地までになります。脚の後ろ振りを定止立位からすると、右足の1歩目は動かないのです。何が起きるかというと、すでに床（地面）につき支えている右足が、より強く床を後下方へ押し出す感じになります。その反対動作として左脚が押し出されるようにして、太もも上げになっていきます。

ここで大切なのは、左脚で太もも上げをしようとするのではなく、右足で後ろ下方の大地深くに向かって押し込むと、その結果としてそれに反発して左脚が上がり始めることです。これが実は、脚の後ろ振りなのですが、大変難しいです。「こういうことかな」と感じながら何度も試してください。

これができるようになると、Ｌｅｓｓｏｎ５で出てくる裏転子（大臀筋＋ハムストリングス）系筋力の優れた発揮ができるようになります。裏転子がビシッと効いて、床をカカトから足裏全体で押し出す動きが生まれてくるのです。そうすると、反対の脚がそこからボーンと押し出されるように太もも上げ、つまり前振りが起きてきます。

その場歩きの場合、これができると、自然と5～10センチぐらい体幹が前へ押し出されてしまうのです。「軸（センター）」全体がグッと前へ出る。出るつもりがないのに、全身が前へ移動するという力が生まれる。こういう力を「前方前進力」といいます。

これは非常に基本的な段階なのですが、とても重要なパワーダイナミズムの発生です。そして、これがモーター軸と裏転子系筋肉の連動運動なのです。

だから、その場歩きをしていても、1回やるごとに5～10センチ前へどうしても押し出されてしまうのです。それでもその場歩きは、その場歩きです。

ただ、「じゃあ、前へ出るようにやればいいんだな」とやってしまうと失敗しますから気をつけてください。出るのがいいんだなと思ってやっていると、非常につまらない前進運動になってしまうのです。ここが難しいところです。急いては必ず失敗します。

モーター軸が使えるということは、脚の後ろ振りでいえば、地面奥深く下方に向かって突き刺さるように押し出す力が生まれながら、それによって、また「軸（センター）」によって「軸（センター）」そのものとともに押し出されるように反対脚の前振りが起きてくる。大事なのはこうしたトータルな運動なのです。

ここまでが第1段階です。

モーター軸分割二本開発法・第2段階・第3段階

第2段階の1番目は、右腕の前振りと右脚の前振りの二本法です。これも右腕の前振りと右脚の前振りは交互に連続的に起きてきます。ていねいにやってください。

続いて2番目は左腕前振りと左脚前振りです。ていねいにやってください。

そして、次は第3段階の右腕の前振りと左脚の後ろ振りになります。詳しく説明しましょう。

まず、その場歩きを行いましょう。右腕前振りすると、同時に左脚は上がって、もも上

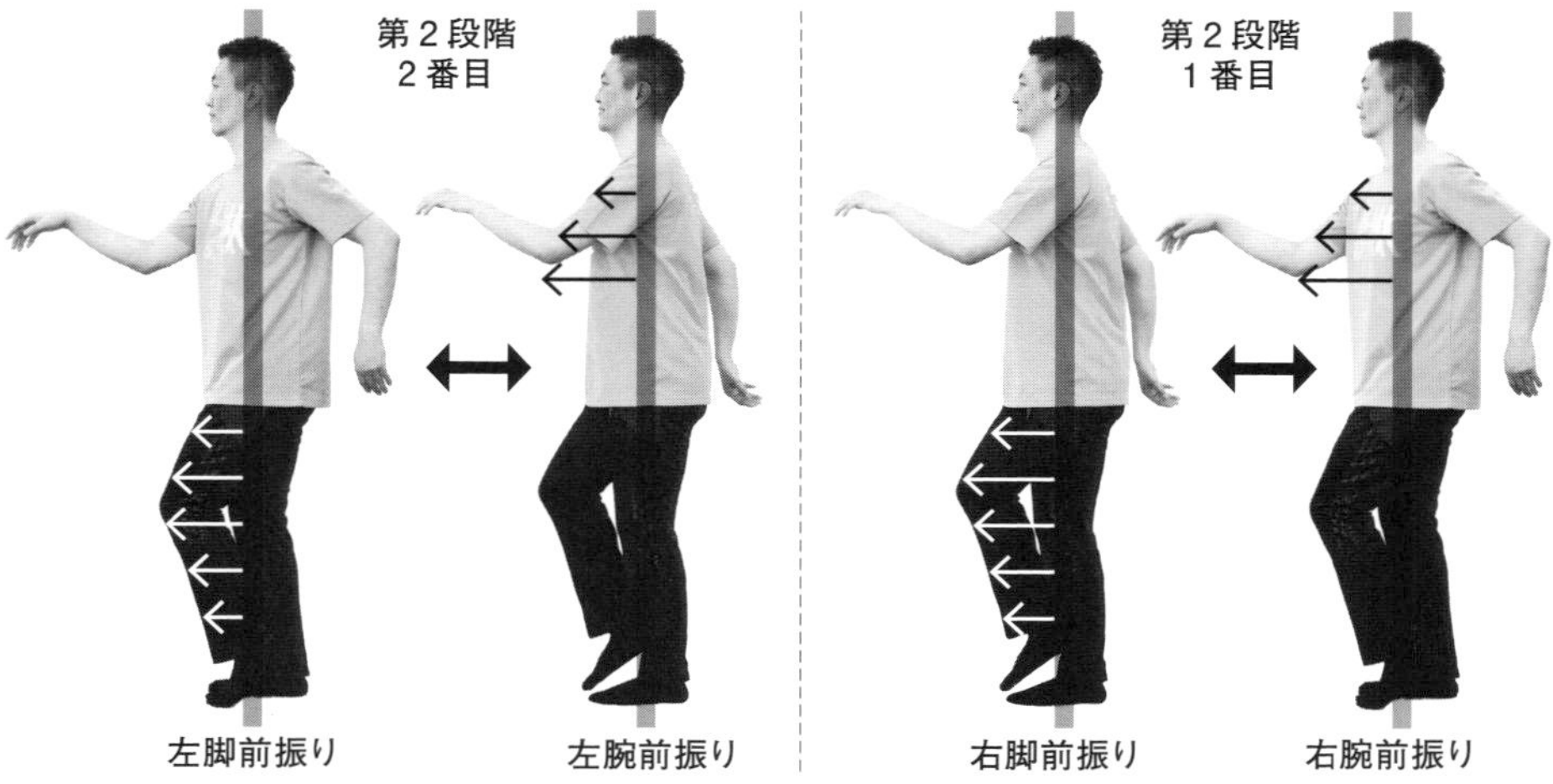

げしています。そして左脚を後ろ振りすると、右腕は後ろ振りになっています。また右腕前振り、続いて左脚後ろ振りを行います。後ろ振りというのは、太もも上げのあとから接地までです。そうすると、右腕前振り、左脚後ろ振りが連続になります。

「右腕前振り、左脚後ろ振り、右腕前振り、左脚後ろ振り、右腕前振り、左脚後ろ振り、右腕前振り、左脚後ろ振り」

「うーごかす、うーごかす、うーごかす、うーごかす」

第2段階は、片側、右なら右、左なら左で、モーター軸の連続動作が起きてきました。第3段階はクロスして連続動作が起きてきます。右腕前振りに続いて左脚後ろ振り、左腕前振りに続いて右脚後ろ振りというふうに起きるものなのです。

モーター軸分割二本開発法・第2段階・第3段階

右腕の前振りと右脚の前振りが交互に連続的に起きてくる

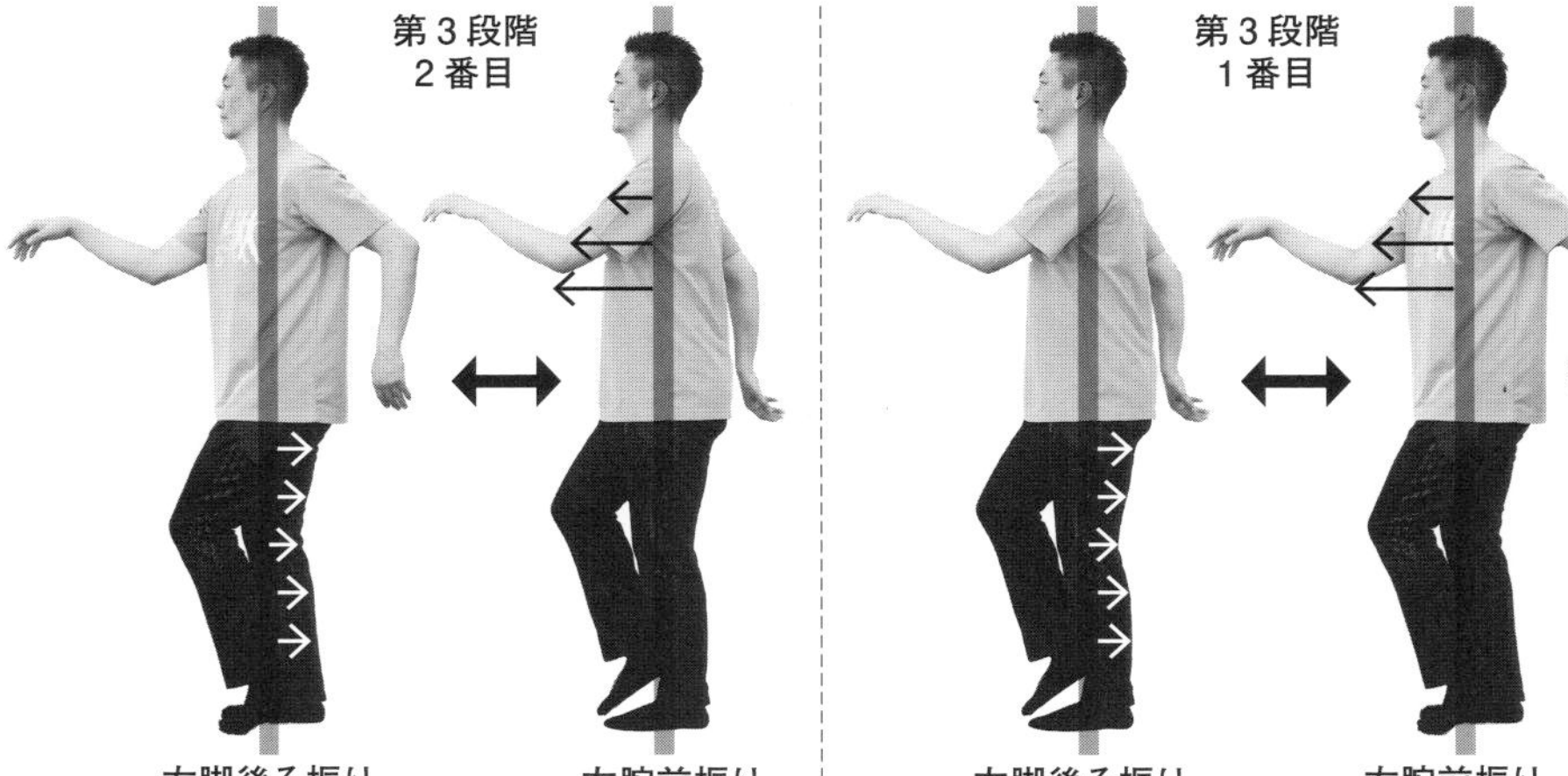

この場合のスタートの仕方は、腕の前振りから始めます。1番目の右腕スタートの場合、「うーごかす」で右腕の前振りが起きると同時に左脚の前振りが起きています。それに、続いて左脚の後ろ振りを起こすように、「うーごかす」という言葉を投げかけます。そうすると、左脚がより強く後方へ振られながら次の支持脚として床、あるいはグラウンドに接地しようとします。

その次に何が起きるかといえば、右脚の前振りが起きます。右腕は後ろ振りになります。次は「うーごかす」と言うと、右腕は前振り、左脚の前振りが起きてくるのです。そして次の「うーごかす」では、左脚後ろ振り、右腕後ろ振りです。そのとき左腕、右脚については、前振りでその反対側のクロスが起きているということです。

第3段階の2番目は、左腕の前振りスタートです。

これがモーター軸開発法の二本法です。このモーター軸開発法については、他にもさまざまなトレーニング法がありますが、今やったもので、とりあえず十分です。落ちついてじっくり取り組んでください。

今やったモーター軸のトレーニングは、すべてその場歩きです。加えて移動運動もやってください。6歩ほど移動歩きをしたあとに、またその場歩きに入ります。

モーター軸はパワーを生み出す「軸（センター）」ですから、その場歩きだけをやっていてはもったいない。歩行運動のパワーは移動運動するためのものですから、移動運動も加われれば、モーター軸のさらに発展したいいトレーニングができます。たくさんの発見を得ることが大切です。

でもその場歩きでのトレーニングは、ずっと続けてさらに上達し、たくさんの発見を得ることが大切です。

さて移動ですが、モーター軸一本法、二本法、そして移動運動……、この順番に行ってください。また、トレーニングする場所や広さによっては、3歩でも4歩でもかまいません。ただし、移動は6歩程度から始めて10歩程度までやるのが最もいいやり方です。むしろ10歩以上長く移動するほうがNGです。あまり長く移動すると、1歩1歩の中が上手くいっているかどうか、モーター軸の右側、左側が偏って使われていないかどうかなどを、きちんと確認しにくいからです。身体の状態を確認しながら改善していくことで、本当の自己改善が行われていきます。

回軸研磨法

6歩行って止まると、またその場歩きをします。そして、その場歩きをしながら180度方向転換します。このとき、「軸（センター）」を全身の軸回り運動のシャフトとして使います。フィギュアスケートでスピンするときの「軸（センター）」、野球選手がバッティングするときに身体を回す「軸（センター）」、ゴルファーが打つときの「軸（センター）」で、同種の回軸系の「軸（センター）」を使ってのトレーニングができます。

そのためにも、回軸運動をするときには、「軸（センター）」を研ぎ澄まして磨き上げるという意識を持つことが大切です。体幹を回していき、そのときに「軸（センター）」を体幹の内側でピカピカに研磨します。ですから、名前は「回軸研磨法」といいます。

移動運動で右の前振りをしていたとします。止まったところでその場歩きで回軸研磨法をしますが、そこでも同じように右の前振りをし続けます。そして、その場歩きを続けながら１８０度回ります。１８０度回転するのに、その場歩きを6歩くらいします。6歩くらいで軸をよく意識することが大切です。

2、3歩でやってしまうと、「軸（センター）」を研磨する余裕がなくなるからです。

この方法なら、回転後もその場歩きにおけるモーター軸の基本に戻ることができます。その場歩きで180度回転したら、そこから、また6歩移動します。そして、またその場歩きをしてモーター軸を鍛えながら、6歩くらいかけて180度回転して回転軸を研磨するのです。そのときも、当然ながらモーター軸が鍛えられています。

次に左腕の前振りをするなら、左腕の前振りのままその場歩きで回軸研磨法をして、左腕の前振りで移動しながら、モーター軸の鍛錬をするのです。

というふうに行うと、ターンをするところは二重、三重にいいトレーニングができます。また、移動運動のためのチェック時間、その

回軸研磨法

その場歩きで体幹を回しながら軸（センター）を体幹の内側で研磨する。
6歩くらいかけて180度回転する

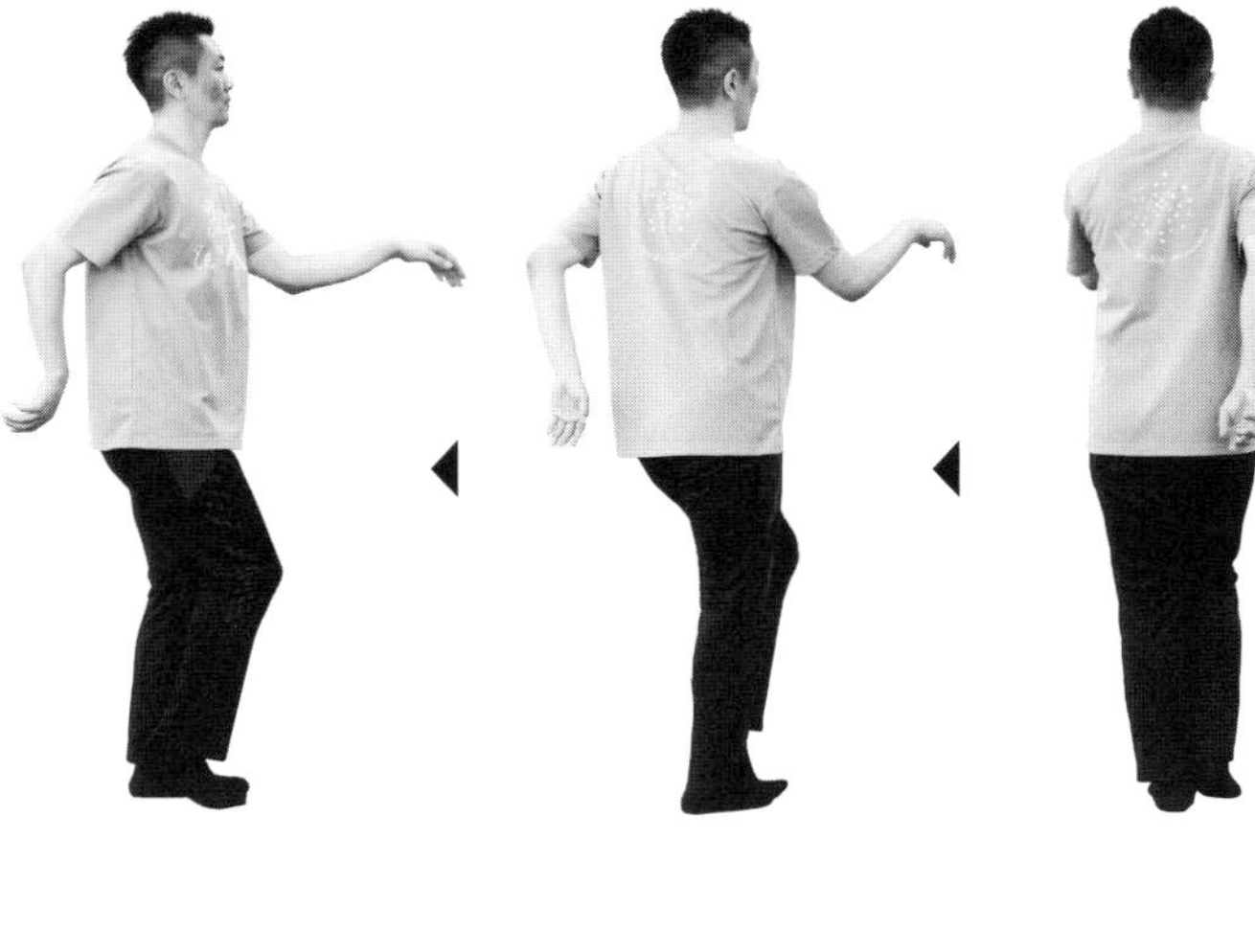

後の準備時間にもなります。これを覚えて有効に使いこなして、自分を磨き上げるのに活かしてください。

Lesson5

裏転子（大臀筋＋ハムス）と肩甲骨を最強の出力装置に!!

「裏転子」の役割

このレッスンは、「裏転子（大臀筋＋ハムス）と肩甲骨を最強の出力装置に!!」がテーマです。まず、4本の腕脚の運動において、移動運動で最も駆動力を発揮するのは、大臀筋とハムストリングスを股関節周りで働かせる場合であり、大臀筋・ハムストリングスそれ自体ではないのです。そのために、股関節裏でこの2つの筋肉を働かせる部分を「裏転子」と私が名前をつけました。

裏転子の位置

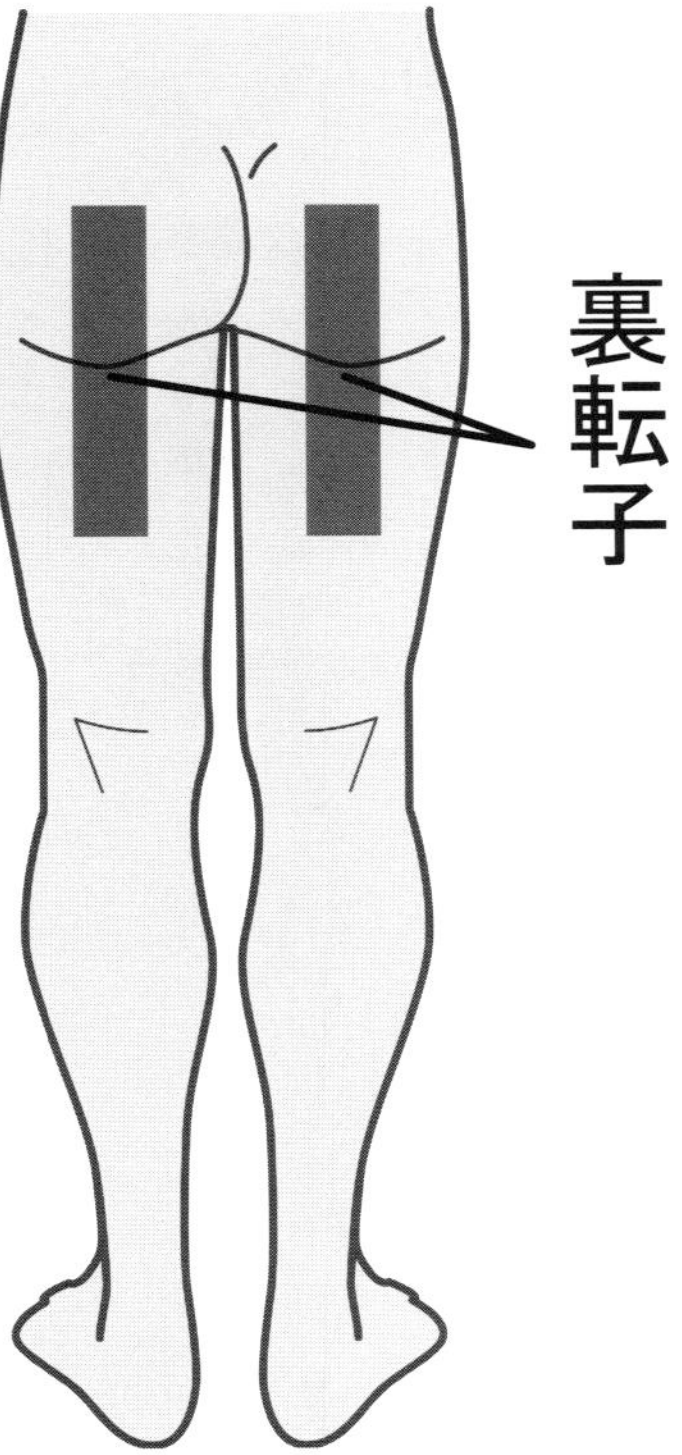

裏転子は大臀筋とハムストリングスを股関節周りで働かせる役割を担う

この部分は、スポーツにとって非常に重要であるにも関わらず、名前がついていなかったのです。走力を鍛える、さらにそもそもの根本である前方前進力を鍛えるというときにハムストリングスを使うとか、ハムストリングスを鍛えるというのは広まっているのですが、ハムストリングスを鍛えただけではまったくNGなのです。

もう一つ必要なのが大臀筋です。大臀筋とハムストリングスの両方を鍛えなければダメなのです。さらに重要なことは、ハムストリングスが股関節をまたぐと同時に、膝関節もまたいでいる「二関節筋」だということです（一部は単関節筋）。ハムストリングスが使われたとしても、膝関節周りで使われるのと股関節周りで使われるのでは、まったく運動構造が変わってしまいます。

ハムストリングスは二関節筋

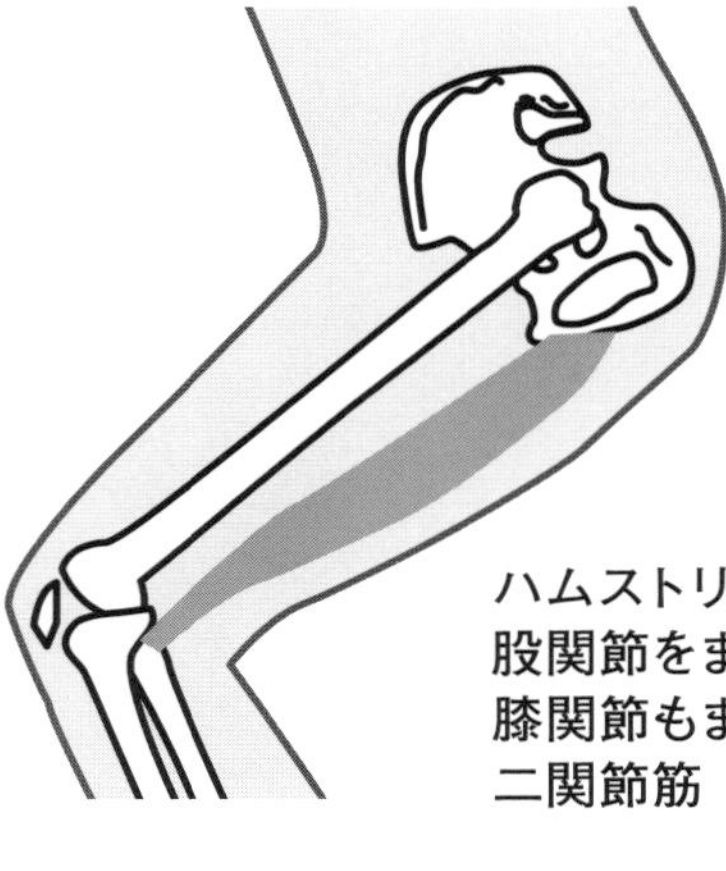

ハムストリングスは
股関節をまたぐと同時に
膝関節もまたぐ
二関節筋

歩行や走行運動で、ハムストリングスがどのタイミングで筋収縮を始めなければいけないかというと、空中脚が軸脚の付近を通って前へ振られていくときです。右脚でいえば、右脚が空中脚として前へ振られるときに軸足である左脚の付近を通りますが、その直前のタイミングでハムストリングスの筋収縮現象が起き始めます。そうするとハムストリングスが収縮しようとしながら、前へ向かう勢いで伸ばされていきます。これがいわゆる伸張性筋収縮を起こすのです。

その状態からバーンと右脚が振り下ろされ、同時に体幹が前へ移動していくことによって、右脚のハムストリングスが実際に地面をとらえて、右脚を後方へ向かってワイプしながら体幹をさらに前へ運んでいく。これは典型的な股関節周りのハムストリングスの働きなのです。

それが股関節周りのハムストリングスの働きが落ちて、膝関節周りでハムストリングスが働くと、今いったような筋肉の収縮が、足が前へつくときに起きます。その結果、着地と同時に膝関節が曲がるという働き方が起きてしまうのです。

そうすると、当然のことながら前方へ向かう推進力にはならず、重心は膝関節が曲がると同時に下へ落ちてしまいます。それが繰り返されると、歩くときも走るときも重心が上下して、ピョコタン、ピョコタンとした歩き方や走り方になってしまうのです。

「レッグカール」の功罪

このピョコタン歩きやピョコタン走りは、2000年代の初頭に各競技の日本代表クラスでもよく見られた現象です。

それ以前の世界的な研究で、太ももの筋肉をCTスキャンすると、優秀な選手は太ももの裏側、つまりハムストリングスが発達していたことがわかったのです。太ももの前側ではなくて、太ももの裏側が大事だということが初めてわかり、いわゆるレッグカールによる筋トレが流行したのです。

しかし、このレッグカールは、膝関節周りでハムストリングスを効率よく鍛えるトレーニングマシンです。当時はそのような知識がなく、日本代表クラスがレッグカールによる

レッグカール

膝関節周りのハムストリングスを効率よく鍛えるトレーニングマシン
©Getty Images

トレーニングをやり出しました。

みんな頑張ってやりましたから、太ももの裏側が鍛えられ太くはなったのですが、走ってみると、みんなピョコタン走りになってしまったのです。

発揮される筋力は、必ず脳とつながっています。ハムストリングスでいえば、股関節周りで働いているのか、膝関節周りで働いているのか、これらのことも脳が一緒に学習して身につけてしまうのです。

レッグカールで鍛えると、歩行運動や走行運動で、股関節周りでハムストリングスが大臀筋と一緒に働くかわりに、膝関節周りでハムストリングスが働いてしまいます。ピョコタン走りになって、前方前進力が弱い、「そんな筋肉トレーニングなんてしなければよかった」という結果になってしまうのです。

ハムストリングスは大臀筋と一緒に股関節周りで働かせることが決定的に重要

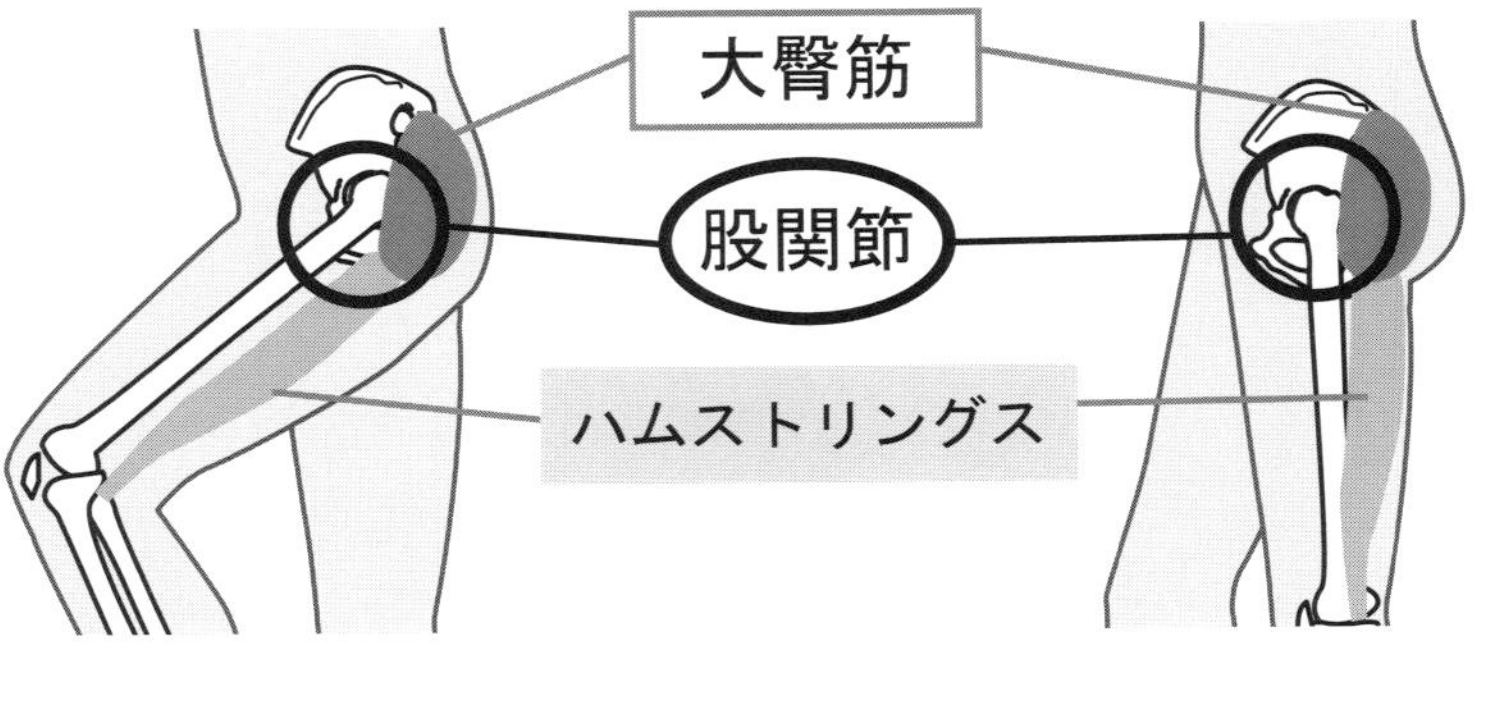

そうなった選手たちは、本当にパフォーマンスが落ちていきました。

私は、当時、そのことを予見していました。強く注意喚起する話をいろいろなところでしたり、トレーニング関連の本でも指摘したりしました。それでも、日本のスポーツ界で股関節周りでハムストリングスを鍛えるトレーニングマシンを使うようになるには、大変に長い時間がかかりました。そして、歩行運動や走行運動で、それを注意するようになるには、さらに時間がかかっているのです。

大事なことは、大臀筋とハムストリングスが股関節周りで働くことです。そのためには、股関節の中心である転子の裏に筋力を強力に発火させる身体意識ができることが必要です。そしてその身体意識を「裏転子」と名づけたのです。

スポーツをはじめとした身体運動の世界では否定しようのない考え方で、決定的な概念ですから、初めて聞いたという人は絶対に覚えてください。

日本の大半のスポーツ選手たちは、裏転子がまだまだ弱い。裏転子という概念でつねに当然のごとく自分を見つめてコントロールする、つまりすべてのポジショニングから動き、そして前進前方へのパワーを生み出すということが、まだまだ圧倒的に不足しているのです。

「両膝腕支え」で裏転子を鍛える

　ここで、この裏転子を鍛えるきわめて重要不可欠なトレーニングを紹介します。まず、「両膝腕支え」と「ハムスリ」です。

　両膝腕支えは、NPSで立ちます。股関節から体幹を前に倒して、膝を20～30度曲げます。肘関節を伸ばしながら、手を膝関節の上から前ももにかけての、前ももの先端部分に置きます。そして、手根骨で支えます。

　この状態で右手をはずして、「ここじゃないよ、ここじゃないよ。抜けるように、抜けるように」と言いながら、左肘の外側をていねいに15～30秒ほどさすります。これは「ルースニング（緩解）」の超重要かつ代表的方法

両膝腕支え

肘関節が脱力伸展位で上腕から前腕が1本の棒になったように身体を支える

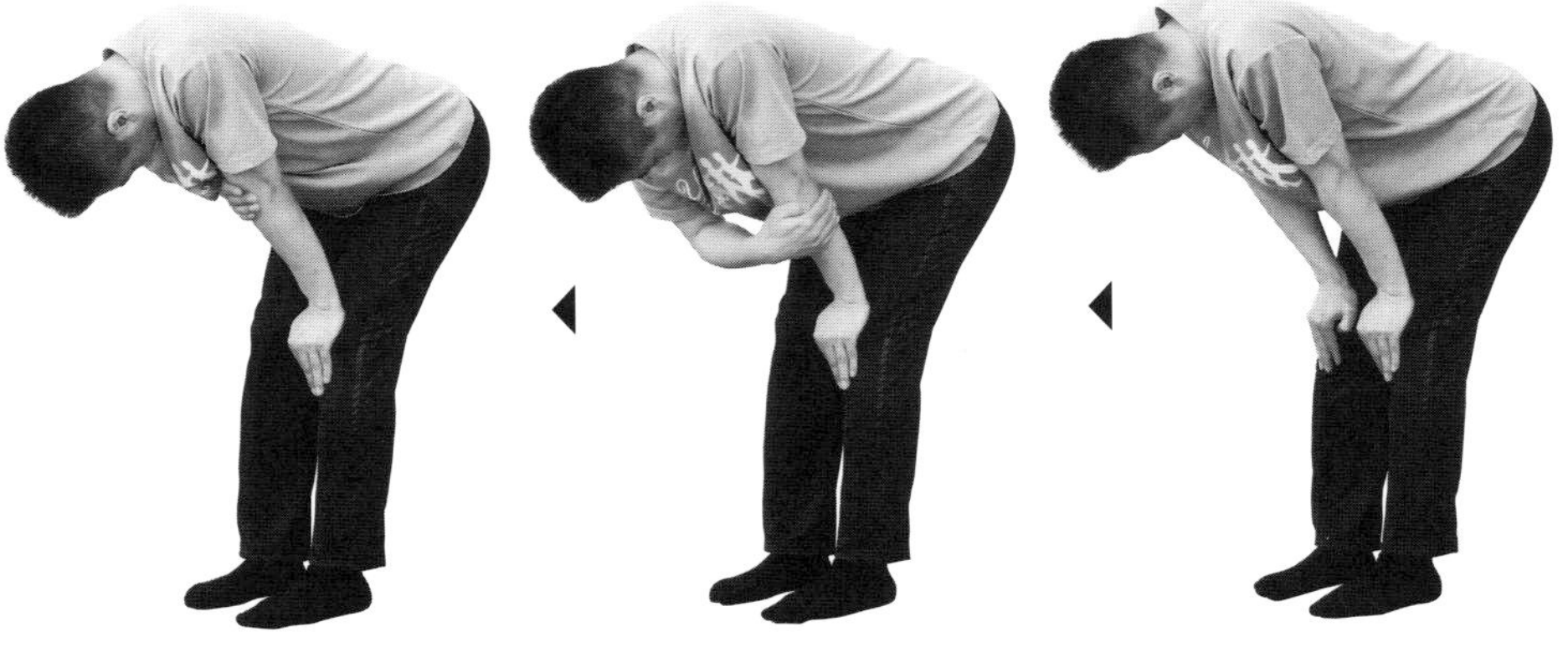

である「肘関節擦緩抜法」（略称としては肘抜き擦りともいう）です。

このとき、肘関節が曲がるとダメで、伸展位で力が抜ける状態が決定的に重要です。肘関節の脱力伸展位で上腕から前腕が1本の棒になったように身体を支えるということです。

次に、右手を左肘の内側にもってきて、肘の内側をさすります。上下にきれいに通るようにさすってください。「ここだよ、ここだよ、通るように、通るように、頼むよ、頼むよ、通るように、通るように」と言いながらさすります。「通るように」というのは、支持するラインがここを通るようにという意味です。

肘の外側は、「ここじゃないよ、ここじゃないよ。抜けるように、抜けるように」と言いながらさすります。支持するラインは、「ここ（肘の外側）じゃないよ」という意味です。肘の内側は、「ここ（肘の内側）だよ、ここだよ、通るように、通るように、頼むよ、頼むよ、通るように、通るように」と言いながら15秒〜30秒ほどさすります。

これができたら、右手を戻して、右腕と左腕の支えの感じを味わってみてください。左腕はストーンとしてむだな力が抜けて支えがスパーッと通った感じがしませんか。肘も、肩もゆるんで力みが抜けています。これを「肘抜き」、「肩抜き」といいます。アスリートにとっては非常に大事な脱力系の能力です。

そして、体幹の重みが、腕から膝関節、脛の骨を抜けて、床へストーンと抜け通る感じがします。逆にいうと、床から足裏、脛の骨を通して膝関節、そして腕を通して全体が1本の棒になったように体幹の重みが支えられています。そうすると、左側の腰裏の力が抜けて、脱力して少し反っているような感じがするはずです。

それに比べて、右側の腕は力んで頑張っているし、体幹の重みを支えている支持線も感じられません。だいたい右側の肘の外側から上腕にかけて頑張っていて、肩回りも含めて不快です。肘も、肩も、右の腰裏も力んでいます。結局、膝から脛の骨までの使い方、太ももの使い方も力んでしまっているのです。

では次に、右の肘関節をさすってみましょう。今度は左手を抜いてはずして、右の肘関節の外側をさすります。さすりながら、「ここじゃないよ、ここじゃないよ。抜けるように、抜けるように」と言って、ていねいに15~30秒ほどさすります。肘関節擦緩抜法です。

次に左手を右肘の内側にもってきて、上下にきれいにさすります。「ここだよ、ここだよ、通るように、通るように、頼むよ、頼むよ、通るように、通るように」と言いながら、15~30秒ほどさすります。

終わったら、左手を戻して体幹を支えます。そうすると右腕も、左腕で体験したのと同じことが起きています。肘抜き、肩抜き、そして、脚から腕の1本支持。ストーンと1本の棒で支えられるような支持線が感じられて、膝も抜けてきて腰裏も抜けてきます。

いい具合に、体重がストーンと腕からスネ、脛骨と一本化した支持線に支えられている状態です。スポーツ選手にとっては、非常に重要な根本となる経験であり能力です。

肘や膝の力みが強くて、なかなか「ルースニング（緩解）」ができない選手は、筋肉、筋力をスポーツの現場でムダにしか使えていないのです。自分の能力を合理的に発揮させられない、邪魔する力としてしか使えない状態です。実にもったいないことです。

次に「両膝腕支え」の態勢から右手をはずして、右の裏転子にもってきてください。裏転子は、２０２ページの図に描かれているように、太もも裏のちょうど中点、その位置から大臀筋の中点までのベルト状の部分です。

そこを、「ここだよ、ここだよ、頼むよ、頼むよ」と言いながらさすってください。まずは力みがとれるように、ていねいにさすります。「力みがとれてきたなあ。ゆるんで楽

両膝腕支えからの裏転子開発法

太ももの中点の位置から大臀筋の中点の位置まで（裏転子）、３段階の方法で刺激する（写真は左手で左の裏転子を刺激しているところ）

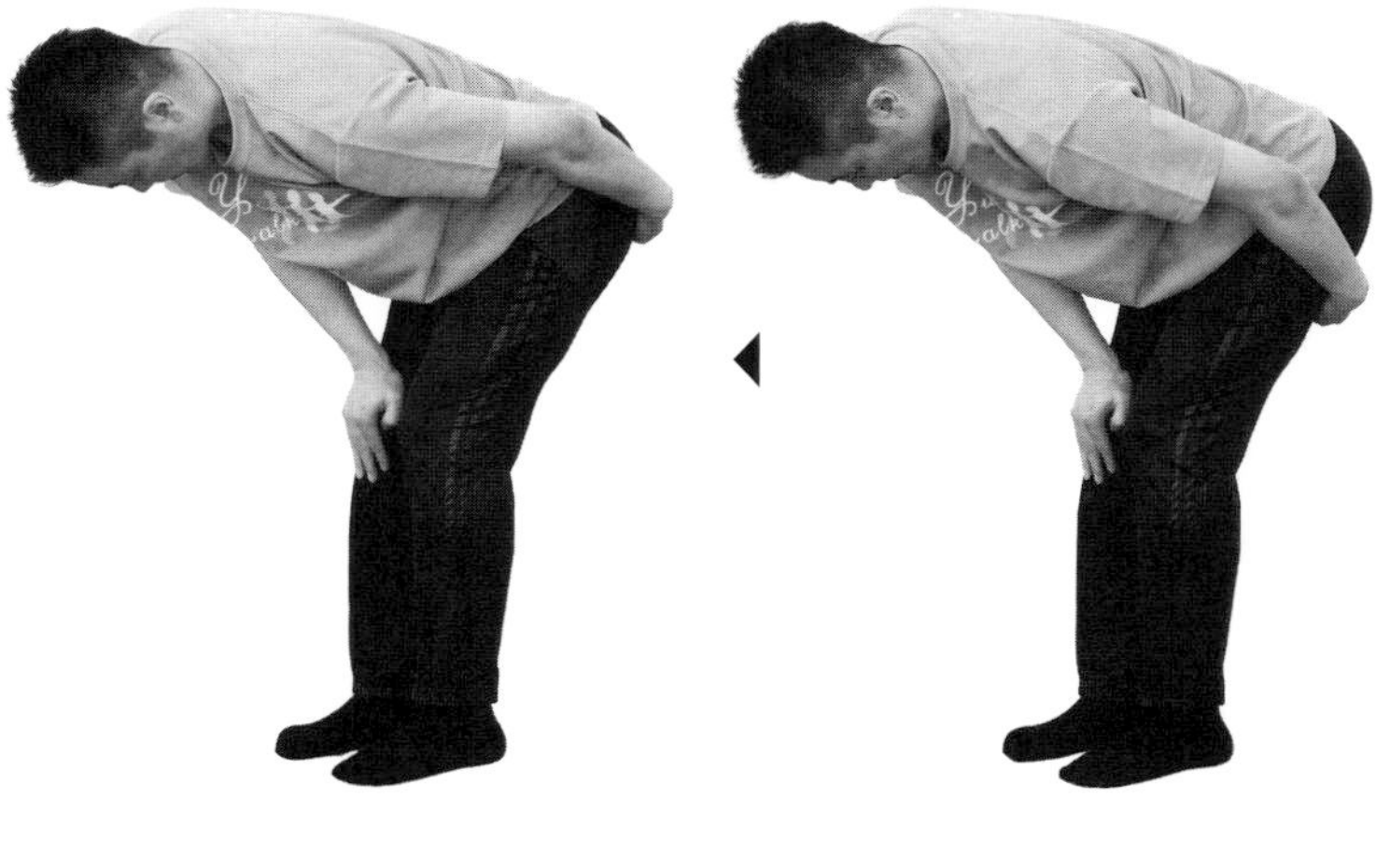

になってきたな」という感じがしたら、今度は指先を立てて（素肌の場合は指先を立てない）、少し強くさすってください。

ジャージなどで肌が覆われている場合には、爪を立てるぐらいでもいいでしょう。ただし、皮膚が傷つくほど強くはやらないでください。力加減を絶妙にしながら、「ここだよ、ここだよ、頼むよ、頼むよ」とさすってください。

次に、裏転子を右の手の平でビシビシと10〜20回くらい叩いてください。さするのも叩くのもそれぞれ15〜30秒ほどです。終わったら、体幹を起こして立ってみます。

その状態で、ざっくりEC（環境センター法）をします。背骨の前を「美しいシルバーの『軸（センター）』が通るように、通るように」と言いながら、よくサモンします。

さりげなく姿勢軸で、その場歩きをしてみてください。上腕前振り45度、後ろ振り30度、太ももは垂直に対して前振り30度です。このとき、とくに感じてほしいのは脚の後ろ振りから接地、支持のところです。右側と左側の違いを感じてみてください。

「両膝腕支え」をていねいにやってきましたから、その効果で左側の裏転子もある程度は効いてきているはずです。でも、右側はずっとハッキリ効いているでしょう。

モーター軸で後ろ振り、モーター軸二本法の第3段階のクロスで、2番目の左腕前振りスタートから続く右脚後ろ振りを経験したと思います。このとき、右脚が後ろ振りしながら接地、支持します。そのときにグンと効いて支えるという経験をしたと思うのですが、そのグンという効きが裏転子を中心に非常に強く起きているのがわかるでしょうか。これをよく味わってください。

よく味わえたら、また「両膝腕支え」の体勢をとってください。今度は左手を膝からはずして、左の裏転子の場所を確認してハッキリさせて、まず、第一段階、そこの力みがとれるように、「ここだよ、ここだよ、頼むよ、頼むよ」と言いながら、ていねいにさすります。「力みがとれてきたなあ、ゆるんで楽になってきたなあ」という感じがしたら、今度は指先を立てて（爪を立てる感じでもよい）、「ここだよ、ここだよ、頼むよ、頼むよ」と強くさすってください。

最後に裏転子を手の平でビシビシと10～20回叩きます。終わったら、体幹を起こして立ちます。

その状態でざっくりＥＣをします。背骨の前を「美しいシルバーの『軸（センター）』が通るように、通るように」と言いながら、よくサモンします。さりげなく姿勢軸で、その場歩きをしてみてください。

裏転子のサモンには「ハムスリ」が最良

今度は左の裏転子が効いてきます。両脚の裏転子が効いてくると、自然にテンポアップしてきます。接地・離地のタイミングが非常に速くなってきたでしょう。短い時間しかかからなくなってきます。バイオメカニクスの点で、高度な身体運動のほうへ変わってくるのです。

裏転子は、本当にリアルにわかりやすい、スポーツパフォーマンスを支えるファクターなのです。モーター軸との関係でいえば、モーター軸が働いてくればくるほど、連動として裏転子が効いてきます。裏転子が効いてくればくるほど、その連動としてモーター軸が強くなってきます。モーター軸、裏転子、どちらから入っても、両者の連動はよくなっていくのです。

中径軸が主導する軸回りのパワーの発生が起点になっています。それが全身の高度な身体運動のパワーを生み出していって、全身を

ハムスリ

太ももの中点の位置から大臀筋の中点の位置まで(裏転子)、下からものすごく強くさすり上げる

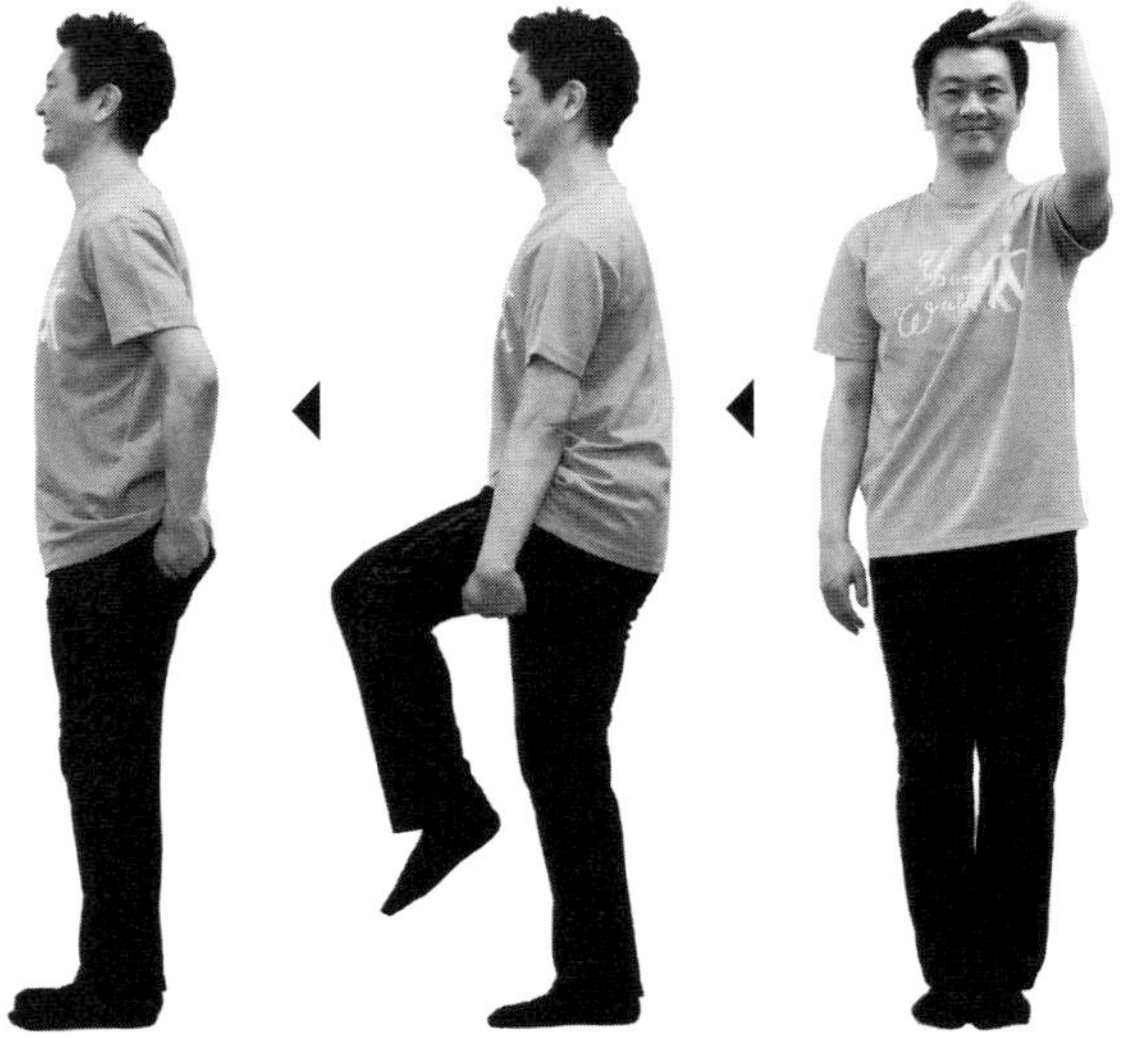

支配していく。そのダイナミックな状態がパワーダイナミズムです。私が発見して名づけた高度パフォーマンスにおける必須不可欠の重要概念です。

「全身連動」についていえば、細径軸が通って姿勢軸ができて、中径軸が通ってモーター軸ができることによって生まれ始めるのです。つまり、姿勢軸として「猛獣腕脚振メカニズム」にスイッチが入り、モーター軸が各腕脚に連動するようになって、裏転子の発火現象、筋力の発揮へとつながっていく。こうして連動の一番深い装置が働いて、全身に響き渡り、つながり、届き、高度な連動ができてくる。この状態がパワーダイナミズムというものです。

ですから、パワーダイナミズムとは、最高度の「軸（センター）」によって起きてくる連動で、そのメカニズムと理解していただければいいでしょう。「全身連動」は、最終的にパワーダイナミズムを目指すということです。

またアスリートにとって、きわめて重要な「裏転子」をサモンするための最も使いやすい方法があります。直立位でやれる「ハムスリ」という「ゆる体操」の講座でも、非常に人気のあるメソッドです。

ＮＰＳまたはＣＰＳ（閉足立ち）で立って、左脚の太ももが90度になるように持ち上げてください。左手で裏転子を下から（太ももの中点の位置から大臀筋の中点の位置まで）、ものすごく強くグッとさすり上げてください。

と同時に、それに抵抗するように脚を下ろします。つまり、後ろ振りのようなことをします。左足が床に接地すると1回です。そうしたら、また左の太ももを持ち上げて、前振りです。次に、手を太もも裏の中点のところに戻して、再び大臀筋の中点のところへこすり上げるようにしつつ、それに抵抗するように脚を後ろ振りするように下ろします。このように最低10回は繰り返します。

終わったら、その場歩きをします。

まず、ECをします。背骨の前を「美しいシルバーの『軸（センター）』が通るように、通るように」と言いながら、よくサモンします。さりげなく姿勢軸で、その場歩きをしてみてください。

上腕前振り45度、後ろ振り30度、太ももは垂直に対して前振り30度です。裏転子がどのくらい効いてきていますか。それを確認したら、右脚もします。

両膝腕支えによる裏転子開発法もそうなのですが、この「ハムスリ」も上手くなってきたら、試合に出ている合間、合間でもできます。コートやピッチ上で、ちょっとした瞬間でも、裏転子の場所にちょっと触れるとか、1回ぐらいこすり上げるとか、バシッと叩くとか、合間、合間に繰り返してやると、ずっと効果が続きますから、これはぜひ身につけてください。

推進力に役立つ肩甲骨

次に大事な話は、肩甲骨も推進力に役立つということです。

自動車の推進力には、エンジンそのものによる推進力と、ターボチャージャーによる推進力があることはご存じだと思います。エンジンそのものによる推進力は、シリンダーの中でガソリンと空気の混合気が爆発して、その爆発がピストンを動かして、それが車軸からタイヤを動かして、前方前進力を生み出していくものです。

一方、スポーツカーなどについているターボチャージャーは、また別の推進力です。エンジンは1回ごとに爆発して、爆発した空気は外へ出ていきます。排気ガスです。この排気ガスも大変なエネルギーを持っていて、その排気ガスでプロペラシャフトを回します。この回転力も自動車を動かす出力源になるのです。

この道具をターボチャージャーといい、これによる力をターボパワーといいます。面白いことに、ターボチャージャーは、エンジンが回って排気ガスが力強く排出されて初めて働くのです。メインのエンジンが働かないと働かない。働くとその強さに応じて、強く働くという関係になっています。

この関係が、裏転子系と肩甲骨系によく似ているのです。

スポーツ界では、「腕振りが走るときの推進力になる」とよくいいますが、肩甲骨を後方に向かってはがすように腕を理想的に深く大きく振っても、それだけでは身体は前へ進んでいきません。メインエンジンである裏転子が働いて身体が前へ進まないと役に立たないのです。

肩甲骨が肋骨からはがれる状態を「立甲」といいますが、肩甲骨を「立甲」させることによって、腕振りの全体の運動量が圧倒的に上がります。肩甲骨がはがれるということは、その肩甲骨を取り巻く大きな筋肉群、僧帽筋や広背筋、さらには前側の大胸筋の一部が後方に移動します。肩関節そのものも後方に移動して、肩関節周りの筋肉も後方へ移動します。そうするとそれら全体が腕振りの根っことして強大な運動量を持って振られることになります。

それが強大な運動量として振られると、四肢同調性といって、上半身の腕回りで起きた深く強大な運動は、脳の作用によって股関節周りでの深く強大な運動になるようにできているのです（＊このあたりの物理学的背景については『肩甲骨が立てば、パフォーマンスは上がる！』（カンゼン）の179ページから始まる「腕振り」の節を参照してください）。これは四足動物時代に脳につくられた機能です。

運動進化論的な発見です。ですから、運動進化論的にいえば、脚の後方への推進力を増すには、肩甲骨を後ろにはがして動かすことで、腕振りの根っこの体幹に関わる大きな質量を、後方に向かって動かして行うことがとても重要なのです。

四肢同調性とは

四肢同調性という四足動物時代の能力は、依然として私たちに引き継がれているのです。これを使いこなすには、裏転子をより高度に、より増幅させて、より強大に働かせることが必要です。さらには、裏転子も含めた股関節全体の後方への移動運動が、腸骨筋、大腰筋の強大な働きを引き起こし、「軸（センター）」と背骨の運動をひっくるめたモーター軸を、さらに高度に引き出す作用を生んでいきます。

四肢同調性は、潜在的にモーター軸の働きを生み出す機構でもあります。したがって、

四肢同調性とは

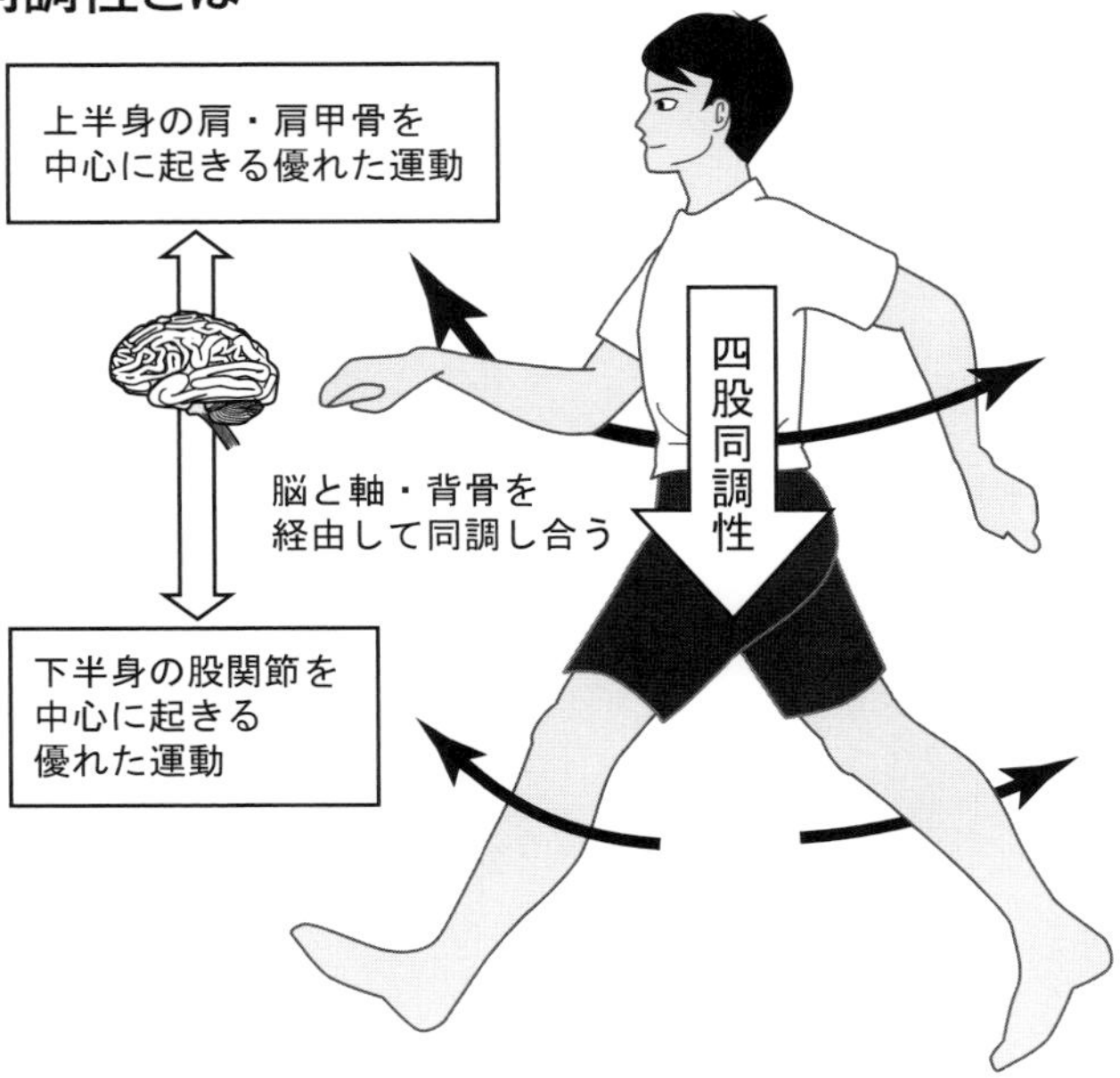

肩脊広緩法

肩甲骨と背骨の間をゆるめて伸ばし、広げていく方法

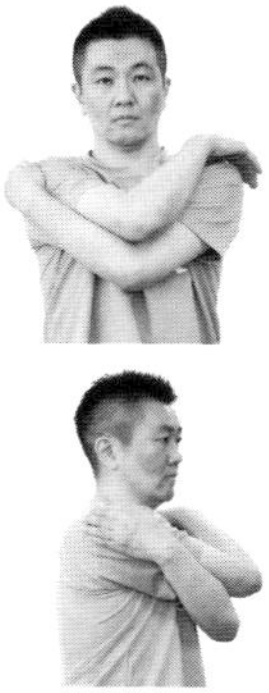

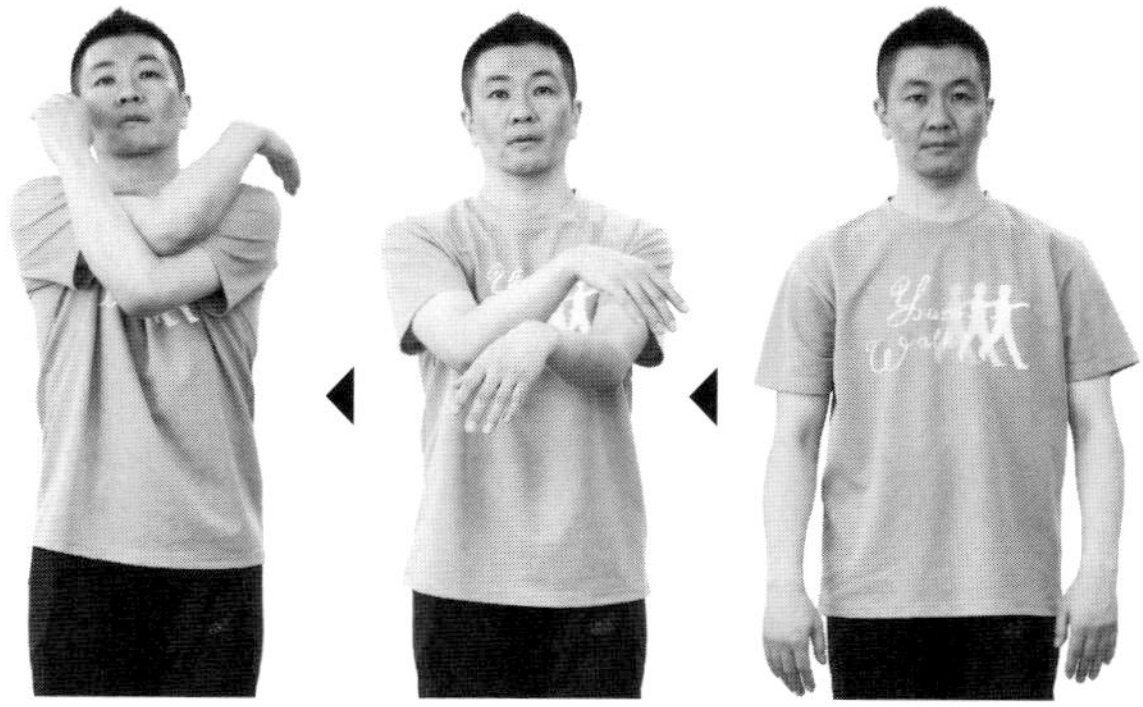

まずは美しいシルバーの地芯に乗って立ち上がる軸（センター）を意識しながら、左手首で右上腕を巻くように左手先で右肩関節をつかむ。
次にXY平面（正中面）から背骨と胸骨がずれないように注意してゆっくり息を吐きながら、右肩甲骨と背骨の間が緩んで広がるように、左手首で右上腕を右肩関節ごと左方向へ引く。
そこから上体を左側に20度ほど傾け、右肩が少しだけ前に出るようにしながらさらに右肩甲骨と背骨の間が広がるようにする。10秒ほどその感じを味わったら、元の姿勢に戻り、肩甲骨から背骨の上部をなじませるように小さくモゾモゾする。
そのまま反対側にも20度ほど傾け、すべてのプロセスを同様に行う。そのうえで左右交替して行う。

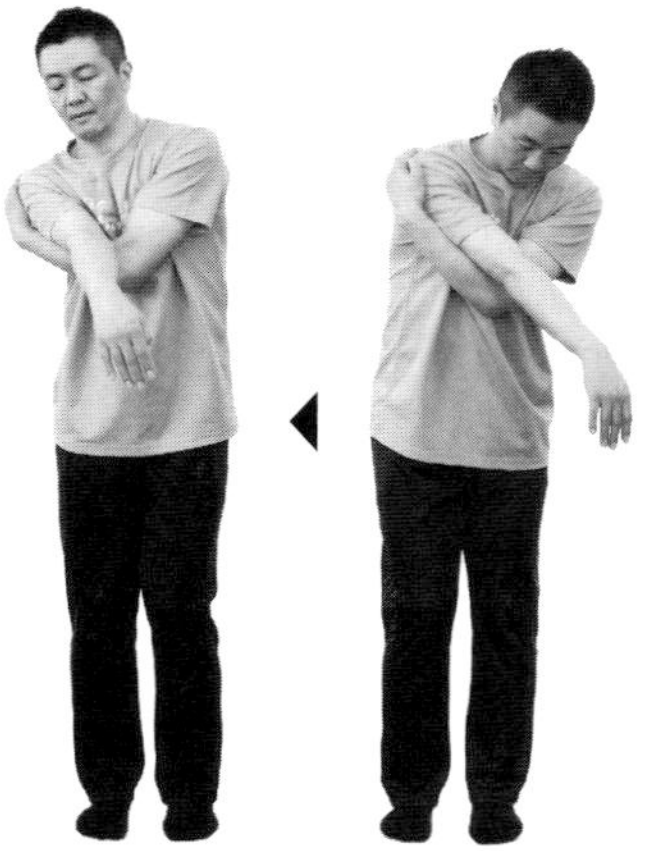

NG

このとき、右肩関節が屈曲するように左手で右腕だけを引くことはNG。必ず肩関節と一体となって、右腕が動くように引くこと

肩脊狭解法

自由脊椎(胸椎11、12番と腰椎1〜3番)を前に突き出さないよう体幹を決して反らすことなく、肩甲骨を後方に向かって肋骨からはがしていく方法

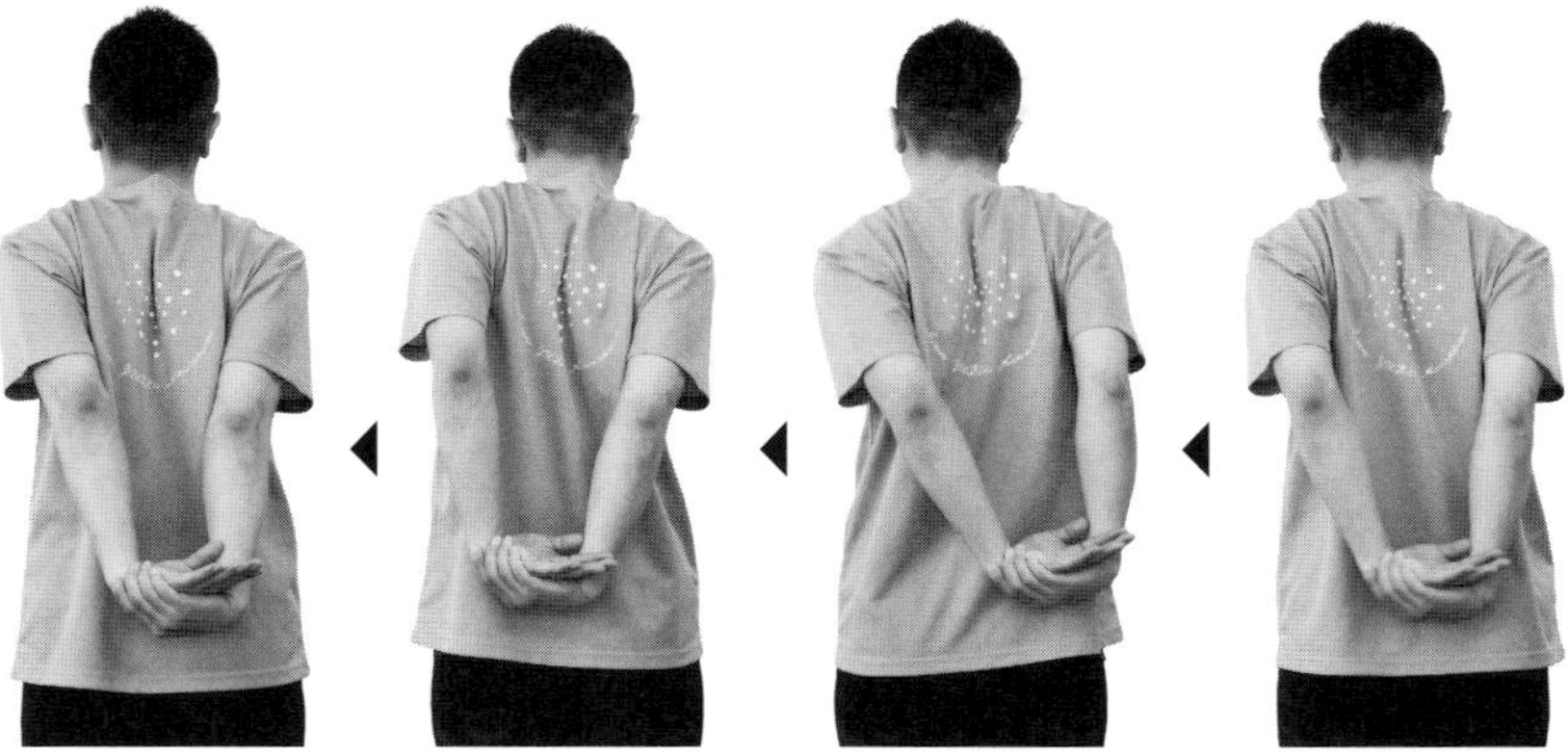

まずは美しいシルバーの地芯に乗って立ち上がる軸（センター）を意識し、肩、肩甲骨、背骨、腕をモゾモゾ解きほぐしながら両手を体幹裏側に運び右手で左手首を外下側（左手甲側）からつかみ、肩関節と肩甲骨を肋骨からはがすように両腕を後ろに引く。
さらに、肩甲骨を肋骨からはがしながら、モゾモゾ揺解運動をつかって左右の肩甲骨の間を少しずつ緩め解きほぐしつつ狭めていく。

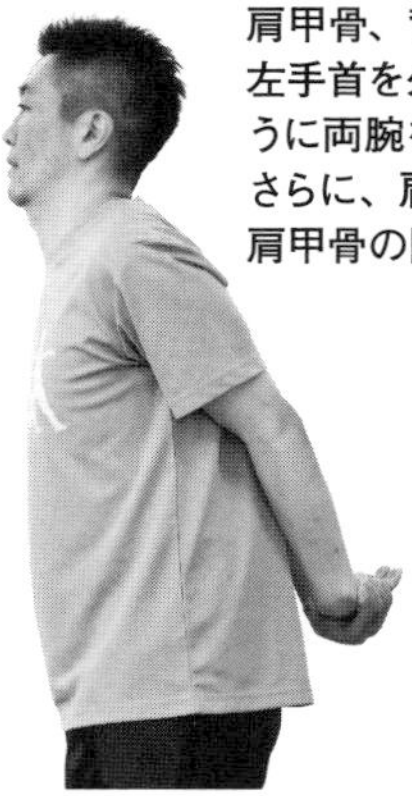

NG

両腕を後ろに引くときに腰を反らせてしまったり、肩甲骨を肋骨にへばりつかせたまま肩甲骨の間を狭めてしまってはNG

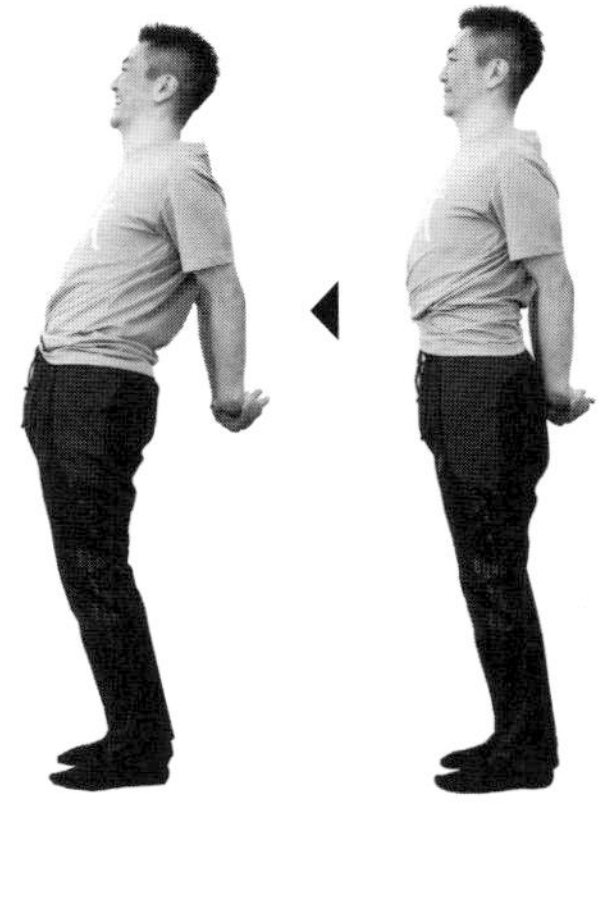

裏転子をただ使えるようになるだけでなく、裏転子を使いながら、肩甲骨を後方へ向かってはがすように腕振りをする。そのことによって中径軸をモーター軸化させて、四肢同調性のメカニズムに乗った大きなパワーダイナミズムを生み出すことができるようになるということです。

まさに、これによってパワーが身体の中心である「軸（センター）」から生まれ、全身に連動を起こし、大きなパワーを引き出し、伝え、それがきわめて動的に正確に行われることが可能になるのです。

その前提になるトレーニング法として、肩甲骨を肋骨からはがす「ルースニング（緩解）」は必ず十分に徹底して行って上達してください。

肩甲骨を「モゾモゾモゾモゾモゾ、モゾモゾモ

後ろ振りの手の向きは？

腕振り時、後ろ振りの手の向きは、垂直に対して45度（内旋）で脱力する

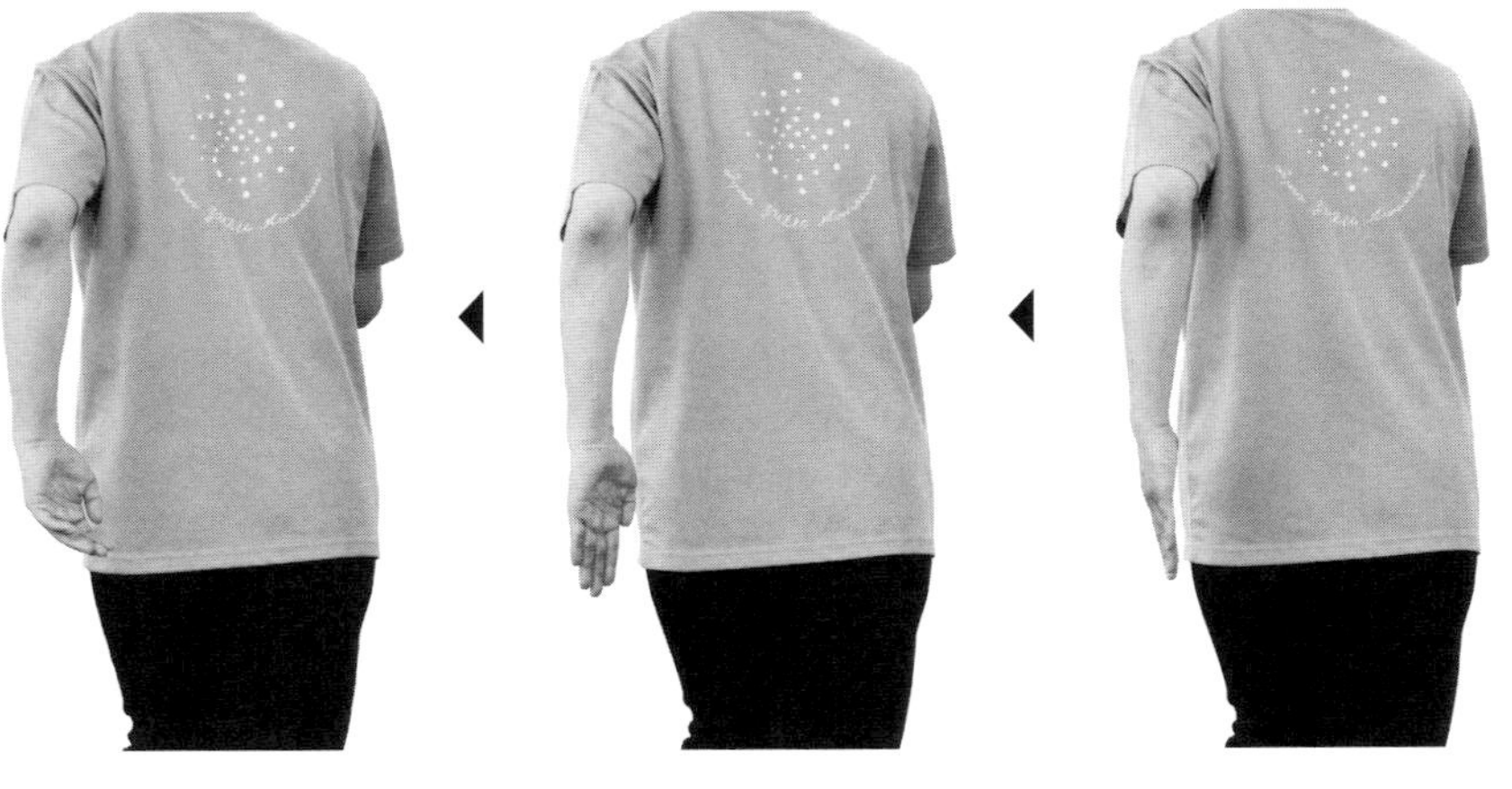

ゾモゾ」と言いながら、左右、上下、斜めに動かします。そのときのコツは、動かしながら、肩甲骨と肋骨の間の隙間を次々に広げていくという感覚で、繰り返すことです。

そうすることで、肩甲骨と肋骨の間の肩甲下筋というインナーマッスルをときほぐして、肩甲骨と肋骨との間に隙間をつくり、さらに潤滑油を注したように滑らかに動いて、さらに後方へ向かってはがれていくような運動につながっていきます。

これをさらに行っていくことで、背骨と肩甲骨をつないでいるような菱形筋とか、さらに外側にある大きな僧帽筋とか、その下方にある広背筋の力みも取り除き、深く自由自在な可能性をもたらしてくれます。これに加えて『肩甲骨が立てば、パフォーマンスは上がる！』（カンゼン）で紹介している優れたストレッチ系の「ルースニング（緩解）」である「肩脊広緩法」「肩脊狭解法」を行っていくと、肩甲骨を腕振りと一緒に後ろに向かってはがしていく、さらに根っこからの開発にもつながります。

最後にお話ししておきます。

腕振りのときの後ろ振りで、手の向きは垂直ではなく、垂直に対して45度です。これは実は内旋なのです。この内旋が、猛獣腕脚振メカニズムの要になる部分です。なぜなら手（前足）を垂直にして地面をかく猛獣は、一匹もいないからです。

肩甲骨を後方に向かってはがし動かすことが若干できるようになったら、実験してみてください。肩甲骨を後方へ向かってはがすとき、手を後方に垂直に振ると、はがしにくいのです。

垂直に対して45度内旋させてみてください。内旋させただけで肩甲骨がグッとはがれやすくなるでしょう。そこで「モゾモゾする」と余計にはがれます。その状態で手を垂直に戻してください。そうすると肩甲骨が前へ移動して寝てしまう。肋骨にくっついてしまうのです。それを何度もやって味わってみてください。

正確には、手が垂直か、それより45度内旋するかというのは、前腕から肘・上腕の位置と方向も垂直か、内旋するかということです。一緒になって動くように使わないと意味がないのです。手の内旋というのは、前腕から肘・上腕にかけての内旋でもあります。解剖学的にいえば、上腕骨から肩甲骨の内旋運動にもつながっているのです。

その結果、肩甲骨の立甲にもつながっているということです。覚えておいてください。

このあたりの機序は大変に重要で、(前振りも含め)後ろ振りの角度を何度にとれば猛獣のメカニズムを引き出すことができるのか。この問題に対する正しい解答を得ることは、「歩道」全体の正否にまで影響を及ぼす研究開発上の山場の一つだったのです。

Lesson6

姿勢軸
アタック3で
猛獣のメカニズムを
身につける

紹介するメソッドの順番について

姿勢軸についてはアタック1、2、3と3段階で攻めることになっています。皆さんが週に1回レッスンを受けるとすると、最初の週はアタック1をやって、2週目にはアタック2に挑戦していただきます。

1か月から2か月、トレーニングを積みながら様子を見て、これで大丈夫となったら、アタック3に進んでいただきます。アタック2まである程度のみ込めていないと、アタック3に進んでも脳の状態が追いついていかないからです。

この本ではすでに触れましたが、全身運動の中で腕や脚の動かし方を45度とか、30度とか具体的に指定されると、記号脳が働きやすくなります。そのために、動物としての本来の脳が自由に働かなくなり、運動が硬くなってしまいやすいのです。また、緊張して筋肉や骨格を柔軟に使うことができなくなり、心理的にも余裕がなくなります。

そうなると、今はできなくても、そのうちできるから大丈夫だよと、自分を肯定的にとらえられる状態ではなくなってしまうのです。心身ともに拘束されて、脳機能がガクッと落ちてくる。ストレスに弱くなってマイナス思考に陥りやすくなります。

アタック1はともかく、アタック2をやっている間は、指導者としてそのことに注意する必要があります。

アタック1と2をLesson3でやってから、わざわざ間を空けてアタック3をLesson6にもってきたのは、そういう意味があったのです。とくにサッカーやラグビー、バスケットボールなど、いわゆる混戦型のスポーツ選手には難しいと思います。

そうした種目では、普段の練習の中でその選手の身体の動きを観察して、角度や微妙な動きがどうなっているかを確認して修正するといったトレーニングはほとんど行われていません。そのようなスポーツの選手が、角度について学習するのは、一般の方々が取り組むのと同じくらいストレスになる可能性があります。

一方で、野球やゴルフ、テニス、体操、新体操、水泳などは、全身運動においての腕や脚の角度についての学習能力は比較的高いと思います。ただ、野球やゴルフ、テニスなどでいわれている角度は、そのスポーツ特有の計算や経験知的な積み重ね、もしくは優れた選手たちがこの角度がいいということを独自に積み上げてきたものだと思います。

歩道で、皆さんに提唱している角度は、それらとは違います。

四足動物の中でも最も運動能力が高い猛獣のメカニズムにさかのぼって、そのメカニズムを人間の歩行運動というもので復元するように体現させるためには、どの角度が最適かという観点から、たくさんの研究を積み重ねて導き出された解答なのです。私たち人間が、猛獣のメカニズムを最も引き出しやすいスイッチとなる角度なのです。

ですから、指示した角度で正確にやればやるほど、脳が高機能になって自由かつ円滑に働くようになります。通常の記号学習とは真逆の脳の働き方が起きてくるのです。要するに、野球やゴルフなどのように、習慣として腕や脚の角度を学習することに慣れているスポーツであろうと、サッカーやバスケットボールのようにそれらの学習に慣れていないスポーツであろうと、本質的には関係がないということを申し上げておきたいと思います。

あとは気持ちです。指導者も、選手自身も、「そうか、この角度でやると、脳も身体も自由によく働いて、自分の中に深く隠された本来の脳と身体のメカニズムのスイッチが入るんだな」と、非常に明るい希望に満ちた気持ちを持ってもらうことが大切です。

そのような気持ちになれるように、この本では、紹介するメソッドの順番を工夫しました。アタック1、2、3と続けてしまうと、多くの人がそういう気持ちになれないことを、実験指導によって確認していたからです。

そのために、アタック1、2のあとに「モーター軸」や裏転子、肩甲骨など、パワーがそこから導き出され、利用され、優れた運動の成果を上げていくような、パワーメカニズム系のトレーニングをしていただいたのです。

姿勢軸アタック3を始める

それでは「姿勢軸アタック3」をやっていきましょう。

アタック2までは横から見るものが多かったと思いますが、アタック3では、前後から見るところから入ります。もちろんアタック2の回軸系の運動については前後から見るのですが、アタック3もそれと同じように前後から見ていきます。

まず、前振りです。

何を見るかというと、身体に対しての腕の横方向での位置です。身体座標空間でいうと、X軸が前後方向、Y軸が「軸（センター）」に沿う方向、Z軸が左右に通る方向です。見るのは、左右に通るZ軸方向での位置とな

前振りのNG例

アタック3の前半

肘が屈曲して前腕が内側方に向きすぎ

脇より外方向に振れていて、広がりすぎている

脇より内側に振れていて、狭くなりすぎている

ります。

では、２２９ページの前振りをしたときの左手を見てください。その左手が左右のどの位置に振れたらいいかということですが、脇より外側にあれば広がりすぎています。反対に脇より内側にあれば狭すぎです。

正確に、どこを通ればいいのか。それをお話ししていきます。

左手の薬指と小指の中手骨の間を、一面手法をつくった右手の４本指の爪を立てて前後に軽くなぞってみてください。溝があるのがわかります。小指と薬指のそれぞれ付け根から手首まで、そこを何度もこすってみてください。皮膚をこするというより、皮膚とその下の骨の間をずらし動かすような感じでやると、皮膚を傷つけることはありません。

そこに切れ目をつけるぐらいのつもりでこ

薬小線の位置

薬指と小指の中手骨の間を、一面手化した４本指の爪を立てて前後に軽くなぞる。皮膚とその下の骨の間を切るような意識でずらし動かす

小指と薬指のそれぞれの付け根から手首まで、何度も切るような意識でこする

薬指と小指の中手骨の間が薬小線の位置

すってください。運動科学では、そこにも名前があって「薬小線」といいます。薬小線を10〜20回なぞります。目をつぶっても、そこに線があると思えるほどやってください。

左手を前振りすると、その薬小線が前後のX軸方向に振れます。

次に、右手で左肩関節の前面を触って、親指と他の4本指で肩関節の幅を測るようにはさんでください。意外なほど幅が大きく驚く人もいるでしょう。親指が肩関節の内側に触れていると思いますが、その親指の先を肩関節と胸の間（すき間のような溝）に突き込むと、ボコッとへこみます。その部分が、肩と胸の境界になる溝になっていますから、この溝に沿って、今度は上下方向にまっすぐ4本指の爪を立ててこすってみてください。

服の上からこすっているでしょうから、爪

肩胸線の位置

肩と胸の境界の線が「肩胸線」

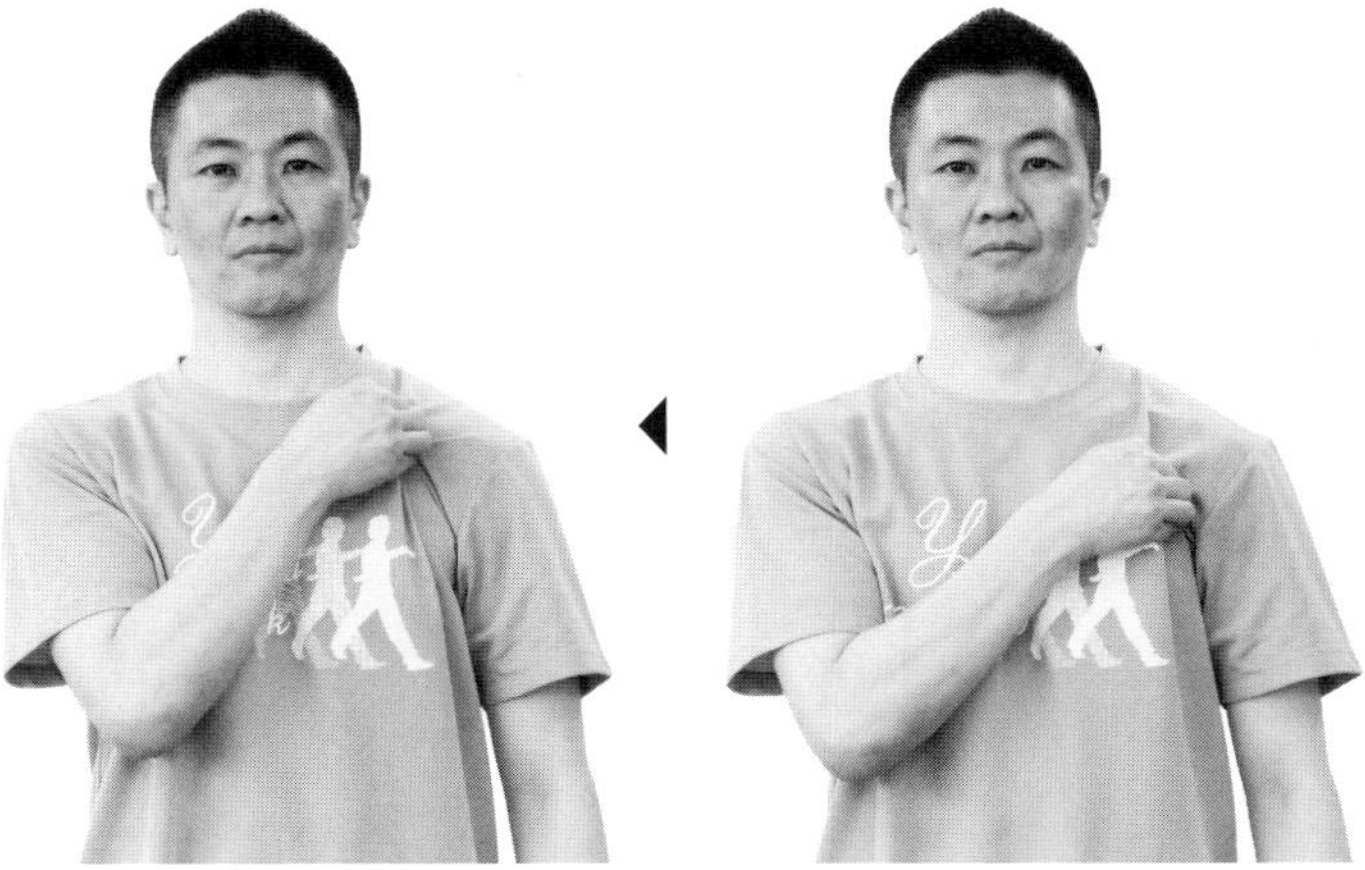

で皮膚をこすり動かしながら皮膚と下の筋肉がずれるような感じです。ストロークを2～3センチほどにして微細動移動でこすってみてください。上は鎖骨に触るすぐ手前のところまで、下は大胸筋がなくなりかけるところまでです。こすられる部分は長さにして7～10センチというところでしょう。そこも20回程度こすって、見なくても場所がわかるくらいに行ってください。

この線は、肩と胸の境界の線なので「肩胸線」といいます。この「肩胸線」をX軸方向（正面方向）にまっすぐ伸ばすと面ができ、その面に、振った左手の「薬小線」がピッタリ重なるようにします。

左腕を軽く何度か振ってみてください。後ろに振った腕が、体側に沿って前へ振れていきます。上腕は垂直に対して45度、前腕は水

肩胸・薬小線の一致、不一致

肩胸線と薬小線の位置がピタッと合うように何度か繰り返す。
どうしても横方向に開きやすくなる

○

肩胸・薬小線一致
誤差が1センチ以内ならOK

×

肩胸・薬小線不一致
外方向に開きすぎている

平方向に対して25度。手の回軸度は垂直に対して70度です。

そこで止めてみて、止めたら目で左手の位置を確認してください。左手を止めたまま、右手の4本指を立てて、爪で左手の「薬小線」を2、3度なぞります。そして、X軸に平行にして「肩胸線」までもっていきます。

「薬小線」と「肩胸線」の位置が合っているかどうかを確認します。「薬小線」が「肩胸線」の内側に入りすぎていませんか。あるいは外側にいきすぎていませんか。最初は誤差が1センチ以内ならばOKです。

これを繰り返して、誤差がほとんどなく、ピタッと合うように何度もやってみてください。この作業を「肩胸・薬小線一致」といいます。X軸に平行な一枚の面上に、薬小線と肩胸線が両方ともピッタリはまるようにするということです。

決してやさしくはありません。手が体側を通っていくときに、どうしても横方向に開きやすくなるからです。そのまま真正面方向に（X軸に平行に）振ると、肩胸線の面から数センチ外側へずれやすいのです。ですから、手が体側を通って空間を通り過ぎていったときに、わずかにカーブを描きながら斜め方向から肩胸面上を動いていくと、最終的にはピタッとはまります。これは意外に高度な身体の使い方なので、何度もていねいに挑戦してマスターしてください。

右手に移る

今度は本格的な手順で、右手をやってみましょう。

両手でていねいに一面手法接合法と擦合法をやってください。そのうえでEC（環境センター法）をやってみてください。右手を出して、「美しいシルバーのセンター」と言いながら、右手でサモンします。左手も同じように「美しいシルバーのセンター」と言いながらサモンします。

次に、一面手化した左手の4本指の爪を一直線にそろうように立てて、右手の「薬小線」をなぞります。切れ目を入れるように10～20回ほどなぞっていきます。

次は、「肩胸線」です。右の肩関節と胸の境界になっている溝のところを、やはり一直線にそろえた左の4本の爪で上下になぞってください。20回程度行います。そして、なぞり終わったら、右の肩胸線からX軸の方向へ面を出すようにしながら、腕振りをする右の薬小線をそこに合わせます。

どうでしょうか。左手をやったときに比べてスカッとして、薬小線や肩胸面の位置関係が非常にとらえやすいのではと思います。右のほうが薬小線や肩胸面のずれの誤差も少ないのではないでしょうか。

それは、直前に一面手法からECをきちんとやったことの効果です。アタック3でも、根本になっているのは一面手法と「軸（センター）」であることを再確認するために、事前にそれぞれをやっていただいたのです。

もちろん、薬小線と肩胸線の位置関係に見られるような問題、すなわち「体幹に対して手や腕がどの位置にくるか」という問題は、さまざまなスポーツできわめて重要なことです。正確さが求められるゴルフのスイングや野球のバッティング、ピッチング、バスケットボールのシュートなどは、その代表例です。どんなに直感的に動いているスポーツでも、ある方向にボールをコントロールしようとすれば、手や腕はきわめて微妙な角度で軌道を選んで動いていく必要があります。それは間違いありません。

でも、その能力の根本になっているのは、今、ECで体験していただいた「軸（センター）」なのです。とくに身体の体幹のど真ん中、5対3の位置を通っている中央軸の第3軸です。この中央軸があるかないかで、その能力がまったく変わってきます。

野球のバッティングで、それなりにバットコントロールしながらミートできるというのは、ある程度は「軸（センター）」が使えているという証明なのです。同じように練習しているのに、バットコントロールも、ボールをミートするのも下手という選手は、それだけ「軸（センター）」が正しくできていないからです。

その「軸（センター）」がどんどん鍛えられ、猛烈に高まっていくと、たとえば絶頂時のイチロー選手のように、150キロを超えるボールや鋭い変化球、絶妙なボールコントロールや配給に対しても、完璧なほどにバットコントロールができるようになってくるわけです。

どのスポーツでも同じで、「軸（センター）」は、あらゆるスポーツの、あらゆる局面、場面において、あらゆる能力の根本になっています。ですから、すべてのメソッドをする前に必ずECをやって、「軸（センター）」をとにかく磨いておくことが非常に重要です。姿勢軸アタック1、2、3でも同じです。さらにいえば、アタック1、2、3をやることで、「軸（センター）」の能力を磨くことが大事なのです。そしてまた手の「ルースニング（緩解）」から一面手法は手の能力の根本ですから、それもつねに磨くことが大切なのです。

アタック1、2、3をやるときは、その前に必ずECをやって、メソッドを行いながら「軸（センター）」を磨くようにしてください。そのためにも、薬小線と肩胸線をきっちりなぞって切っていく。そして、肩胸線から生まれる肩胸面の面上にピタッと薬小線がはまっていくようにしていくことが必要です。

アタック3はアタック1、2を前提とする

では、その場歩きをしてみましょう。美しいシルバーの地芯、上空6000キロです。

まず、ECをさっとやります。「背骨の前に美しいシルバーのセンターがある」という感じが得られるまで続けてください。

それができたらその場歩きをします。上腕の前振り45度、後ろ振り30度。前腕が、前振りは水平に対して25度、後ろ振りは脱力して垂直です。脚振りの太ももは30度です。

アタック3をやっている段階で、こういうことがある程度できているといいのです。ある程度できてきていると、アタック3がやりやすくその効果も高くなります。

腕や脚の角度を指示通りにすることで、猛獣の腕振りのメカニズムが、自分の脳の作用としてわずかでも起きてくる前提をつくり出します。これを身につけることが、アタック3までの大事なトレーニング課題なのです。

「すでにアタック3をやっているのなら、上腕の前振りは45度でなくてもいいのではないですか」「後ろ振り30度を意識するのが大変だから、前振りに集中しているときはやらなくていいのではないですか」——、そういうわけにはいかないのです。もしそのようにしてしまうと、個々の要素がバラバラになってしまうからです。

猛獣メカニズムとは、全体が一つながりのメカニズムです。スポーツでも使われるようになってきた「連動」は、実は動物時代につくられたものなのです。「連動」という言葉がなかっただけで、動物は人間よりもはるかに優秀な連動の達人たちです。

「そうか、なるほど」と納得してください。

動物の連動は、個々の要素がバラバラに使われることはありません。ですから、アタック3をやるときは、アタック1、2がある程度できていることが必要です。アタック1、2のあとに、わざわざLesson4、5を入れてトレーニングする時間、上達する時間をつくっておいたということです。

その場歩きをしながら、アタック1、2でやったことをサラッとさりげなくやりながら、ある程度できていることを確認してください。サラッとさりげなくやることが非常に大事です。ここで緊張しながらガチガチになって、角度を一生懸命調整しているようだとかえって逆効果です。あなたの脳の中に眠っている、まさに動物時代のメカニズムを上手く引き出すことができません。サラッとやるぐらいのほうが上手くいきます。その状態で、アタック3に挑戦してみてください。

スイートスポット、それはトレーニングの王道

アタック1、2まである程度できている人は、アタック3の肩胸線や薬小線が、それほど難しくないはずです。それどころか、少し要領がわかってくるとむしろ気持ちいいはずです。

その場歩きを繰り返しながら、「薬小線がちょっと外側すぎたかな」「今度はちょっと内

側すぎたかな」と微調整しつつ、だんだん合うようになってきます。合うとがぜん気持ちよくなってくるので、「この感じいいな」と思えます。

スポーツの世界に「スイートスポット」という言葉がありますが、まさに野性動物時代のスイートスポット、私たち人間にとってのスイートスポットの源流です。「ああ、気持ちいい。はまった、この感じいい」となってくることが、このトレーニングの王道なのです。

ガチガチになって、フォームや腕脚の角度を覚えていくトレーニングとは違って、単なる約束事を覚えるような記号学習ではまったくないということです。その違いをよく理解してください。

その場歩きしながら、アタック3を左右それぞれ15～20回ほどやって、ある程度はヒットしてください。誤差1センチ以内でヒットしてきてほしいところです。

終わったら、もう一度、ECをサッとやります。「美しいシルバーのセンター」と言ってなぞり、美しいシルバーのセンターが「ああ、あるな」という感覚が持てたら、そのうえで薬小線、肩胸線を左側から切ります。10回ずつなぞってください。

右側も、今度は左手で薬小線、肩胸線を10回ずつなぞり、切ります。その場歩きをする前に、肩胸面上にピタッとくる位置を「この辺だよね」と確認してください。

それができたら、もう一度、美しいシルバーのセンターを大事にしながら、アタック1、

2をサラッと、おさらいするようにやってください。このサラッとが大事です。

ここでこだわりすぎて、意識を集中しすぎると、アタック3が上手くいかなくなってきます。

では、アタック3をやってみてください。薬小線が肩胸面にピタッとくるかどうか、それを確認しながら左右10回ずつ行います。左右10回ずつやったら、自分のやっているスポーツの動作を少しやってみてください。野球やゴルフならスイング、卓球の選手ならラリー、水泳の選手なら腕で掻く動作です。

側軸が通る位置

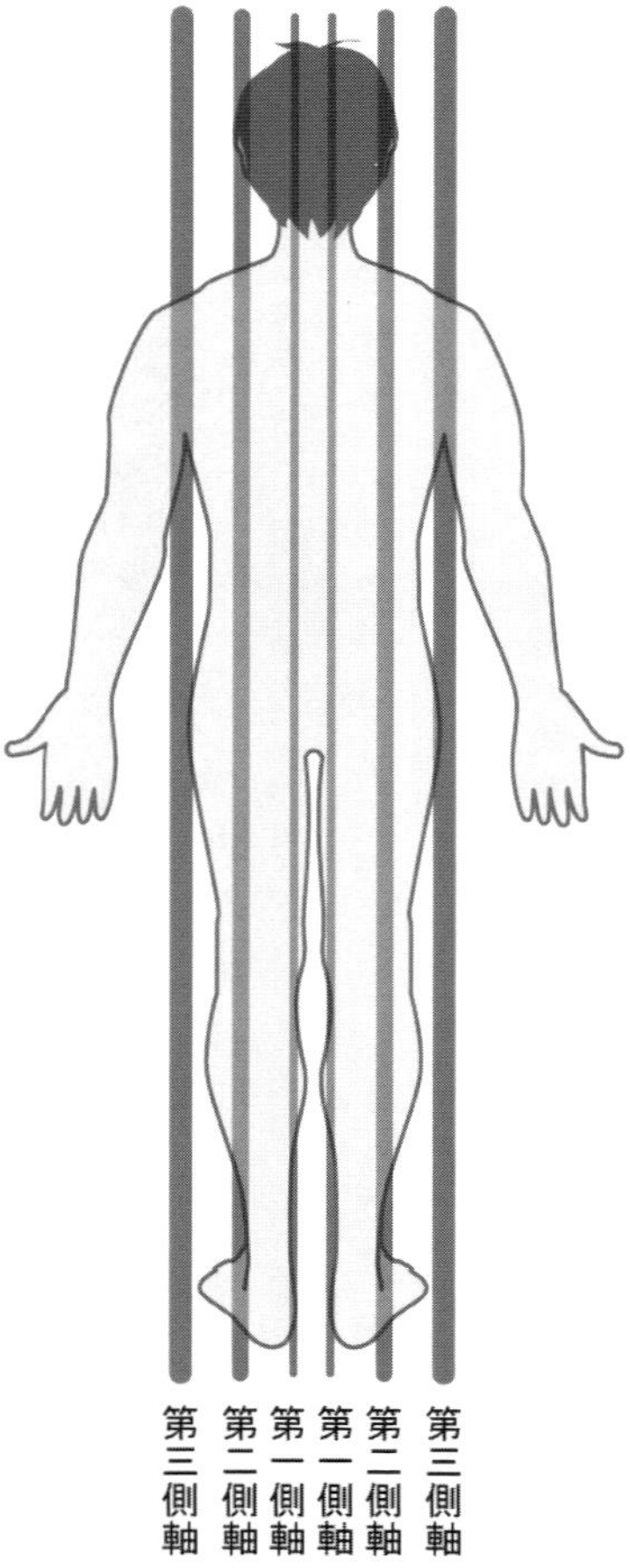

自分のスポーツ動作をするときは、軽く、ゆっくりめでやります。脳の中は、これまで使われていなかった部分が使われ始めた状態です。そして、その脳の部分と身体が結びつき始めたところです。力を入れて、強く、早く動くと、脳の新しい働きがすぐに消えてしまうのです。

リラックスして、軽く、ゆったりとやります。その腕使いが身体の中心軸であるセンターと、腕の付け根である肩胸線に連動していく感じがすれば大したものです。

肩胸線というのは、腕の付け根で、そこに「側軸」というものが通っています。股関節の中心をハッキリ、クッキリさせるトレーニングをしましたが、それが「転子」です。その転子を通る「側軸」もあれば、肩関節と胸の間を通っている「側軸」もあるのです。「側軸」には番号があって、背骨のすぐの脇、中央軸のすぐ隣を通っている側軸を「第一側軸」といいます。背骨の棘突起から左右1～1・5センチの位置を通っています。そして、股関節の中心「転子」を通るのが「第二側軸」で、先ほどの肩胸線を通るのが「第三側軸」です。

中央軸と各側軸は、脳が深く使え身体がしっかりコントロールされている状態だと、連動し合っています。アタック3をやると、中央軸と第三側軸の連動が起きてきます。そして中央軸と第三側軸の連動が起きてくると、その間にある第一、第二側軸が、潜在的には刺激を受けて働き出すというメカニズムがあるのです。

アタック3の後半の腕の後ろ振り

それではアタック3の後半です。

腕の後ろ振りです。一面手化した右手の4本指を一直線にそろえて、今度は左手の人差し指と中指の中手骨の間を、皮膚と骨の間がずれ動くようにこすって切ってください。ここを人差し指の「人」と中指の「中」をとって「人中線」といいます。

「人中線」の相手はどこかというと、「肩胸線」ではなく「腰幅線」です。腰幅のところです。左の腰を左の手の平で何度もさすってください。ここが腰幅線で、ここを通って面がX軸方向、真後ろに向かって生まれるように伸ばしていきます。これが「腰幅面」です。

腕の後ろ振りのNG例

アタック3の後半

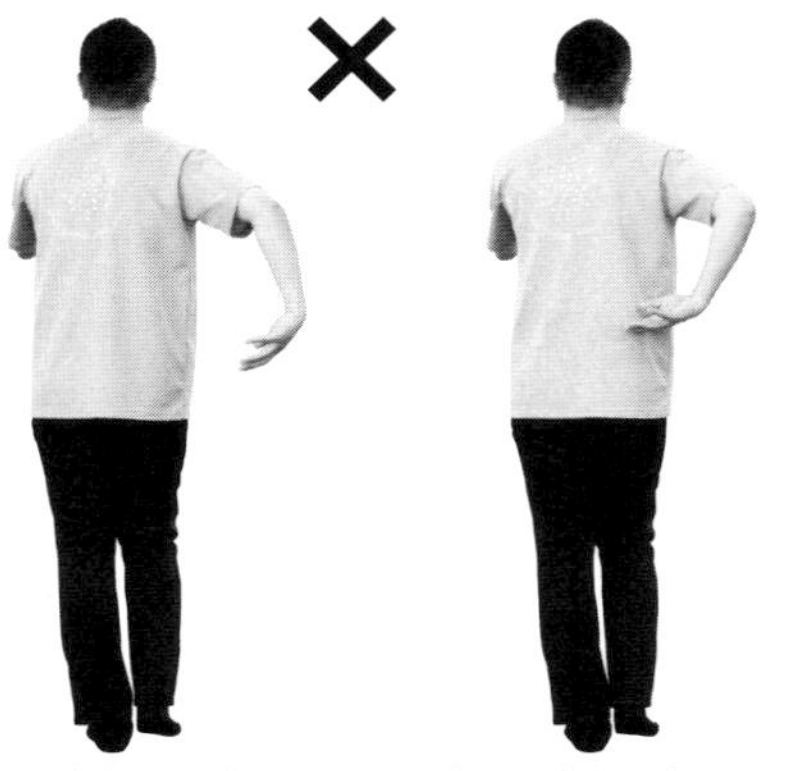

脇より外方向に振れていて、広がりすぎている

脇より内側に振れていて、狭すぎている

人中線の位置

人差し指と中指の中手指の間が人中線。
皮膚と骨の間がずれ動くようにこする

腰幅線と腰幅面の位置

腰幅線。腰を手の平で何度もさする

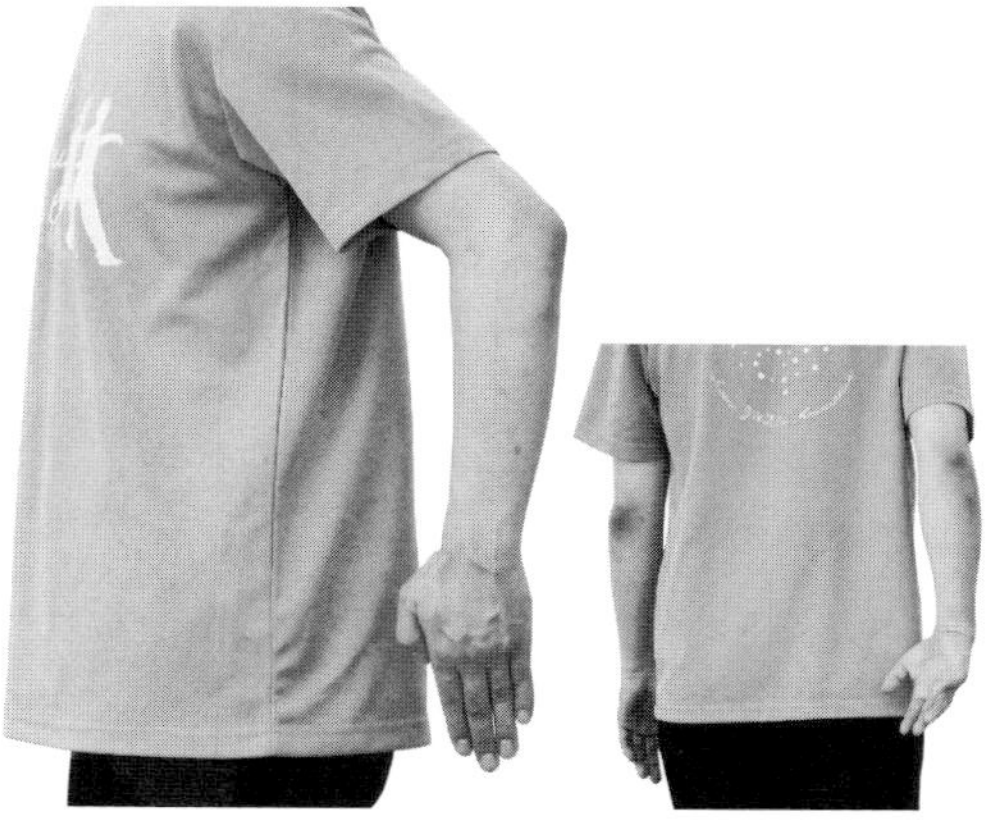

腰幅線から真後ろに向かって伸びていくのが腰幅面

まず、「人中線」を20回こすり切ります。そして、「腰幅線」も20回ほどこすり（空間を切り）ます。そして、「腰幅線」から真後ろに向かって「腰幅面」が伸びていきます。身体の後ろ側の感覚はとても鈍いですから、ていねいにやってください。

次は、左手を後ろへ振ります。上腕30度、前腕は脱力して垂直です。手の回軸度は45度、そして左手の「人中線」が「腰幅面」上にくるように振ります。そのとき、首を後ろへチラッと回して、「人中線」が「腰幅面」を「この辺だよね」ととらえられているか、確認します。首を戻して前を向き、実際には、後ろ側が見えない状態でやります。前を見たまま何度も「この辺かな、この辺かな」とやってみてください。自分の運動空間感覚、身体を動かしているときの身体と空間の感覚を頼りにしなければいけません

しばらくしたら、またチラッと見て「合ってるかな」と確認してください。後ろ振りをしながら「これでいいかな」と思ったところで、またチラッと見て、これを繰り返します。ある程度、納得できてきたら、今度は反対側です。右手の「人中線」を一面手化した左手の4本の爪を一直線にそろえて切ります。20回程度こすってください。右の手の平で右の腰の横を何度もこすり（空間を切り）、「腰幅線」から「腰幅面」を真後ろに伸ばしていきます。これも20回程度やります。

右腕の後ろ振りは、上腕が垂直に対して30度、前腕は脱力して垂直で、手の回軸度は45度です。そして、「人中線」が、「腰幅面」にピッタリはまるように、何度も何度も納得で

きるまで繰り返してください。

できたでしょうか。

後ろ振りをするときに、ＥＣを少しでもやりましたか。

あえて書きませんでしたが、皆さんの中でＥＣをすることが習慣化しているかどうか、確かめさせていただきました。書いていなくても、ＥＣをやってみたくなったという方もいらっしゃるでしょう。その方はＥＣが身についてきています。やらなかった方は、残念ながらまだ身についていません。

ＥＣは身につけたほうが勝ちです。すでに何度もお話ししているように、きわめて重要なことですから、「何かやる前には必ずＥＣ」と習慣化してください。何にでも役立つ根本だからです。

ということで、今度はＥＣをやる時間をつくりますから、ぜひやってください。背骨の前でなぞる、美しいシルバーのセンターです。ある程度できていると、サラッとやることが大事です。

今日は徹底的にＥＣをやって、それからアタック３をやろうという日があってもいいですし、ＥＣだけを徹底的にやる日があってもいいでしょう。でも10分、15分程度で、それ以上はやりすぎです。

ＥＣを徹底的にやると、環境センター（軸）が非常によくなります。そうすると、「モーター軸のトレーニングをしたい」とか、「姿勢軸アタック2をやりたい」とか、何かトレーニングをやりたくなってきます。

それも上達のための一つの作戦です。よくなった「軸（センター）」で、「何をすれば一番ためになるかな」とか、「新しい発見ができるかな」と考えられることが望ましいのです。何をすれば一番上達するかという観点で選ぶことが大切です。

8本の線と4枚の面をトルネード状に高め合う

通常は、アタック3をやるときは、その前にECをサラッとやります。

アタック3の後ろ振りをやってみましょう。人中線、腰幅線、そして腰幅面。ねらいは「人中腰幅線一致」です。左右できましたか。

その場歩きをします。このとき、腕振りは、上腕の前振りは45度、後ろ振り30度、前腕は前振りが水平方向に25度、後ろ振りは垂直に対して0度。回軸度は前が70度、後ろは45度です。

さりげなく、前振りで薬小線を肩胸面に合わせます。そして、後ろは難しいです。左、右、左、右と連続でくるからです。そのようなときは左だけ4、5回やってみてください。

右のことは忘れます。左手をチラ、チラッと見たりしながら、何とか腰幅面上に人中線がおさまっていくようにやってみます。

誤差が1センチ以内になってくると、何となくこんな感じかなと感じられるようになります。そのときに「肩支点」があって、肩甲骨が「後立甲」して肋骨から少しはがれているとベターです。そうすると、人中線が腰幅面に上手くはまってくるのです。

「ああ、そうか、これが猛獣腕脚振のメカニズムか」と、思われた方もいらっしゃるでしょう。反対に、まったく肩支点がなく、肩甲骨が肋骨からはがれないと、猛獣腕脚振のメカニズムは閉じたままです。必然的に人中線が腰幅面になかなかはまっていかないのです。たまたま空間的な位置としては合ったとしても、響くものが生まれにくいのです。肩支点や肩甲骨、人中線、腰幅面など、それぞれの要素が響き合う、つまり連動することが重要なのです。この辺の攻め方はすごく大事です。

次は、右も4、5回挑戦してみてください。肩支、立甲を少し意識されたのではないでしょうか。腕振りのアタック2の角度も大事にしながら、人中線、腰幅線から腰幅面をやってみます。他の要素がある程度できてくると、人中線が腰幅面にはまりやすくなってきます。

また、左をやってみます。4、5回、面白くなったら6、7回。さらに面白くなったら、10回くらいでもかまいませんからやってみてください。

「面白くなったら」という感覚が大事です。脳が深く、豊かに働き出すと面白くなるのです。まさに、猛獣腕脚振のメカニズムです。それが連動してきたらしめたものです。そうしたら、4、5回ではなくて、回数を増やしてもいいでしょう。

ちっとも面白くならないのに、回数だけ増やしていくと、私は「脳が腐ってしまう」と言っているのですが、猛獣腕脚振のメカニズムが働かない状態で繰り返しても、単純な記号学習にしかなりません。強制的な訓練になってしまうのです。そういうことは、できるだけ体験しないほうがいいのです。

今度は右をやってみましょう。同じように「人中腰幅線一致」を目指します。4、5回、面白くなったら6、7回、さらに面白くなったら、10回くらいやってみてください。

いずれにしろ、その場歩きをしていますから、左をやっても右が動いているし、左をやっても右が動いている状態です。なかなか難しいです。

真正面に目を向けて、腕を見ないで姿勢軸アタック3の後ろ振りをやってみてください。はまったようないい感じが生まれるところを探すのがポイントです。

「ああ、この辺なのかな」、「この辺でいいんじゃないかな」と思えてきたら、チラッと見てみて、修正が必要なら修正します。

ある程度後ろ振りをやったら、少しでいいですが、またアタック3の前振りをやってみます。「薬小肩胸線一致」です。アタック3の前振り、後ろ振りをやってみるということです。はまってくると、中央軸が刺激されて、いい状態になります。中央軸と8つの線、4枚の面がさりげなく連動し合うようになってきます。

それぞれの8つの線と4枚の面は、孤独ではありません。中央軸と連動、連関し合って働くようにできています。動物時代の能力を遺伝的に引き継ぐことで、人間にも孤独にならないメカニズムがあるのです。

上手くはまり出すと、どんどんよくなります。中央軸がよくなればなるほど、8本の線、4枚の面もはまりやすくなります。いいほうへ、いいほうへ、上手いこと連関、連動させながら、すべての要素が、トルネード状にお互いに高め合って上達していきます。このテクニックが非常に大事です。

Lesson7

リード軸で最速、最効率の移動力をつける

ゆるめて解きほぐしてニュートラルへ

まずＥＣ（環境センター法）をやってください。

「美しいシルバーのセンター」と言って、何度かなぞります。一度くらい「スパーッ」と言ってきっちり「軸（センター）」を通したら、「なぞって、なぞって、コースコス」と言ってちょっと笑う感じです。どこで笑うかといえば、美しいセンターでです。

それでは、初めてのリード軸ですから、姿勢軸アタック１でいきましょう。頭からゆるめて解きほぐしながら、頭をニュートラルの位置へ。続いて首もほぐしながらニュートラル、肩支点もほぐしながらニュートラルです。そして、胸・背がニュートラル、胴体がニュートラル、腹、腰がニュートラル、股関節の中心、転子を意識して、転子もニュートラルです。

そして、その場歩きをします。太もも30度、膝から下は脱力して垂らします。ゆったりと行ってください。

ここまでトレーニングを重ねている皆さんですから、上腕の前振り45度とか、前腕が水平に対して25度などを意識できているでしょう。それがいいのです。「サラッと意識させてください」という気持ちになりましたか。そういう気持ちになってくることが大変重要です。なってきた方は、猛獣腕脚振のメカニズムが働いてきています。

皆さんを試すことをしているのは、歩道のメカニズムをわかっていただきたいからです。皆さんが、自分の脳と身体が本来どのようなメカニズムになっているかを知ることが大事なのです。皆さんが本来持っているメカニズムを、引き出す、復興させることが目的の一つですから、あえてこういう進め方をしています。なるほどと理解してください。

連れられて前へ行くリード軸

では、リード軸にいきます。美しいシルバーの地芯、上空6000キロです。背骨の前を通っている美しいシルバーのセンターを意識してください。その状態で、姿勢軸アタック1、2をさりげなくやってください。できたら、さあっ美しいセンターが、勝手に前へ移動してしまう、前へ行ってしまうセンターに連れられて歩き出す、そういうつもりになってください。

もう一度、その場歩きをし、美しいシルバーのセンターをさりげなく意識します。そのセンターが、5センチ、10センチ、20センチ、スーッと前へ出ていってしまう、そうすると身体がそれに連れられて前へ行く、その調子です。

そして、その調子で1～2メートル進んでください。1～2メートル行ったら、そこでその場歩きをします。自分の前に十分な空間があれば、さらに同じやり方で1～2メートトル進んでください。シルバーのセンターが勝手にスーッと前へ行ってしまう。それに自分の身体が体幹から連れていかれ、もちろん脚も一緒に連れていかれます。

さらに1～2メートル行ったら止まって、その場歩きをしながら、右回りで「回軸研磨法」をしましょう。回軸研磨をしながら180度回転して、センターをピカピカにします。

アタック1、2を、さりげなくでいいですからやってみてください。

ここでリード軸の本当の操作言語をお伝えします。それは、「美しいシルバーのセンターに気持ちよく、連れられて歩く」です。ただし、「美しいシルバーのセンター」は言葉として長いですから、時には省略して「センターに気持ちよく連れられて歩く」、あるいは「軸

その場歩きをして、美しいシルバーのセンターをさりげなく意識する。そのセンターがスーッと前へ出て、それに連れられて身体が前に行く感じだ

に気持ちよく連れられて歩く」と言ってもよいです。

その場歩きをします。美しいシルバーのセンターを意識します。少し薄れたという人は、右手か左手で、背骨の前のセンターを手でなぞってサモンしてください。

その場歩きしながらサモンできるとベターですが、その場歩きしながらサモンするのが難しい人は、いったん止まってからサモンしてもかまいません。「美しいシルバーのセンター」とつぶやきながら、背骨の前のセンターをなぞります。

センターが通ったと感じたら、「美しいシルバーのセンターに（スーッと）気持ちよく連れられて歩く」をつぶやきます。美しいセンターがスーッと前へ出て、それに自分の身体が連れていかれます。前にスペースのある

リード軸

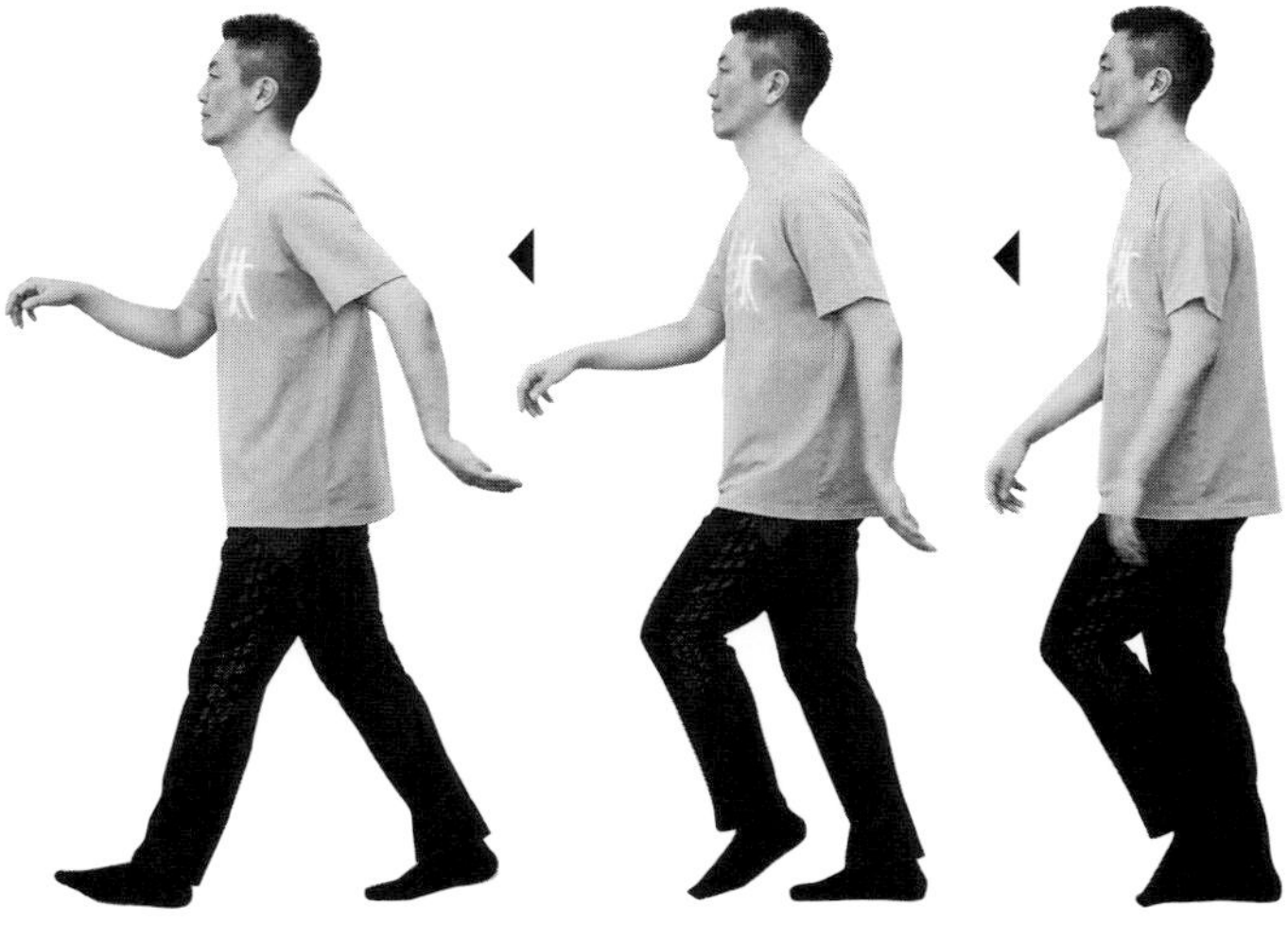

1〜2メートル進む。そこでその場歩きをし、さらに1〜2メートル進む。シルバーのセンターが勝手に前へ行ってしまう感じ。体幹も脚も気持ちよく連れていかれる

人は、3〜4メートル先まで行って、その場歩きをします。そして、回軸研磨法で180度回転します。

また、美しいシルバーのセンターを意識します。または、美しいシルバーのセンターをサラッとなぞり、姿勢軸アタック1、2をさりげなく行います。

さあ、美しいシルバーのセンターを意識します。「美しいシルバーのセンターに（スーッと）気持ちよく連れられて歩く」とつぶやいて、1〜2メートル、または3〜4メートル歩きます。歩いたら、その場歩きをして今度は左回りの回軸研磨法で180度回転します。この回軸研磨をしている間に、センターがピカピカに磨かれよくなれば素晴らしいことで、回軸研磨法はとても重要です。

回軸研磨法で「軸（センター）」は磨かれる

回軸研磨法が本当に身についてきたら、スポーツのトレーニングのときも、さらには試合中も、「軸（センター）」が磨かれます。回軸研磨法で回るたびに「軸（センター）」が磨かれるわけです。野球の選手ならバットスイングするたびに「軸（センター）」が磨かれてよくなるということです。

わかりやすくいえば、ネクストバッターズサークルで何度か素振りをするたびに、「軸

（センター）」がよくなってしまう。そして、ネクストバッターズサークルからバッターボックスまで歩いて行くときに、姿勢軸がさりげなくよくなるということです。そうすると、本当にいい「軸（センター）」の状態で打席に入れるのです。

そして、ファールでもバットを振ってスイングしたことで、「軸（センター）」が磨かれます。スイングするたびに「軸（センター）」がどんどんよくなっていく。「軸（センター）」がよくなるということは、自分の身体の動作をコントロールする能力もボールをとらえる認知能力も高くなるということです。

モーター軸でやったように、中径軸も働くようになれば、パワーダイナミズムが起きてきます。パワーも増してくるし、空間支配力という自分の身体だけではなくて、外の空間の支配力もついてきます。つまり、「パワー」も「ビュー」もその能力が上がるのです。

空間全体を見渡す能力が上がるので、野球のバッターならピッチャーを見る能力、ピッチャーが投げるボールを見る能力、バットコントロールでそれに合わせる能力、いろいろな能力が高まります。そのようにつながっていくのです。

スポーツにとって抜群の軸「リード軸」

リード軸をやってみてどうでしたか。

スーッと力感なく歩けていってしまう。動けてしまう——。スピードも自然に速くなる。努力感がないのにスピードが上がる。それがリード軸の特長です。リード軸は、努力感なく軽やかにスッスッ、サササーと動作を起こし続けるための「軸（センター）」です。自分で何かと闘いながら頑張って動かそうという運動動作とは正反対の動きです。

同じ距離を同じスピードで移動するとしたら、リード軸で動いたほうが間違いなく、精神的にも身体的にも負荷とエネルギーが少なくてすみます。同じ精神的、身体的なエネルギーを使うなら、短い時間でより早く、速く動けます。

スポーツには抜群の「軸（センター）」です。実は、この観点でいえば、スポーツはリード「軸（センター）」があればあるほどいい世界

マイケル・ジョーダン（バスケットボール）

リオネル・メッシ（サッカー）

なのです。精神的、身体的により少ないエネルギーで最高のパフォーマンスを発揮できるわけですから。

でも、その一方で、腕脚の動きが小さくなって、垂れ下がった感じになってきます。トレーニング中に腕が垂れてきて、あまり振れないという状態になった人もいるでしょう。腕振りが垂れてきたら、野球での投球、バスケットボールのシュート、バレーボールのスパイク、水泳の掻きでも、高度なパフォーマンスは発揮できません。

そこで必要なのが、モーター軸です。モーター軸は、腕脚の中心からものすごく効率のいい、だけどすさまじく強い力が生まれてきます。モーター軸も、スポーツの必須不可欠の原理です。

スポーツというのは、このリード軸とモー

クリスティアーノ・ロナウド（サッカー）

ジネディーヌ・ジダン（サッカー）

ター軸の両方でできているのです。リード軸の働きでスッスッ、ササーと音もなく、超楽に、超ハイスピードで移動する。相手に悟られないほどの動きで駆け抜けてしまう。その一方で、腕脚に関してモーター軸の中径軸から生まれるすさまじいパワーが共存しているのが、スポーツには欠かせない能力なのです。

世界のトップ・オブ・トップ・オブ・トップの選手、歴史的に見て最高の選手、競技人口の多いスポーツでの現代のトップ選手を思い浮かべてください。世界のメジャースポーツであるサッカーでは、絶頂期のリオネル・メッシやクリスティアーノ・ロナウド、ジネディーヌ・ジダン、バスケットボールならマイケル・ジョーダンなどのアスリートたちの姿、プレーを思い出してください。今は「ＹｏｕＴｕｂｅ」でも見られますので、ぜひご覧になってみてください。

そして、どうせ見るなら、その選手の絶頂期、つまり人類最高の頃のプレーを見てください。その最高の姿には、間違いなくリード軸とモーター軸がともにそろっているはずです。

また、リード軸、かつモーター軸があるのが野生動物です。わかりやすいように猛獣たちを例に挙げていますが、運動能力の高い動物たちは皆これらを持っています。

リード軸は練習しやすいメソッドです。競技をする人は練習場所の行き帰りに、必ず歩きますからリード軸を使えます。また、精神的にも身体的にも疲れて、「歩くのも嫌だ」

というときでも、リード軸を使えば、びっくりするほど楽に速く目的地へ着くことができます。また、上手くやれると、疲れていた人がやっているうちに元気になれます。これもリード軸の特長です。

リード軸があればすごく耐久力がつきます。精神的にも身体的にも効率よく運動ができる最大の秘訣です。一番わかりやすいのは、陸上の長距離の選手で、とくにマラソンの選手です。トップ・オブ・トップ・オブ・トップの選手が最高のパフォーマンスを発揮するときには、必ず優れたリード軸があります。

マラソン選手で一番リード軸があったのは、今はもう世界記録は抜かれてしまいましたが、女子のポーラ・ラドクリフでしょう。最近は厚底シューズが発明されたことで、選手そのものの力以上に道具による相乗効果で記録が更新しやすくなっています。選手自体のパフォーマンス能力でいえば、ラドクリフの記録はまだまだ抜かれていないのです。

短距離でいえば、ウサイン・ボルトです。ボルトにはリード軸があり、彼はグニャグニャに体幹を使った「トカゲ走り」を行っていました。私が、世界に先駆けて彼の運動メカニズムを解明し、この概念を発表したのですが、リード軸があるからこそトカゲ走りができたのです。マラソンに比べて、短距離はモーター軸はさらに強く必要です。激しいパワーを要する種目ほど、両方が必要ということなのです。

Lesson8

フォアフット軸で足に羽をつける

フォアフット走法は江戸時代では当たり前

フォアフット走法というのは、アフリカのマラソン選手の走りなどが、ヒントになったといわれています。アメリカを中心に研究・開発が進んで、うれしいことに、今では日本のマラソン選手にもフォアフット走法をする人が増えてきています。

しかし、この走法を何百年も前からやっていたのが、実は日本人なのです。といっても、マラソン選手ではありません。典型的な例でいえば、江戸時代の飛脚、駕籠《かご》かきで、走ることが職業の人たちです。浮世絵や幕末の写真を分析してみると、この人たちの中にとんでもないフォアフット走法の達人がいたことがわかります。

走ることが職業の飛脚、駕籠かきはフォアフット走法の達人だった。この走法は江戸時代では当たり前だった

このフォアフット走法を象徴するような道具も江戸時代よりはるか以前にすでに開発されていました。「足半《あしなか》わらじ」あるいは「半《なか》わらじ」というわらじです。

一般に、わらじは爪先からカカトまでの履物と思われています。ところが、足半わらじは、普通のわらじ（長わらじ）の半分ほどの長さで、足の真ん中から後ろのカカト部分がないのです。つまり、フォアフット専用のわらじです。江戸時代以前の日本人は、この足半に適応した身体遣いをしていたのです。

飛脚の研究をしていた父親によれば、鍛練や足慣らしには足半を使うこともありましたが、仕事には汎用性や利便性のために「長わらじ」を履くのが、江戸後半期では一般的だったそうです。

戦闘者として鍛えられた武士は当然のよう

普通のわらじの半分ほどの長さの「足半わらじ」

にフォアフットが使えましたし、農民は農耕や山仕事に足半を履くのが普通でしたから、江戸時代はフォアフットが当たり前の社会だったのです。幕末から明治にかけて日本人の驚異的な走力を示す記録が残されているのも、現在のフォアフットかそれ以上の走法が存在したことを物語っています。

実際に明治生まれで古流の武術家であった私の父親は、毎朝の通勤をこの走りで行っていましたから、身体の「ルースニング（緩解）」の仕方や「軸（センター）」への体幹の預け方、とくに膝の抜き方や裏転子の使い方など、詳細にわたるまで昨日のことのようによく覚えています。

このフォアフット走法ができるためには、「軸（センター）」と「ルースニング（緩解）」が大変重要で、その「軸（センター）」を「フォ

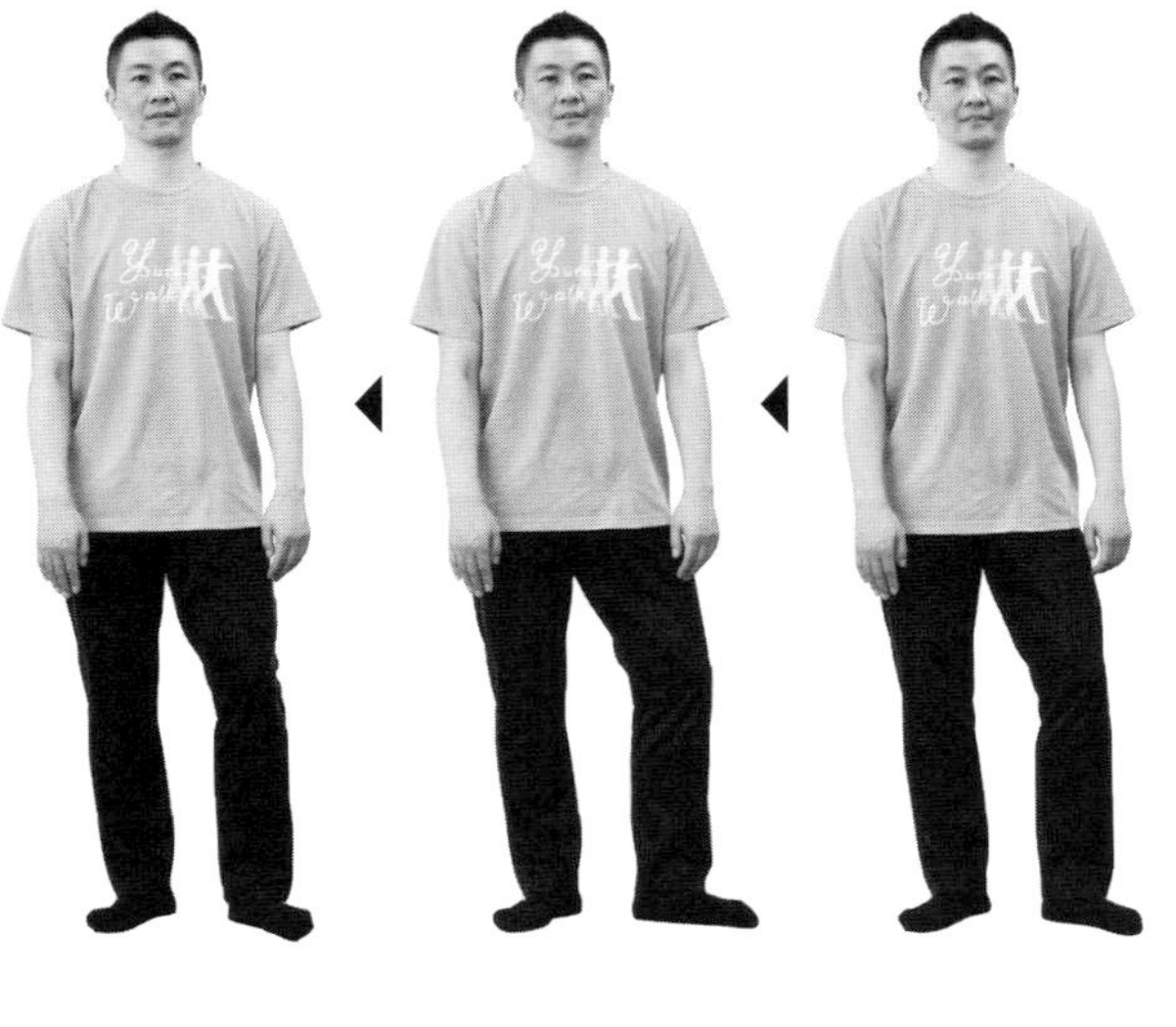

左足を斜め45度の方向へ出し、パイルカーペットの短い毛足を「しっかり、やさしく」つかむ

アフット軸」といいます。

転子回軸緩解法

では、やっていきましょう。まずEC（環境センター法）と一面手法です。

そしてNPSで立ちます。股関節の開発でやった「転子回軸緩解法」をやります。左足を斜め45度の方向へ、半足長ほど前に出してください。そして、パイルカーペットの短い毛足をつかむ感じで、しっかり、やさしくつかみます。しっかりつかむと力みやすいので、やさしくという感じで「ルースニング（緩解）」を加えることが大事なのです。この言葉をよく覚えておいてください。

「しっかり、やさしく、やさしく、でも、しっかりつかみます」

転子回軸緩解法

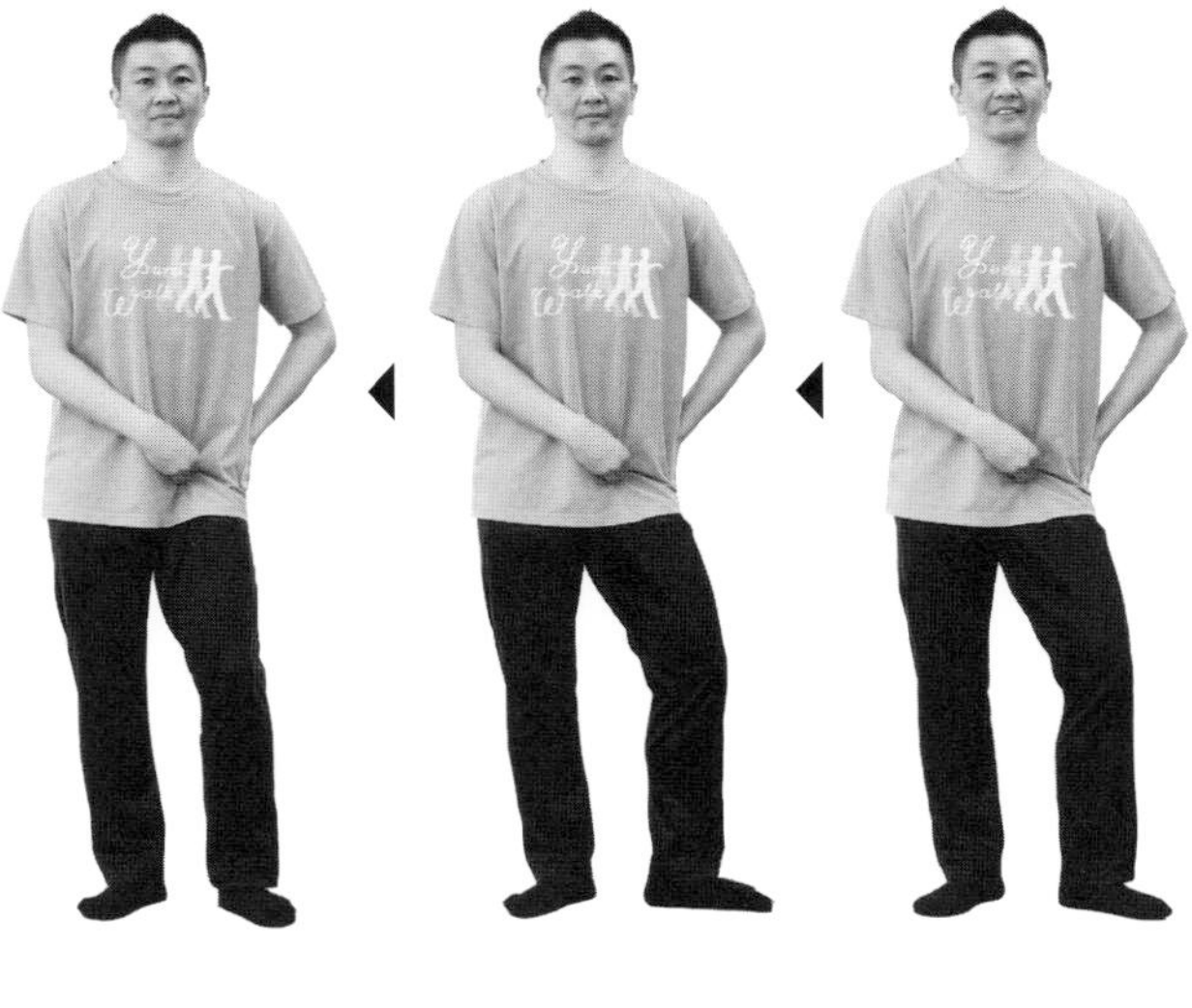

左手はL字手法、右手は中指突出法で転子に当てる。半回転させて大転子をつかむ

その状態で股関節の中心を感じてください。ここで転子がハッキリ、クッキリしてくるようにやります。

「パイルカーペットの短い毛足をつかむ感じ」というつかみ方を工夫してみてください。どういうふうに工夫するかといえば、転子がよりハッキリ、クッキリしてくるように工夫するのです。そのつかみ方を言葉で言うと、「しっかり、やさしく、やさしく、しっかり」となるのです。足先が転子と連動して、転子を強く形成しなければ、フォアフット走法にならないと覚えておいてください。

さらに、足の指5本を床から1〜2ミリ浮かせてください。伝統の武術では、こういうのを紙一重といい、紙が1枚入るくらいの厚みで浮かせます。これの目的は、さらに転子をハッキリ、クッキリさせることですから、ここも浮かせ方を工夫します。つま先に力を入れて、グッと曲げて持ち上げただけではダメで、股関節周りを徹底的に脱力する必要があります。

そしてさらに、さらに、さらに、カカトを中心に回軸運動をします。転子からカカトをつないだ直線にシャフトが通っていると思ってください。そのシャフトを中心に、足、膝、太ももをわずか数度で左右に動かして、「クルクル」と回軸運動をします。

目的は、さらに、さらに転子をハッキリ、クッキリさせるためです。ですから、本気で2桁もハッキリ、クッキリするように回軸運動をします。動かすのはわずか5度とか、10

度くらいです。

転子が2桁もハッキリ、クッキリしてきたら、左手は「L字手法」、右手は中指を突出させて、他の4本指を内側から添えて支える「中指突出法」をします。これを転子に当てます。鼠径部（Vゾーン）の中点です。ここで転子に向かって突き立てます。

左手のL字は、親指のほうを前に出して、他の4本指を後方に向け、大転子をつかみます。

そして、股関節周りの骨格と筋肉を大きく巻き込んで、「クル、クル、クル、クル」とつぶやきながら回軸運動をします。さらに、さらに、さらに転子をハッキリ、クッキリさせます。

このとき、股関節周りの骨格や筋肉を大きく巻き込んでしまうと、意識が薄くなって、転子が消えてしまいます。覚えておいてください。参加する組織を増やせば増やすほど、転子は消えやすくなります。股関節周りがどんどん力んで意識の集中がちりぢりに薄れていくのです。そうすると股関節の中心はなくなって、力んだ歩きや走りになってしまうのです。

いくら指先で何かをつかむようにやっても、股関節の中心ができるようでなければ、それは何の意味もないのです。とくにパフォーマンスには何のプラスにもなりません。ですから、フォアフット走法をやって、上手くいく人がいれば、上手くいかない人もいるのはそういうことなのです。上手くいく人は、自然に股関節周りの脱力ができ中心がとれる選手です。つまり、転子と足先が連動できる選手なのです。

「転子回軸緩解法」によってつくられる足を、「把由足《はゆうそく》」といいます。「把」はつかむ、とらえるという意味で、「由」は自由の由です。

つま先でもって、地面をとらえるようなつま先の使い方をすることで、足が自由を得て、運動することができる状態になる、という意味です。私がスキーへの挑戦を始めた40歳のときにつくった概念です。

右足もやってください。ECをやっていますか。ECをすればするほど、よくできるようになります。

そして一面手法もやってください。何かやる前には必ずECと一面手法をやってくださ

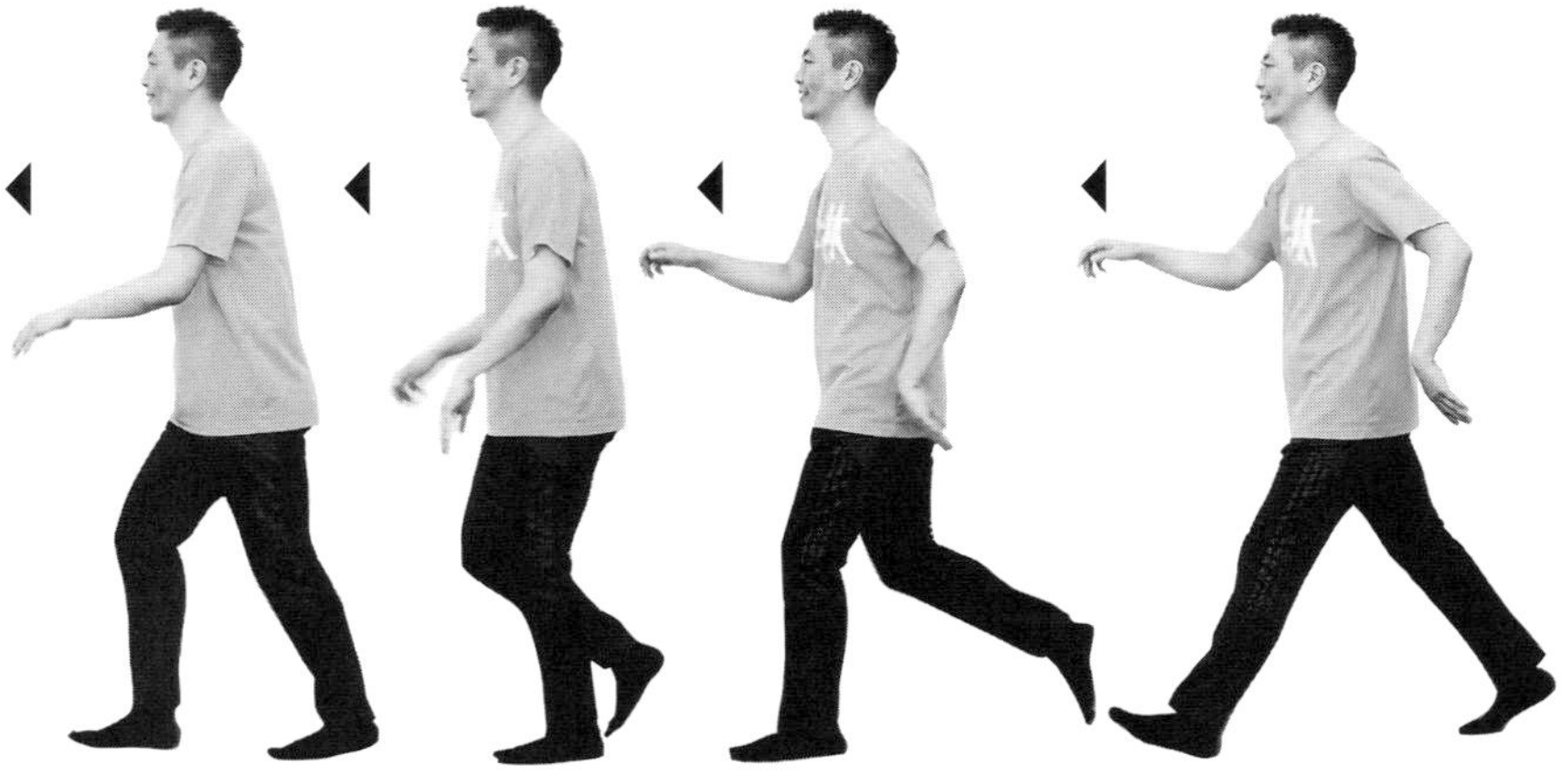

い。どんなにさりげなくてもいいのでやると、転子回軸緩解法、把由足そのものがよくなります。右側も同様に「転子回軸緩解法」をやってください。

私はフォアフット（つま先足）という名前より、「把由足」のほうがいいと考えているのですが、それはそこに非常に深い意味が込められているからです。概念として、ただ足の前のほうという意味だけではありません。ここが、運動科学による概念の発見の仕方、命名の重要な考え方なのです。

フォアフット軸を味わう

まずは姿勢軸です。もちろんＥＣをやって、その場歩きをしてみてください。足の感じが違いませんか。足が軽く、まるで羽が生えた

フォアフット軸

フォアフット軸も声掛けを行う。「フォア」は足を後方に向かって床（地面）を蹴り放つ瞬前で、「フッ（ト）」は足が浮いて軸足の横を通る瞬間に言う

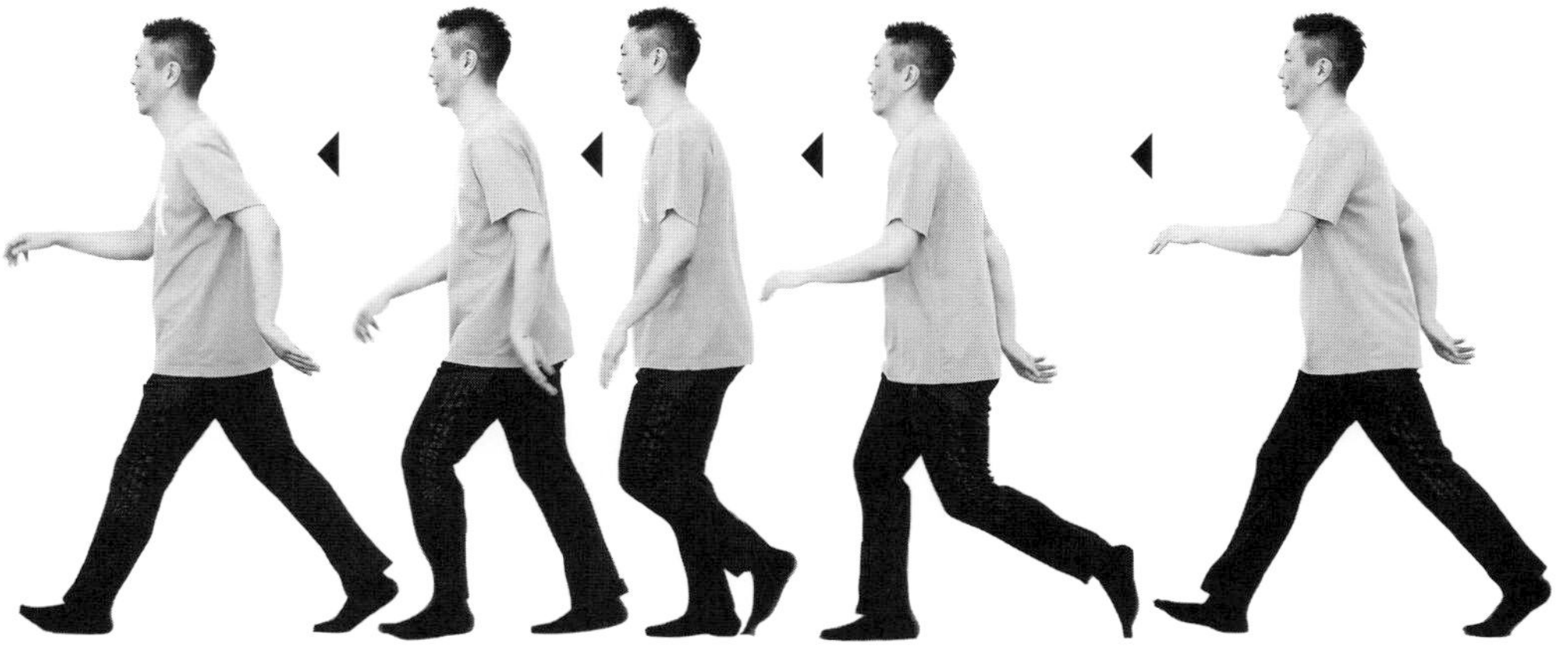

ように離地し、空中を浮いては下りてきます。下りるときにも接地感がスッと柔らかく、床にフィットする感じです。そして、同時に次の足の離地が鮮やかに、軽やかにサッと跳ね上がってきます。繰り返してください。

では、歩いて移動してみましょう。美しいシルバーのセンターを意識します。その場歩きをしながら、「美しいシルバーのセンター、美しいシルバーのセンター」とつぶやきながら背骨の前のセンターをなぞれるとベターです。

そして、フォアフット軸を味わいながら、その場歩きをします。どうですか。3〜4メートルほど歩きたいところではないでしょうか。スペースがなければ1〜2メートルでもかまいません。こういうときにリード軸を知っていると、さりげなくリード軸が出てくる可能性もあります。それでもOKです。

ただ、一生懸命になってリード軸はやらないでください。勝手に出てきて止められません、という感じが大切です。「軸（センター）」は、姿勢軸をやっていればOKです。足と股関節から生まれてくる、この「把由足」効果です。より自由になってくるのです。

これを「軸（センター）」で味わいます。まずは「軸（センター）」で楽しむ感覚が大事です。「軸（センター）」で味わう、「軸（センター）」で楽しむという感じです。フワフワフワといくところです。「フワフワフワ」と覚えてください。

歩いたら、回軸研磨法でターンします。フォアフット軸は効いていていてもいいです。また歩いて帰ってきてください。

大事な歩きながらの声かけの方法は、Lesson 4でもやりました。

「うーごかす、うーごかす、モーター、モーター、モーター」

第三段階は「うーごかす、うーごかす、シルバー、シルバー、シルバー」でした。

フォアフット軸でも声掛けをします。

「フォア、フッ（ト）、フォア、フッ（ト）」

「フォア」は足を後方に向かって床や地面を蹴り放つ瞬前のところで言います。そして、足が浮いて軸脚の横を通る瞬間に「フッ（ト）」です。次の脚が地面を後方に向かって蹴り離す瞬前に「フォア」、その足が軸脚の横を通るときに「フッ（ト）」。

「フォア、フッ（ト）、フォア、フッ（ト）、フォア、フッ（ト）」

それを言いながら歩いてみてください。言うタイミングが相当に難しいです。

「フォア、フッ（ト）、フォア、フッ（ト）、フォア、フッ（ト）、フォア、フッ（ト）、フォア、フッ（ト）、フォア、フッ（ト）」

行きつくところまで行ったら、その場歩きを行います。その場歩きでも言い続けます。

「フォア、フッ（ト）、フォア、フッ（ト）、フォア、フッ（ト）」

ただ、その場歩きだと、「フォア」と「フッ（ト）」の間が非常に短くなります。

やってみましたか。それでは、また歩いてください。

「フォア、フッ（ト）、フォア、フッ（ト）、フォア、フッ（ト）」

「フォアフット」の4つの音程を操作する

ここで大変大事な話をしたいと思います。

「フォア、フッ（ト）」は、「フォ・ア・フッ・（ト）」と4つの音でできていると思ってください。この声掛けの音程を上げていきます。一定の音程、もしくは音程を下げたのでは「把由足」になりません。

音程を下げていくのは、カカト着地の走法なのです。カカト着地走法では、選手の潜在的なリズムが下がっていきます。走りの印象でいうと、ドカドカドカとなります。どうしてもブレーキ筋である前もも、大腿四頭筋系の筋肉が働きがちになってしまうのです。

運動科学では研究が進んでいて、音程操作も掛ける操作言語として使うのです。「フォア、フッ（ト）」も最初はタイミングを合わせて言ってみます。

「フォ」は蹴り放つ瞬前。「ア」は一瞬に通り過ぎて「フッ」は軸脚横を通る瞬間、「（ト）」で地面をとらえます。反対足は、もう蹴り出していますから「フォ」となって「フォア、フッ（ト）、フォア、フッ（ト）」となるのです。

走りですと、1本目の足と2本目の足の操作言語が重なってしまう可能性があります。

だから、歩きで練習します。そうすると「フォア、フッ（ト）」まで言えて、次に「フォ」がきますから、それで覚えて音程操作をしてください。必ず、「フォ」「ア」「フッ」「ト」と4段階音程が上がっていきます。

この音程操作ができてくると、足に本格的に羽が生えてきます。面白いのですが、「フォア、フッ（ト）」ときれいに高音化ができるようになってくると、美しいシルバーの「軸（センター）」が効いてくるのです。

一方、美しいシルバーの「軸（センター）」を使えば使うほど、フォアフットはよくなります。「フォア、フッ（ト）、フォア、フッ（ト）」と言えるようになってきたら、時々「シルバー」も言うほうがいいのです。気がつきましたか。

「フォア、フッ（ト）、フォア、フッ（ト）、フォア、フッ（ト）、シルバー、シルバー」もちろん「シルバー」も音程が下がってはいけません。一定の音程で「シルバー」と言うのもダメです。高音化して「シルバー」と言います。これを上手に絡めると、よりフォアフット軸化していくということです。

足が「把由足」になって、まさに羽が生えたように、自由自在に飛び回れるような「軸（センター）」がフォアフット軸です。把由足とフォアフット軸が融合する境地といっていいでしょう。そしてこれらの系統は、モーター軸とはまた印象が違います。そして、フォアフット軸とモーター軸が同時に発達したら、すごいことになるわけです。

Lesson9

ドライブ軸で最強の軸をつくる

ドライブ軸は抵抗に打ち勝ちながら歩くトレーニング

ここで紹介するドライブ軸は、モーター軸に近い感じです。モーター軸と同時に発達したら、強大なパワーを発揮することができます、

それではドライブ軸をやってみましょう。

まずはEC（環境センター法）、一面手法をやってから、姿勢軸を行います。アタック1、2はさりげなくやってください。用意ができたら、ドライブ軸です。

ドライブ軸を行うときは、環境センター法の最後に、頭上のセンターを30センチほど高くしてください。そして、足元は地面の中10センチくらいまでがいいです。上下にセンターを伸ばしてください。その状態で、頭の上のほうも、地面の下のほうもよくなぞってください。センターは美しいシルバーです。

その場歩きをします。そして、センターを運びながら歩きます。

最初の言葉は、「センターを運びながら歩き出す」です。1、2歩やったら、また止まって、歩き出しのところだけを何度もやってみてください。

「センターを運びながら歩き出す」「センターを運びながら歩き出す」

何度も出だしのところを繰り返します。慣れてきたら、「センターを運びながら歩く」という言葉で行います。

歩いて行くところまで行ったら、その場歩きで回軸研磨法を行い、センターを磨きます。センターは磨かれれば磨かれるほど役に立ちます。

そして、また、センターを運びながら歩きます。

よく感じてほしいのですが、リード軸やフォアフット軸、姿勢軸に比べて、歩き出すときに何か抵抗を感じます。それが、実はセンターの抵抗なのです。センターを運びながら歩こうとすると、センターが抵抗するのです。ドライブ軸は、この抵抗に打ち勝ちながら歩くトレーニングです。

抵抗するセンターに打ち勝ちながら移動していく。このときの「軸（センター）」を「ドライブ軸」と呼びます。これはモーター軸や、Ｌｅｓｓｏｎ５でやった裏転子や肩甲骨の推進力と非常に親和性があります。パワー系なのです。

ドライブ軸のトレーニングは、センターの抵抗をつくり出せれば出せるほどうまくいくのです。逆にリード軸は、抵抗がなくなればなくなるほどうまくいきます。別の力によって運ばれているという感じになればなるほど上手くいくということです。

その意味で、ドライブ軸とリード軸はまったく正反対の性質の「軸（センター）」といえます。

ドライブ軸

抵抗するセンターに打ち勝ちながら移動していく「軸(センター)」が「ドライブ軸」。頭上のセンターを30センチほど高く、足元は地面の中10センチくらいまで、上下にセンターを伸ばす。「センターを運びながら歩く」意識で行う

ドライブ軸は「前方力」を強くする

スポーツの動きでいえば、動き出しがまったくわからない、何であのようにスッと、まるで音もなく素早く動けてしまうのかというような動き、これがリード軸です。

それに対してドライブ軸は、何かに抵抗する、重いものに打ち勝ちながら動いていくというときの「軸（センター）」です。重いものといっても、地球の中心に向かって重量が重いのとは違い、動くことに対して抵抗があるようなもののことです。それに打ち勝ちながら動いていくので、力強く動いていく感じがするのです。

これは、スポーツの肉体的な面でいうと、ぶつかり合うスポーツにはなくてはならないの強い「前進前方力」が欠かせません。「前進力」とは、力が客観的に見て実際に移動している状態の、前へ向かう力のことです。前進するから前進力です。

一方、「前方力」とは、相手がいてぶつかっているとき、前へ向かう力のことです。相手とぶつかっていますので、実際には移動できていなかったり、相手によってはズルズル押し返されていたりすることもあります。このときの前へ向かう力が前方力なのです。合わせて「前進前方力」というのです。

ドライブ軸があると「前方力」が強くなります。ラグビーも含めて、格闘技系のスポーツをやる方は納得されたのではないかと思います。

自分の前へ進む力に対して抵抗があるときのほうが、強く働くのがドライブ軸です。格闘技で、相手の抵抗がなくて前進するときは、非常に鋭く動けるのですが、抵抗を受けたときに弱い傾向の選手がいます。

一方、自分一人だと、素早く、空間を切るようには動けないけれど、ガツンと抵抗を受けたとき、その抵抗に打ち勝っていくことは強いという選手もいます。

もう一つ、ドライブ軸は広く、すべて抵抗するものに打ち勝っていく「軸（センター）」でもあるのです。心理的、精神的な抵抗に打ち勝つ「軸（センター）」としても働くのです。

スポーツはすべてが戦いです。すべて相手がいて、並んでやるスポーツだとか、順番にやるフィギュアスケートとか、体操などでも、まさに精神的には相手を負かして、相手を乗り越えていくときにも強力に働く「軸（センター）」が必要です。

混戦型のスポーツだったら触れ合わなくても、実際にぶつからなくても、こちらを前へ行かせない圧力が生まれます。武術で昔から発達している概念でいえば、気の概念です。気の闘いで勝つ、気で圧倒する。今の人なら気力で相手を圧倒するといえば、すんなり受け入れられるでしょう。

実際に、サッカーやバスケットボールの選手でも、代表クラスが試合状態に入れば、相手を気で圧倒していく力を多くの人が持っているものです。それもドライブ軸なのです。リーダーシップをとるような選手がいると思います。私の記憶に残るのは、何といってもサッカーのフランス代表だったジダンです。非常にドライブ軸の強い選手でした。

相手チームの強大な圧力を粉砕する、まさに「軸（センター）」の持つ意識のパワーです。相手チームの持つ強力なドライブ軸に対して、チームの中心になってチームをまとめ、相手からの圧力を打ち壊していく、そういう選手でした。

そのドライブ軸が、瞬時にリード軸に変わるのも世界のトップ選手の特徴です。相手をとんでもない圧力で威圧したかと思ったら、今度はドリブルでスルンと一瞬に抜けていく。消えてしまうように抜けていくのです。これがリード軸の作用です。

ドライブ軸とリード軸の両方を持つ選手なら、局面、局面に応じて、みごとに自由自在に必要な「軸（センター）」が発動されるようにもなるのです。

さあ、ドライブ軸は、身体的にも、精神的にも、敵に対し最強の「軸（センター）」をつくるということです。

おわりに

本書では、環境センター（環境軸）も含めると、姿勢軸、モーター軸、リード軸、フォアフット軸、ドライブ軸など、6種類の「軸（センター）」を、歩きで鍛えるトレーニングを紹介しました。どの「軸（センター）」も、スポーツにはなくてはならない「軸（センター）」だとおわかりになったと思います。

「軸（センター）」といえば、野球やゴルフのスイング、フィギュアスケートのスピンなど、特定のスポーツの、特定の運動にしか関係がないものとする、そのような考え方は、大変な誤解なのです。

ここまでお読みいただき、お試しいただいた皆さんには、もうその誤解は解けたことと思います。スポーツのあらゆる競技、あらゆる場面、あらゆる運動、あらゆる動作に、何種類もの「軸（センター）」が重なり合って、最高度の「全身連動」をもたらしているのです。そしてそれらすべての大前提となるのが「ルースニング（緩解）」です。

いい選手になるには、これらすべての能力が身についていかなければなりません。そして、これを身につけるのに最適なトレーニングが、歩行運動でこれらすべてを鍛えることが科学的に研究、開発されている「歩道」なのです。

この優れたいくつもの「軸（センター）」と「全身連動」とそして「ルースニング（緩解）」を理想的に備えている模範といえば、私たちに近い祖先である四足動物、その中でも抜群の能力を持った猛獣たちです。彼らの中にあるメカニズムは、私たち人間の脳と身体にも同じく存在しています。最初からそのように存在しているのだから、あとはやるしかないということです。

でも気がついたら歩けている、という歩きで、これらすべての猛獣たちの運動メカニズムを体現できるのであれば、全員が世界のトップアスリートになれているはずです。

しかし現実は、そうではありません。ということは、気がついたら歩けているという歩きでは、この開発はできないということです。

「歩道」は人類の歩き、人類が本来持つべき、真の、本当の力を発揮するために、高度運動科学が開発した、人類の歩き方の最終形であり、理想形です。

ぜひ「歩道」を利用し、身につけ、意思と意欲を持つ皆さんに、最高のスポーツアスリート、最高の身体運動家になっていただきたいと願っています。

高岡英夫

「歩道」の実践的な取り組み方について

「歩道」の取り組みは
大きく3つに分けて考えることができます。

（1）レッスン

専用の時間枠をつくり、本書のLessonに沿って主に室内か狭いエリアで定止歩行（その場歩き）と短距離歩行を使い、「歩道」の技法を正確ていねいに学習し、その技術に徹底的に磨きをかける。

（2）プラクティス

通常の練習時間の一部（ウォームアップ、クールダウン、基本・応用・対人・チーム練習などや試合の前後・合間など）にさまざまな目的、狙いで「歩道」の技法を差し込ませ、実利（実際の効果）を上げる。

（3）コミュート

練習場・学校・職場・家の間を移動する〝通い時間〟に「歩道」の長距離トレーニングを行う。

（1）レッスンにより、どれだけの精度で技法学習が進み、その技術が練磨できるか、それによりとくに初期過程では（2）プラクティス、（3）コミュートでの技法の運用・実施レベルがほぼ決まってしまうので、レッスン時間のつくり方と取り組み方はきわめて重要。

（2）プラクティスでは、歩道の中からどの技法をどの程度の量でどの部分にどのような目的・狙いで差し込むか、そしてそこでどの程度の技法運用・実施レベルを要求するか、その選択と判断が重要。

（3）コミュートでは、①長距離移動ができるので各技法を移動歩行で試行学習しつつ移動歩行の技術に磨きをかけること、②長時間、多量の移動トレーニングができるので、各技法からの深く大きなリターンを得ること、③各技法に習熟してくることで（1）レッスンを越える学習練磨を達成することが重要。

高岡英夫（たかおか・ひでお）

運動科学者、高度能力学者、「ゆる」開発者。運動科学総合研究所所長、NPO 法人日本ゆる協会理事長。東京大学卒業後、同大学院教育学研究科を修了。東大大学院時代に西洋科学と東洋哲学を統合した「運動科学」を創始し、人間の高度能力と身体意識の研究にたずさわる。オリンピック選手、企業経営者、芸術家などを指導しながら、年齢・性別を問わず幅広い人々の身体・脳機能を高める「ゆる体操」「スーパーウォーク歩道」をはじめ「身体意識開発法」「総合呼吸法」「身体能力開発法」など多くの「高度運動科学トレーニング」を開発。多くの人々に支持されている。東日本大震災後は復興支援のため、ゆる体操プロジェクトを指揮し、自らも被災地で指導に取り組む。著書は、『センター・体軸・正中線』『体の軸・心の軸・生き方の軸』（ベースボール・マガジン社）、『背骨が通れば、パフォーマンスが上がる!』『高岡式超最強の疲労回復法』（カンゼン）、『サッカー球軸トレーニング 日本サッカー本気で世界一になれる計画』（世界文化社）、『脳と体の疲れを取って健康になる決定版 ゆる体操』（PHP 研究所）、『究極の身体』（講談社）など、100 冊を超える。また「高度運動科学トレーニング動画サイト」（https://douga.undoukagakusouken.co.jp/）を主宰、自ら実演指導を行っている。

スポーツパフォーマンスが爆《ばく》発《はつ》的《てき》に向上《こうじょう》する

スーパーウォーク
歩《ほ》道《どう》

2021 年 8 月 31 日　第1版第1刷発行

著　者　高岡英夫《たかおかひでお》
発行人　池田哲雄

発行所　株式会社ベースボール・マガジン社
〒103-8482　東京都中央区日本橋浜町 2-61-9　TIE 浜町ビル
電話 03-5643-3930（販売部）
03-5643-3885（出版部）
振替 00180-6-46620
https://www.bbm-japan.com/

印刷・製本　大日本印刷株式会社

Printed in Japan
ISBN978-4-583-11373-9 C2075